中國學術思想研究輯刊

三四編

林慶彰主編

第12冊

唐君毅之哲學治療學

李欣霖著

花木蘭文化事業有限公司

國家圖書館出版品預行編目資料

唐君毅之哲學治療學／李欣霖　著 -- 初版 -- 新北市：花木蘭文化事業有限公司，2021〔民 110〕

目 2+210 面；19×26 公分

（中國學術思想研究輯刊　三四編；第 12 冊）

ISBN 978-986-518-495-7（精裝）

1. 唐君毅　2. 學術思想　3. 哲學

030.8　　110010879

ISBN-978-986-518-495-7

中國學術思想研究輯刊

三四編　第十二冊　　ISBN：978-986-518-495-7

唐君毅之哲學治療學

作　　者　李欣霖

主　　編　林慶彰

總 編 輯　杜潔祥

副總編輯　楊嘉樂

編　　輯　許郁翎、張雅淋、潘玟靜　美術編輯　陳逸婷

出　　版　花木蘭文化事業有限公司

發 行 人　高小娟

聯絡地址　235 新北市中和區中安街七二號十三樓

電話：02-2923-1455／傳真：02-2923-1452

網　　址　http://www.huamulan.tw　信箱　service@huamulans.com

印　　刷　普羅文化出版廣告事業

封面設計　劉開工作室

初　　版　2021 年 9 月

全書字數　182381 字

定　　價　三四編 14 冊（精裝）新台幣 36,000 元　

唐君毅之哲學治療學

李欣霖 著

作者簡介

李欣霖，畢業於國立彰化師範大學國文研究所博士班，已有雙碩士、雙博士的資歷，實為好學勤勉的典範。作者在學期間，積極求實，篤志勤學，術業有專攻，可謂是模範學生。作者治學嚴謹而不拘泥，思辨敏捷而不逾越；加之有豐碩的國學基礎與西方哲學的邏輯思考概念，所為論文，除能參酌本國古今碩學論著外，更能融入西方學術思維，故能屢見創新，發前人之所未發。中國儒學、老莊思想以及民間宗教思想等範疇都是作者的學術專攻，並在這方面著述了多篇學術論文和專書，這些著作都獲得了學界的肯定與讚賞。

提　要

當代新儒家核心人物之一的唐君毅先生，是一名儒學義理體現者，也是一名生命哲學的療癒者。他的生命體察從少年即「志於道」走向真實的人生之路，一生相關方面的著作頗多，其著作博大精深而「淵淵其淵」，其為人悲感至深而「肫肫其仁」〔註1〕，不依世俗感官之情，不超離憂悲之性，即上即下而圓融一氣，故被定位為「仁者型」的生命形態。從少年到壯老，他的人生之路，不斷開展出儒家賢者的理想，能將一路上隨生命而浮起的煩惱苦痛，一一加以釐清與疏解。然而，煩惱是從四面八方而起，現象也是千差萬別，為了對治它們，他必須反求其一體之仁，故有時直取天心、有時迂迴曲折、有時反省辯證，順其勢而乘其力，然後察清症候，最後能對症下藥、化解煩惱與苦痛。唐君毅認為，道德不僅是主宰人生理想與方向的要素，而且也是人文世界能夠成立的根據。當道德自我異化，就會形成疾病，疾病的影響小則個人身心、大則家國天下。從身病到心病都是一種生命分裂的現象，身病來自於心靈的紊亂，此即生活世界的道德自我失序，進而導致生命的分裂，此時只有回歸道德自我，時時自覺此道德自我的靈明覺知，以戒慎恐懼的心好好存養，方得身心安頓而明善復初。唐君毅的哲學治療思想，能引起後人生命的共鳴與迴盪，其悲憫至情一方面對自己或現實世間的人，產生一體之仁，消除人的罪惡感與失敗感；另一方面，又不勝其虔敬禮贊，對己群的敬意油然而生，在在顯示其對生命療癒方面的工夫。

本論文力求其思想體系的掌握，並反省辨證其治療思想上的立論及方法進路。故以第一章緒論開始，論述研究上的各種說明。第二章介紹唐君毅的哲學學問及生命的體察工夫；第三章探討唐先生哲學架構，其哲學療癒思想與方法；第四章說明其哲學療癒思想與現代學術接軌與互動的關係。從基源的問題探討到工夫實踐乃至生命理境的發揚，期能以這一套唐先生的思想，幫助讀者去體驗生命的普遍艱難處，產生與培養對生命真實存在意義的體證，進而瞭解生活世界的我與你及我與他之間的依存關係，並生啟奮發的心，成己成人成物，臻至世界大同之境。

〔註1〕「淵淵其淵」、「肫肫其仁」兩句參閱，朱熹，《中庸章句集註》，台北：鵝湖出版社，頁39。本論文所引四書原文，皆以朱熹，《四書章句集註》之版為主，以下不再註明。

目次

第一章　緒　論

天做為中國哲學心靈所稱引的概念，主要是出現在以人事為首要關懷的脈絡裡。天人關係遠比「天」的自身客觀存在，更為中國人所關懷。因此唐君毅認為，天道性命相貫通的體系之外，還要回歸孔孟之義命合一、盡性立命的體現中，讓人可以體證到人之可感通於天的可能，哲學一切治療的契機盡於此「天命自命」中得到可能的依據。

唐君毅的思想讓後學們對儒家產生充分的信心，讓吾人從唐君毅的哲學學問，去解讀中國的先聖先賢們本就有提供後人「治療」上的對策，汲取古德遺留的哲學智慧，以為提供處理人類煩惱病痛的最佳良方，並擷取唐君毅的哲學察照智慧，對人類身心的安頓及人生整全的關照，來進行天地人關係的意義連繫。

本章從第一節，首先說明研究動機與目的，引介唐先生自命自療、成己成物的思想；第二節就本文所依照的文獻，以儒學哲學治療為主要方向；第三節乃本文所採用的研究方法，以「基源問題研究法」為要縱貫路線，輔以「超越反省法」與「哲學觀念研究法」等為作研究的方法。第四節則說明本文研究的步驟，從其哲學的體察，到他所提供的哲學哲學治療，又配合西方學術做為對照研究。期能透過每一個章節，將唐君毅哲學哲學治療的作一全面性的研究。

第一節　研究動機與目的

一、研究動機

踏上學道之路，想要追求儒家真理；為了瞭解哲學的現象，探索哲學存在的意義，尋求對治人類根本問題的方法，以及對於超生了死的體證。筆者在新儒家唐君毅身上看到了哲學明善的典範。想起筆者十年前的身體好像沒有那麼多痛苦，後來漸漸感到越來越肉體的沈痛，病痛曾經讓我悲痛、消沉、厭世，雖然曾有一些覺察的力量，但那個力量還不足大到能夠轉動哲學之輪。直到閱讀唐君毅的《病裏乾坤》一書，讓筆者對病的態度有了很大的轉變。「人之一全無傲慢心之對天命天意之態度，即應為于任何順或逆之境，皆能見天之有命于我，而即于其命于我處，見天意之態度。」〔註1〕如此說來，若連醫生也無法治癒的病痛，那是必然是一種「天命」、或「天意」，那似是自己哲學早設定好的程式，我必須自己親歷那些病痛，這些病痛讓自己更有覺察的力量，覺察出人與天是那麼相依相存。《論語》記載：子疾病，子路請禱。子曰：「有諸？」子路對曰：「有之，誄曰：『禱爾于上下神祇。』」子曰：「丘之禱久矣。」〔註2〕說明孔子面對疾病的態度，他致力於體天之意，察己之仁，已逐漸肯定了自我可以感通無限而存在，故「素患難行乎患難」對於命限的憂慮與恐懼也早就化除，而有所謂「無入而不自得」之境。唐君毅篤信不移，蓋認為人能自盡其心，則知「依其仁心仁性所自發之情，可無所不涵蓋，無所不貫注流通」〔註3〕，故承繼孔子之德，從知病、知命以知天，透過病相來詮釋哲學的意義，因而哲學在每一個當下雖然是在面對痛苦，也同時在化除痛苦，人能從中體察，自己就可以圓哲學的圓。

孟子云：「盡其心者，知其性也；知其性，則知天矣。存其心，養其性，所以事天也。殀壽不二，修身以俟之，所以立命也。」〔註4〕這知性、知天的「知」是人性的自覺，是在盡心中知道內在於自己的哲學有此性，然後又超越反省此性與天相接，故知此性不只是我之生，也是普遍的人之性，為萬物之性，宇宙之所以存在的天之性。人可以在有限哲學中見到無限的天，當這

〔註1〕唐君毅，《病裏乾坤》，台北：鵝湖出版社，1984年，頁17。
〔註2〕《論語、述而》，頁101。
〔註3〕《病裏乾坤》，頁17。
〔註4〕《孟子、盡心上》，頁349。

工夫直貫相通，則「殀壽不二」，也只有「修身以俟命」，在自己個體的命限中盡此道德修養，而能立命知天。所以在這立命的工夫上，「人由憂患而嘗實有動心忍性之功者，則自能盡心知性，以有其義理之悅心，故能死于安樂。」〔註5〕唐先生從孔孟思想觀看整個人生的病痛，那個曾經傷害過我的他者，那欲置我於萬劫不復的對手，那個用無形的刀在砍殺我的命限，憤恨哀傷、不平報復之處，不正是自己哲學的煩惱嗎？那哲學程式都重覆卡關的地方，只有不斷嚐試失敗，再挺立而起鍛練到自己熟能生巧，有足夠的智慧，有充足的力道去過關，那才算是立命矣。有義理的悅心，對於人生的際遇才能圓滿一切天意的作用，這也是處在這個情義人生，我可以運用最為和諧、最具智慧、最有力量的哲學，從此我終於也可以悟「天命在我」的真正義涵。

筆者雖然曾經克服了很多命限，但又有更多的命限的阻礙陸續出現，光雖然已經很快，但黑暗卻比光還快，黑暗一直在光的前面等待著。我的黑暗一直等到唐君毅出現在我的哲學中，得到從儒學的大道裡探索出一條曲幽之徑，找到那光。

> 人總有一條向上之路可發見，而不必去逃遁其自然哲學在俗情世間中所遭遇之一切。對此一切，依此「道』，人都可加以同意。無論我發現我在那裏，我都可說：「是，我在這裏。」是，是，是，之一無限的肯定，可把一切天賦於我的，一切現實的，可能的遭遇，都加以承擔，負載，而呈現之於我之自覺心與自由意志之前。〔註6〕

「我在這裡」的肯定意志，正如陽明的當下良知，肯定我的存在，這是一種無限的肯定，一種我本自有之的所能，它是超越時空、物我的存在，我是一個定然的存在，整個宇宙天下的中心點，整個生活世界因為「我」而有了活動的意義，我在這裡，我必須去承擔它、詮釋它，那就是我存在的意義。

張載〈西銘〉云：「為天地立心、為生民立命；為往聖繼絕學，為萬世開太平」。是儒者的胸襟，也是唐君毅的使命感。然而放大到人類世界的病痛，如全球暖化、氣候異常、地震海嘯、水災旱災、糧食危機、物種滅絕、乃至種族對立、國際間迷漫一觸即發的戰爭陰影，自然社會之間的問題總是愈來愈嚴重，人的哲學總是處於煩擾與摧折之中，人類身為萬物之首出角色，面對這些現象目前依然顯得不堪一擊。許多嚴重的社會問題其實是處在一種複雜

〔註5〕《病裏乾坤》，頁19。
〔註6〕唐君毅，《人生之體驗續編》，台北：台灣學生書局，1995年，頁70。

的關係之中，這種關係會誘使人類去面對他試圖要解決這些問題，但因為沒有整體性的智慧，只將重點放在治療問題的症狀，而非找出根本病因，結果長期以來，病因不斷惡化，藥也不得不越下越重，造成更嚴重的副作用。如唐先生云：

> 眾生世界，即無異純為一痛苦之世界。而人之能自覺的自開拓其哲學，以與此眾生之世界，情相通接者，則其自身之哲學愈開拓，即愈與廣大之痛苦之世界相遭遇，而其對此世界之惻隱關切之情，亦愈深愈厚，而終將化為一對世界之無盡的悲憫之情。〔註7〕

從自身對痛苦的自覺，關切到世界的痛苦，我之求痛苦的化解，也是悲憫世界痛苦的化解，故解決人類的痛苦，面對身心的病痛、人生的病痛、人類的病痛，是從我身心做起。唐先生以其親身體驗，提供我們做一哲學治療的根本思維方面，他在生哲學治療上的深度與幅度，正好是孔子仁學的指授，經孟子義理的十字打開，到宋明諸儒心性體認，以至王船山之道器合一、本末兼賅的涵融，是對人類的整全關懷，由唐先生完全承繼並結穴於其思想中。

故後人在對儒學的重估中，由此發現儒學在度過西化摧折的二十世紀之後，開顯其鮮活的哲學力，並且孕育與當代精神相通而彌足珍貴的思想資源，唐先生啟發後人從內心的「神」呼應而起，得以向這位新儒學大師學習，這將是一種遙契的授受印記，成了筆者從此轉動哲學最大的力量，以及撰寫本論文之主要動機。

二、研究目的

本論文動機即內涵目的，從上文動機的說明，再整理分列以下四點：

1. 探討唐君毅哲學的學問

中華文化以哲學為中心，此「哲學」並非僅是繫屬理性的某種機能下，對哲學之理解，更重在通過實踐與覺悟的相依互進上，實際創造與完成哲學的種種內容與意義。中國思想主流的儒家、道家、佛教，皆有豐富的哲學探討，故有關哲學的關注與討論，早在古老的智慧之中流傳。

唐先生在哲學學問上，實踐出道德哲學的工夫，可說是其個人哲學的體悟，也是對自然哲學的默契。這些學問所包含的人生意義與高度精神性或宗

〔註7〕《病裏乾坤》，頁65。

教性層次的終極意義，其都能充份提供儒學治療上，對哲學是最根源意義的基因之要求。

2. 詮釋唐君毅哲學治療

唐君毅認為對於世界人事物的罪苦，其治療方式是對己的「一念之自覺」，自覺我有此不安，而知道我有仁心仁性，但我的仁心仁性不是為己私有，依理性的推證，肯定與己同是樣是人都有，雖然人暫時不能體現，而且依俗情的凡慮人真的也沒有辦法體現，但從這自覺，我不能安忍地認為人沒有，我能肯定人人必有，即使現在沒有，將來也一定會有。對於生活世界的罪惡與苦痛，終必感到不安，進而人能自覺自己有此仁心仁性。對此，唐先生肯定人之性善，肯定人人之有仁心仁性，秉此心性能自己拔超於罪苦之外，透過實踐的意義詮釋，也將世界的苦罪擔負在我一人之身上，我可以天下為己任，「至善之天命之流行不息于人之心性，世界仍將升起。這亦是一個絕對的信仰」〔註8〕，人人秉此仁心仁性而共以天下為己任，個人的肉身不存在，也得由他人的仁心仁性繼續展開，故世界終必得治療。

3. 關懷人類與回歸哲學尊嚴的價值世界

唐君毅以一種與治療有關的價值觀，對人性的尊重，回到人能參與天地萬物的哲學本質上作思考，故這樣的哲學治療，是從「身」提昇到「心」的層次，是不同於當代以科技作為主流的治療系統。就「治療」與「療癒」一詞在現代社會是有認知上的差異，「治療」是以外在學識技力的參與，用來對治自己身體心理上的煩惱病痛；但「療癒」不只針對身的存有，更關注「心」的存有，及整全哲學——天地萬物的存在，以一體觀的方式，看清煩惱的本質，然後提供自己身心的德智，回歸哲學的良知善性，以徹底化除依哲學而產生的煩惱病痛。且唐君毅儒學不但認同在科技的治療內容，更重視各種文化體系下的治療體系，以此參贊天地德能，成就天人合一。此唐先生的治療觀，亦即中國哲學的療癒觀，這不是故意與眾不同，而是希望從儒學的哲學關注來重新省思人們對治療主體的肯認，其哲學治療是回歸道德心靈的圓滿，從而擴充到身心四體的挺立，達致全體人類哲學調適上遂。

4. 體達超越生死、天人合一的境界

〔註8〕唐君毅，〈論精神上的大赦（下）〉，《中國人文精神之發展》台北，學生書局，1990年，頁291。

凡人對哲學無奈與迷茫的一面，唐君毅超越之心境轉出了積極面對與承受一切之精神，使唐君毅哲學一方看來並沒有太濃烈的一種宗教信仰，卻在實際生活上處處表現了一種宗教情懷與宗教精神。唐君毅以「一全無傲慢心之對天命天意之態度」、「于任何順或逆之境，皆能見天之有所命於我，而即其命于我處，見天意之態度。」〔註 9〕他以對盡心知性知天之體驗，以明示人在日常生活及一切事務上盡心盡性，面對順逆死生的環境，從中體知去人之私而盡其理之所當為，依這箇理，我知得天意的態度，我時時處於天命之中，而知天命在我，如此人與天相互呼應而為一體，則可超越人間的命限，達超克生死的境地。

唐君毅的智慧告訴人們，哲學必須透過實踐，才能了知實相的存在。一個人必須全心全意，積極全然地生活，一個剎那接著一個剎那去生活，毫無保留去生活，一如這是最後的一秒鐘，除非你掌握到當下的真實，否則下一秒也將不知道何去何從。在實踐的哲學裡，沒有任何依戀流連，沒有執意把抓，你能在那電光石火中通貫，猛然穿越宇宙時空，那一剎那變成哲學的全部，瞭解到生活就是哲學恆常的樣子，那種不可須臾離的實踐之道，而肉身載體的生死變異是個階段性的任務，那是一種過程，並不是目的，哲學的本身中並沒有生死。

筆者可依唐君毅的思想，去解讀哲學的答案，覓尋古德哲學的驗證，然後按圖索驥走向究竟之路。孟子云：「以先知覺後知，以先覺覺後覺。」〔註 10〕可見先知先覺的現世是人類的依循，他們以各種面貌出現在人們的眼前，以聖賢所傳下來的方法，繼續告訴世人，而人們需要祂的指引，祂總以不可預知的方式告訴於後知後覺者，但是人們始終需要重複哲學的過程，才會領略其中意思，是故筆者必須依像唐君毅這樣的儒學，以為哲學的嚮導。

第二節　文獻回顧

本論文的研究，參考的文獻上分為三個方面。一、以《唐君毅全集》中哲學治療為研究架構的基礎。二、有關唐君毅哲學治療之中西方學者的專論。三、研究唐君毅哲學治療之期刊、學位論文等文獻資料。

〔註 9〕參閱《病裏乾坤》，頁 17。
〔註 10〕《孟子．萬章下》，頁 251。

一、《唐君毅全集》哲學哲學治療的文獻

1981年唐君毅弟子群，在香港組成的《唐君毅全集》編輯委員會，以霍韜晦主編，經過重重努力，將《唐君毅全集》於 1991 年全部完成，共計 30 卷，分人生體驗、文化理想、哲學研究、思想體系、書簡日記及年譜、紀念集等六大部分，由臺灣學生書局陸續出版。

本論文依唐君毅之哲學治療的主題做為主要的研究。唐君毅的哲學學問以「道德自我」或「仁心」為中心，建立其思想系統，進而由人之哲學存在所顯示之心靈為中心，建立了心通九境論哲學系統。下列依唐先生文本作概述：

（一）《中國哲學原論》六冊。這是唐君毅對中國哲學史的研究規模最大的一部。此著除在內容上給人類認識史留下知識財富之外，在方法論上「即哲學史以言哲學，本哲學以言哲學史」的新境界，乃在於對歷史上各家所陳之義理，闡明其衍生的義理，並統觀各家會通的要旨，同中觀異，異中觀同，頗有其心得。這種通觀古今的結果，自會發現哲學義理的史的發展。唐君毅把古今東西各家哲學喻為橋和路，乃指任何哲學都不是終極的定論，但是能夠啟迪人們的智慧，由此達彼，由淺入深，由低到高，由偏至全，這種融合貫通的哲學觀，的確是一多元開放的文化心態。其注意到中國哲學範疇具有多義性、歷史性、矛盾性等特點，試圖從「心思之運用」中找到矛盾消解融和之道；重視中西哲學範疇比較研究，反對以西方哲學的標準來衡論中國哲學；在中國哲學範疇研究中引進了語意學、分析哲學的方法。唐君毅先生視哲學為哲學心靈活動的智慧表現，是人之心靈對真、善、美的人生理想境界不同深度的追求，其哲學觀及哲學史觀正是基於他對哲學本性的深刻理解。

（二）「人生之路」系列的文本。觀其文如見其人，所以唐君毅給人「仁者」型的儒家風範，他的工夫除了在其《日記》中透露，每天要靜坐二十分鐘外，其「人生之路」系列的文本，如《人生之體驗》、《道德自我之建立》、《心物與人生》、《人生之體驗續篇》、《病裏乾坤》、《人生隨筆》、等都可以看出，他哲學在其實踐的力量，他在面對人的病痛時，所展現的對治工夫，對這樣的工夫成了他的特質，這是在當時新儒家的學者中比較缺乏的，故發展到現代，這樣的特質在儒家哲學中提供給後人無限的可能，呈現在人世間是種治療的源能，這一無限治療的源能挺立人世間走向聖賢的希望。

（三）《哲學存在與心靈境界》二巨冊。本著作是唐先生畢生學術的一大結穴，也是其超越心性歷程的最後歸宿。此書綜攝性的思想進路包括兩個方

面：一方面是由人生體驗的沈思和道德自我的反省，以及對中國傳統哲學人性論的深刻透視和對西方理性主義思潮的呼應，而體證合一哲學與心靈的人生之內涵；另一方面是以理智思辯的形式析疏中西印三大思想系統中的有關知識、倫理、宗教等問題，而將所有的人文層面都統攝於一超越心靈的序運流轉之中。哲學存在是心靈的物質基礎，而人生的真實意義則在於精神的不斷擴充和永恆超越，以成就一無限豐富的心靈世界。因心靈活動表現出種種的不同，故對心靈世界的觀照也就有種種不同的方式，此即本書所謂的橫觀、順觀與縱觀之「觀法」。觀法一方為能，心靈物件一方為所，能觀與所觀的全體就是心靈境界所要展開的具體內容。

（四）《唐君毅哲學簡編（人文篇）、（思想篇）》〔註 11〕。霍韜晦先生將唐先生的著作擷錄選編，分上下兩卷，上卷的人文篇，包括唐氏的人生哲學和文化哲學；下卷的思想篇，重點介紹唐氏哲學體系。編者於所選篇目之前，加以解題，說明寫作年代、思想重點及其意義比較，便於閱讀。

二、研究唐君毅哲學哲學治療的相關專書

（一）蘇子敬《唐君毅孟學詮釋之系統研究》〔註 12〕，作者依唐君毅「即哲學史以言哲學」、「本哲學以言哲學史」的方式，指出唐先生透過宋明儒的孟子義理，又上契於先秦儒學的勝義，終而能不斷吸融含納，發展自己對儒學的體系，並建立其「天德流行」的境界。孟子的精神核心乃在於「立人之道」，從孟子的言默、論辯及言性說道的方式，經層層辨證反省，堅持對一切人永不絕望的性善堅持，是「出乎高卓而恢宏的道德境界之超越的肯定」。並以「性情心」或「德性心」釋孟子之「心」，是純善而無私，而且與食色欲望之心並不矛盾，孟子用「即心言性」來解消「即生言性」，彰明心對欲的義命關系。作者將唐先生所詮釋的「命」，認為是在命限上所啟示吾人之「義」，此義所當為，雖可能是外來的啟示，但同時也是天對呼召，人必經過養心的工夫，方得自覺以自命自令，故知命立命實須經過盡性立命的工夫歷程。這一詮釋讓筆者更清楚掌握儒家的義與命的關係，從而對人有可能天生就被賦予的脾氣毛病，乃至人生情境上的煩惱苦病，都可以透過「義」的

〔註 11〕唐君毅著，霍韜晦主編，《唐君毅哲學簡編（人文篇）》，香港：法住出版社，1992 年。

〔註 12〕蘇子敬，《唐君毅孟學詮釋之系統研究》，台北：花木蘭出版社，2009 年。

掌握，亦即養此心而擴充四端之心，貫徹於所感的病痛中，並得消解哲學中的疾病。

（二）林安梧《中國宗教與意義治療》〔註 13〕，作者認為中國宗教包括儒、道、釋三教，三教都強調道德實踐與心性修養的優先性，其中隱涵著一套極為可貴的治療學思維，頗值得後人加以闡釋開發。本書在儒家型的治療學上引象山學的本體詮釋學及陽明的本體實踐學，給予筆者在儒家思想與哲學治療之間的啟發甚多，其中第五章〈邁向儒家型意義治療學之建立——以唐君毅《人生之體驗續編》為核心的展開〉，企圖去突顯一儒家的意義治療學的可能性，說明唐先生以「一體之仁」作為其心源動力，進而以體驗方式進行詮釋、批判、重建的過程，形成一不休止的治療過程，也為本論文的架構與書寫提供了指導與推動的依據。

（三）鄭志明《宗教的醫療觀與哲學教育》中〔註 14〕，作者說明中國社會長期在儒釋道的文化教養下，哲學與宗教以其深邃的形上觀念，建樣出人在天地間的和諧的生存活動，在人與超自然的交感過程中，穩定了生活運作的方向與治則。其中第五章〈唐君毅《病裏乾坤》的儒學醫療觀〉，將唐君毅在生病中，對病的體驗做了深入淺出的說明，並提綱契領地將唐君毅之儒學哲學治療與架構，提出深入分析與說明。其第六章〈唐君毅《人生之體驗》的儒學哲學教育〉，將唐君毅對儒學的哲學思想以「明宗」、「立體」、「呈用」的方式，做了完整的論述，提供筆者儒學哲學觀的闡述方向。

（四）鄭順佳《唐君毅與巴特——一個倫理學的比較》一書〔註 15〕。本書首先肯定儒家的性善之說，從而以心的超越、自覺與無限，建立了儒家倫理學的基礎，人依此基礎而為道德理性，能有著道德與道德實踐的主體與自由。作者認為，巴特與唐君毅的倫理思想相契甚殷：（1）他們都不以後果論式的倫理觀作為倫理的本質，而視倫理的本質是旨在建立人格的德行倫理（aretaic or virtue ethics）；（2）二人都認為道德生活的實現就是人處於與其本體論上的本性（ontological nature）達成一致的狀態。唐君毅以道德自我自覺地超越現實自我，人以其本性自命自令，是與天命相合，故人性是天命與自令交接之點。本書闡

〔註 13〕林安梧，《中國宗教與意義治療》，台北：文海基金會，1996 年。

〔註 14〕鄭志明，《宗教的醫療觀與生命教育》，台北：大元書局，2004 年。

〔註 15〕鄭順佳著，郭偉聯譯，《唐君毅與巴特——一個倫理學的比較》，香港：三聯書店，2004 年。

述給予筆者更清楚的人性上的說明，哲學的整全重視在對本性的瞭解與掌握，並對本性所行的德行倫理正是人維持哲學正向的和諧秩序。

（五）吳有能《對比的視野——當代港臺哲學論衡》一書〔註 16〕。本書是以唐君毅《哲學存在與心靈境界》一書為其基礎論述，其中第二章〈唐君毅先生論超越界的介述及反思〉為筆者主要參考。作者認為唐君毅有一顆感通仁愛的心靈，以同情共感的心懷要求達至多層的和諧關係，展現出高度相關性或關係性的宇宙觀。此即由人至世界至超越界的層層由人心內核向外界幅射攀升而至。唐君毅用其同情共感的仁者心懷並不否定別家宗教，縱然他認為儒學掌握了最多的真理、最高的真理，但也認同儒家並不掌握全部的真理，因此也肯定佛教、基督教的貢獻，並認為唐先生保住神的超越性，如此一切宗教莊嚴神聖義立，唐先生打通聖凡之隔，達到人人皆可以為堯舜的可能，也讓筆者確認儒家認為人的本質是整全而健康的，只要經過努力，人人可以朝向整全而健康的心性發展。

（六）西方學術治療學專書，本論文參考有 1. 維克多・法蘭克《意義的呼喚》、弗蘭克《活出意義》等，屬於意義治療部分。2. Shlomit C.Schuster《哲學診治》、馬瑞諾夫《柏拉圖靈丹——日常問題的哲學指南》、托瓦爾特・德特雷福仁（Thorwald Dethlefsen）、呂迪格・達爾可（Rudiger Dahlke）《疾病的希望》等，屬於哲學諮商的部分。3. 麥克・懷特（Michael White）《敘事治療的工作地圖》、吉兒・佛瑞德門（Jill Freedman）、金恩・康姆斯（Gene Combs）《敘事治療——解構並重寫哲學的故事》等，屬於敘事治療的部分。4. 傅偉勳《死亡的尊嚴與哲學的尊嚴——從臨終精神醫學到現代生死學》、鈕則誠、趙可式、胡文郁《生死學》、余德慧，《生死學十四講》、Lynne Ann DeSpelder, & Albert Lee Strickland 著，黃雅文等譯，《死亡教育》等屬於生死學的部分。

以上都是提供筆者，對於唐君毅哲學哲學治療，及其對現代學術治療學相互接軌的理論探述。

三、研究唐君毅哲學哲學治療之期刊、學位論文

（一）曾昭旭，〈人到底為什麼怕死？〉〔註 17〕，曾先生認為死亡只是個

〔註 16〕吳有能，《對比的視野——當代港臺哲學論衡》，台北：文史哲出版社，2009 年。

〔註 17〕曾昭旭，〈人到底為什麼怕死？〉，收入在氏著，《讓孔子教我們愛》，台北。

假問題，因為站在人生的立場，死亡永遠在人生範圍之外，是我們所無法經驗得到的一種絕對不可知的事，對這種全無經驗的事，我們為什麼會怕呢。人們其實所怕的並不是肉體死亡這一生理事件，而是將這真正在怕的事物，投射到肉體死亡之上，遂誤以為我們在怕死罷。人們所怕死不是在人生之外的肉身死亡，而是就在人生之中，已曾經歷的種種挫敗與創傷。正視心理恐慌或情結，過往歷史的哲學創傷，也不該錯認重點，把注意力誤放在死亡上。然而儒學的生死觀應用在廣大的群眾中作普遍性的實踐，以儒者始終點亮了人性的明燈，展現了不斷超越物質條件限制的精神上昇過程。此為儒者關懷的主題，以其哲學一如的質上自我精進，顯示出超越自我的精神能量，並下化於日用人倫，人倫的和諧更是拔苦濟生之事。

（二）蔡仁厚，〈唐君毅先生論人格世界〉〔註 18〕，本文以唐君毅〈孔子與人格世界〉一文，對孔子的人格世界加以肯定和傳揚。認為唐先生所發揚孔子人格精神，無疑是中國文化之福，也是世界文化之福。因為每一個人都可以從中得到為人處世的啟示。認為孔子人格形象，既具有「高明涵蓋」的一面，也具有「博厚持載」之一面，是世間諸種人格中最圓滿的。作者認為，唐君毅是以「哲學之感召」和「感通」的情感去重建孔子以至儒學的價值觀和形象，認定孔子是「高明博厚」具超越性格與人間性格，並透過孔門弟子對師的心悅誠服例子以凸顯之。

（三）劉國強，〈儒家人性本善論今釋——紀念當代大儒唐君毅先生逝世十周年〉〔註 19〕。文章中扼要地鋪陳出唐君毅對儒家性善論的現代詮釋，把當代新儒家面對西方文化挑戰時如何更新儒家傳統的用心作出闡述。劉先生首先從處理儒學內部孟荀間之對立作為探討的切入點，他透過引述孟荀的原始經文，指出孟子是從「人皆有不忍人之心」方面以心言性；荀子則是從人之好色、好聲、好味、好利等自然生理欲望上以欲言性，故彼此間並沒有根本的矛盾。

劉先生指出人性本善並不只是知識上的論證問題，乃是道德上的體證問

臺灣商務印書館，2008 年。

〔註 18〕蔡仁厚著，霍韜晦主編，〈唐君毅先生論人格世界〉，《唐君毅思想國際會議論文集（2）》，香港：法住出版社，1990 年 12 月，頁 66～83。

〔註 19〕劉國強，〈儒家人性本善論今釋——紀念當代大儒唐君毅先生逝世十周年〉，台北：《鵝湖月刊》，第 14 卷第 5 期總號第 161 號，1988 年 11 月，頁 12～25。

題、亦即實踐問題；儒家之教的最終目的，也就是要人呈現仁心善性。仁心善性在唐君毅的解釋裏既是人存在的最根本性向，而這性向既是人之超越性，也是一種無限性。這些超越性或無限性是人的心靈或存在自體的本性，是形而上的自我本性，非後天經驗而來的，是人超越自我的一種表現。作者認為，唐先生之意指出，道德自我及仁心、認知活動和求美求完滿之心都表現了人的超越性，邏輯思維也不離超越性，而歷史知識、懷疑心、好奇心、經濟活動及宗教活動等都一一本於人之超越性，這是人之根本性向。所以，根據唐君毅的詮釋，儒家說人性本善也就等於說人的根本性向就是善的，從此看出唐先生在性善論方面的探討的確是有新的發明，不再囿於經驗科學層面去省視性論，乃從形而上的超越角度去討論性，人的超越心、無限心的根本性向不陷溺於現實對象，那麼人之行為表現則無有罪惡的產生。這些是強了人性本善的說服力，同時也凸出了宣揚人性本善對現代社會所存在的美善價值和積極意義。

（四）陳章錫，〈唐君毅《禮記》詮釋的特色及其價值意義〉〔註 20〕。作者依唐君毅提出「中庸論人性，禮運談人情」，二文須相配合才可呈現完整的儒家性情之教為論述方向。唐君毅儒學的價值，在於上探孔孟性情之教，要求德業之一體完成，故既能肯定道德良知之心性主體，復能重視道德實踐的人文化成，宋明儒家以及當代新儒家的唐君毅，對於道德形上學的建構，都是內外兼勝、性情並教，至今儒學的深入人心，已獲致相當豐碩的成果。

（五）林安梧，〈再論「儒家型的意義治療學——以唐君毅先生的《病裏乾坤》為例〉〔註 21〕。本文經由唐先生《病裏乾坤》一書的詮釋，進而闡發儒家型的意義治療，作者點出從「超越的理想性」轉而為「內在的實存性」是治療一切虛憍慢易最為有效的一劑藥方，並指出唐先生是經由一「存有的迴歸」，因之而能得靜養，善遂其生。認為唐先生在儒家生生之德的人生觀下，面對人生種種的絕望處正所以立命而行義也。

（六）廖俊裕，《自我實現存在的歷程——唐君毅《哲學存在與心靈境界》

〔註 20〕陳章錫，〈唐君毅《禮記》詮釋的特色及其價值意義〉，嘉義：南華大學，哲學系《揭諦》第四期，2002，7 月，頁 165～193。

〔註 21〕林安梧，〈再論「儒家型的意義治療學——以唐君毅先生的《病裏乾坤》為例〉，台北：鵝湖出版社，二十八卷四期，總號 328，2002 年、10 月，頁 7～16。

之研究》〔註 22〕。作者以評論、證立二種方式為「呈現」的方法，並認為這就是唐先生的呈現哲學。其研究唐君毅如何評論往學，及如何證成他的哲學真實存在的看法。本文將唐君毅所著《哲學存在與心靈境界》書中所呈現的境界做了深度的分析，發現哲學真實存在之處，即是當下生活的理性性化，只要人依道德理性而自命，便是絕對的真實存在，唯作者只將唐先生的思想做分析說明，比較缺少自我的創造詮釋或評論。

（七）黃俊傑，〈當代儒家對孟子學的解釋　　以唐君毅、徐復觀、牟宗三為中心〉〔註 23〕，作者的認識裏，當代新儒家學派中的熊十力、馬一浮、唐君毅、牟宗三等人屬於哲學家，而徐復觀與錢穆等人則為史學家，故本篇論文主要以唐君毅、牟宗三、徐復觀三位先生為中心。作者認為，徐復觀先生除了從思想史觀點對孟子心性論提出新解釋之外，更重視孟子外王學的實踐問題。而唐牟二先生則基本上繼承宋明以來的「心學」傳統別創新見。作者認為唐君毅解釋孟子知言養氣說就完全側重心之捶煉及其提昇，認為孟子知言養氣之學是盡心知性之學。唐君毅的孟學解釋，將政治問題一轉而成為「心」的自覺與興發問題。

以上所列舉的期刊、論文，乃是本論文理論依據的重要參考，其它相關的重要研究和參考著作，本論文將依序在後想各個章節中論說，並提出其內容。對於唐君毅的哲學哲學治療的學術研究，筆者自以為學力尚不夠充分，但期望本文各點上的論述，能為讀者提供一個明確的指向，以為往後學術研究或實踐工夫的依據。

第三節　研究方法

本論文以「基源問題研究法」、「超越反省法」、「哲學觀念研究法」等為方法，將唐君毅的哲學學問、哲學治療乃至道德實踐，進而治心、治身、治人的病痛，體現儒家人文化成的生活世界為主。

1. 基源問題研究法。勞思光先生所提出之研究方法，他認為：「我們著手整理哲學理論的時候，我們首先有一個基本了解，就是一切個人或學派的思

〔註 22〕廖俊裕，《自我實現存在的歷程——唐君毅《生命存在與心靈境界》之研究》，台北，中央大學中文系碩士論文，花木蘭出版社，2010 年。

〔註 23〕黃俊傑，〈當代儒家對孟子學的解釋——以唐君毅、徐復觀、牟宗三為中心〉，收入周博裕主編，《傳統儒學的現代詮釋》，台北：文津出版社，1994 年。

想理論，根本上必是對某一問題的答覆或解答」。順此理論，我們可以說明，儒家的基源認定，哲學本來是健康的、是至善的，但因為私欲而產生了病痛，這是一種道德的異化，這樣的異化也產生了種種人倫社會的問題，所以根本問題，要去除私欲，就可以回復健康的、至善的哲學。

如子曰：「我欲仁、斯仁至矣」(〈述而〉) 這是肯定哲學內在根據，仁乃人本然而有，不假外求，而且當身即可發用；孟子以「四端之心」(〈公孫丑上〉)，「非由外鑠我也，我固有之也」(〈告子上〉)，這是實際地詮釋孔子「仁」的思想，而以不忍人之心來論其「性善」說。又說：「仁，人心也」(〈告子上〉)，人道德自覺的心，就是此仁也，故仁心、性善之論是人存在的意義本質。陽明承孔孟思想，將孟子的四端之心統攝於「良知」說，他針對世風的疲弊、人心的萎靡而提出永久的良方，他省悟本心良知之天理，他肯定儒家的道德理想，以「學作聖人」、「知行合一」以及「致良知」的實踐性宗旨(《傳習錄上》)，徹底解決人類的煩惱痛苦。

唐君毅哲學治療，以孔子「仁」的精神、孟子「性善」之說、陽明「良知」之論等諸儒之基源立論，而有所發明，提出「義命合一」、「以心言性」、「天命自命」、「自命自令」等立論，為哲學哲學治療提供一形上理據。

勞思光又云：

第一步，必須先對所研究對象的基源問題有一基本了解，對於未明顯說出基源問題的學說，則從許多論證中逐步反溯其根本意向所在（理論還原）。

第二步，再根據基源問題，把有關理論重新作一展示。一個基源引出許多次級的問題，每一問題皆有一解答，便形成理論的一部份，最後一層層的理論組成一整體，就完成個別理論的展示工作。

第三步，則必須提出一設準對哲學思想的進程及趨向作一估價，以期對哲學史的判斷能有全面性與統一性。〔註24〕

根據第一步，本文從第二章〈唐君毅的哲學體察〉探討唐先生的思想源起與脈絡的傳承，及其自己所建立的哲學學問做論述，期能還原儒家認為哲學原態就是健康的，因哲學來自於天，所以是實存的、是完整的、是圓善的、是源源不絕的，故哲學的狀態也應是如此。

第二步，則在第三章〈唐君毅哲學治療及其方法〉中一步一步展示哲學

〔註24〕勞思光：《新編中國哲學史（一）》，台北：三民書局，1986年，頁15。

治療的思想與方法。唐先生對於哲學的認識也是透過心靈的涵養境界，心靈是自由意志，不是主體之外的存在，他認為就自己的道德生活來呈現自己的主體心靈，這個心靈是自由的主體，所以自由意志本來即是指在道德生活中自作主宰的主體心靈，故尋找主體心靈就必須在自己的道德哲學中來體會。唐先生以人的實存狀態，認為人必以通過對心的掌握，以心來實踐道德的層次肯認天命，所以治療之道也在實踐道德歷程中得到來源，以道德實踐直接呈現哲學整全的實存。

第三步，對哲學原本是健康的設準，以西方學術的討論與比較，進一步地詮釋唐先生的哲學治療，他回到人性的超越面，不斷地對天予我的命做回應，同時也是人哲學道體的完成，其要求自我，與弗蘭克「人是追求意義的存在」相同，也與西方實務哲學，重視檢視自我的健康，可謂同一模式，並以其敘事儒學展開治療的本色，務求反省超越與辯證之方法運用來詮釋這個設準。

筆者依勞先生之步驟，期能更全面性系與統一性的詮釋唐先生哲學治療，並以會通的立場，來看待哲學、生活、死生之體制，展開面面都是一道的呈顯，以實現心性的價值，從實現價值肯定各個面向的精神內涵，超越形式的局，會通其內在超越的價值，期能展現出陰陽諧和、整全康泰的生生不息的哲學。

2. 超越的反省法。乃唐君毅認為更根本的方法。其言：「我們可說超越的反省，實一切哲學方法之核心」。〔註 25〕唐君毅之哲學思想也是與此超越的反省法不可分割，何謂超越的反省法？唐先生說：

> 所謂超越的反省法，即對於我們之所言說，所有之認識，所知之存在，所知之價值，皆不加以執著，而超越之；以期翻至其後面、上面、前面，或下面，看其所必可有之最相切近之另一面之言說、認識、存在、或價值之一種反省。〔註 26〕

依此唐君毅認為哲學必須藉由心之本體的掌握，此心之本體只能透過超越的反省來確立，反省哲學現象何以有病、痛、罪、惡、毀、艱、哀、虛、顛…〔註 27〕等等現象，徹徹底底地將之翻至其後面、上面、前面，或下面加

〔註 25〕《哲學概論》上冊，頁 195。

〔註 26〕《哲學概論》上冊，頁 191。

〔註 27〕參閱《人生之體驗續篇》之章節。

以省察，從這些現象中不斷的超越反省被體驗出來，終而回歸可以察覺那心之本體所發出的虛靈作用，然後將負向現狀一一化除。劉國強的〈唐君毅的哲學方法〉〔註 28〕文中，其指出超越反省法之核心亦即在於「超越」二字。但此「超越」的意涵，主要要人在面對問題時更辯證、更仔細地對問題作出反思再反思，而可以的話，則進而「反思及其它之事」。這種遇見問題而不斷作出相應反思的回應態度，就是哲學思考裏最基本的思考方法。

筆者對於唐君毅的思想或問題的提出，引古今學者的論述作為一積極呼應對治的方法，也旁徵博引依古今中西經典，反覆地申辯其一課題的文字，詮釋了他在哲學著述中思想，並以其「超越反省法」為方法，將哲學治療的思維由本至末、由外到內，由前到後等超越反省的論述，期能靈活運用在他的思想的詮釋。

「超越反省法」中又含「辯證法」的運用。學者均認為唐君毅的思維方式或哲學方法是受自黑格爾的影響，故是以辯證法為基本的哲學思維方法。但唐君毅的「辯證法」又以超越反省的方法，擺脫黑格爾的框限，唐先生說：「必俟我們對原初之『正』作一超越之反省，而認識其後或其前之『反』，進而再超越此『正』、『反』等，而後可能。」〔註 29〕因為在比較的辯證中，筆者特別注意的，從此一思想或思想系統之本身的超越，而從事於此思想與他思想或思想系統之或同質或異質的關係比較、類推或批判等等反省。故在邏輯的分析或推演的科學方法中，不能沒有超越的反省的作用，即在一切思想的引申推演，從超越一思想之本身，而另有所一思想的啟思，如對哲學健康原貌肯認的詮釋，又從道德異化產生的哲學病痛，又問人為何會有病痛？而這樣的病痛不只在我，在與人事物之間必有牽連的影響，人事物也因為我而病痛不止，先哲們救本之道的再反省，於是在不斷超越反省下，扭轉異質又回歸哲學的健康。

本論文依唐先生「辯證」的特色，分析唐先生是如何透過超越反省以復歸哲學的整全。如對唐先生的哲學體察上，以哲學的源能、創生與潤化等論述，說明唐先生依「即用顯體」的哲學方法，正面論述哲學的常道；又從《人生之體驗續篇》等於具負價值認識其正價值意義之辯證，說明形上與形下、

〔註 28〕劉國強，〈唐君毅的哲學方法〉，台北：《鵝湖月刊》，第 20 卷第 1 期總號第 229，1994 年 7 月，頁 35～39。

〔註 29〕《哲學概論》上冊，頁 193。

人與我、心與物、心與境合為一個不可分的整體。不但從儒學傳承說明即體即用、非一非異的關係及主體內部各項因素的和合，詮釋出儒學「存有的連續」〔註 30〕之特質；並以西方各種治療思維，與中國儒學思想做一對比的辯證，故本論文得時時返向哲學自覺、體證與關懷，隨其辯證的升進，而在論述上有所呼應，時時體現唐先生在深入地體驗哲學的病痛後，真切地認識病痛的本質，開啟治療的契機，進升哲學人格，所提供後人的一套「治療觀」。

3.「哲學觀念研究法」。在中西學術的詮釋上，「西方的態度是意欲向外向前施展，以克服外在世界的種種困境為路向。中國的態度是意欲向內自我修飾，以自我心理的修養調適而解決困境。」〔註 31〕故中西方哲學是兩種異質性的哲學，哲學的基本態度不同，在以治療（或治療）思想為主要問題的意識上，中西方學術就有見解與方法上的差異，也說明價值取向的不同。故杜保瑞先生提「哲學觀念研究法」〔註 32〕，可以做為筆者，理論詮釋的參考依據。他於中國哲學方法論述中說：

> 就中國哲學的當代研究而言，欲使其達到哲學研究應有的成效就必須進行方法論的創作，在當代中國哲學方法論研究的進程上，哲學界已有的努力方式乃表現在以下的四個途徑中：
> 第一，指出中國哲學的特質。藉由中國哲學理論關切及義理表述的特有型態之解明，以說明中西哲學型態差異的背後因素。藉此保留了在中國傳統義理之學在自身特質脈絡下的學院內專業學術學門的身份。
> 第二，轉借西洋哲學的理論。使用源自西方傳統的基本哲學問題作為詮釋中國哲學義理的理論間架，並強調這些基本哲學問題是中國哲學傳統中已有的，亦即是中西哲學傳統中共通的。
> 第三，建立中國哲學的概念範疇。不借用任何西洋哲學的專業術語，直接建構中國義理傳統中的字義範疇，將之提升為哲學範疇，如道論、天論、氣論、心性論等，這一種工作方式，事實上是大陸學者貢獻較多。

〔註 30〕林安梧，《儒學轉向：從「新儒家」到「後新儒家」的過渡》，台北，臺灣學生書局，2006 年，頁 9。

〔註 31〕杜保瑞，〈對梁漱溟東西文化及哲學比較觀點的評析〉，「東西方哲學之概念比較」國際學術研討會，台大哲學系，2006 年 11 月 17、18 日。

〔註 32〕杜保瑞，《反者道之動》緒論，台北：鴻泰出版社，1995 年，頁 17。

> 第四，建立中國哲學整體詮釋體系。藉由自己約定的哲學術語使用系統之詮釋架構，地毯式地詮釋中國哲學所有領域的專家專題及各學派，建立全面性的中國哲學詮釋體系，這是顯現為唐君毅、方東美、牟宗三、勞思光等前輩學者的工作型態。〔註 33〕

中國文化以儒家思想為主流，在儒者看來，哲學的學問是由內聖而後推己及人立己立人以至外王事業。儒者認為每一個人必須自我修養彰明其光輝本性，然後推己及人，望他人也能有革新其哲學以彰顯其光輝之本性。這樣的基本觀念，影響著中國人二千多年而不衰。但近世西潮洶湧而至，自鴉片戰爭後，傳統文化節節敗退，遂有視傳統之教育為不足。所幸近百多年來中國知識份子圖抵禦外侮，文化自強以救民救國，仍繼承儒家內聖外王的傳統。

本文在〈第四章〉也試以西方學術的觀念中比較儒家思想，比走出儒家型的治療思維。在西方學術中有關治療的理論，如意義治療、敘事治療、哲學諮商、生死學等現代的理論，都可以在原始的儒家思想找到其理論，雖尚未能達到現代「學問」的標準，本文嘗試從其理論構架，建立屬儒家的哲學治療。以中國特有的義理表達方式，也可以將之提升為哲學範疇，筆者以唐先生的思想如天命自命、義命合一、即心言性、道德自我…等觀念，可以不必藉用西方的專業術語而表達，成為當代中國儒家哲學的特色。唐君毅先生的哲學，正是為保存、重建中華文化以及推廣人文化育而努力，除對傳統哲學作出全面的詮釋、分疏及理論上的發展外，也已然對西方學術充分的吸收與掌握。

從這四個途徑中，唐先生已從第一項直跨入第四項的學者，筆者掌握唐先生的詮釋方法，如在第二、三章中，筆者希望使用唐先生的語言脈絡，建立唐先生的理論研究，以包含中西哲學的匯通。杜先生所提到的這四個途徑，必得交叉引用，尤其是在第四章的部份，轉借西方學者的理論，建立屬於中國哲學的詮釋體系，這是本論文的必要工作，也期待能開出屬於中國哲學的詮釋路線。由於唐君毅的思想不但體系龐大，而且治學縝密，根本不可能在一本論文著述中將其思想完全涉足，故本文著重在唐君毅對「哲學治療」的思想的理解與研究，一方面是哲學所發現生活世界的意義，另一方面則指出

〔註 33〕杜保瑞，〈一個中國哲學方法論的當代新議題研究—功夫理論與境界哲學作為中國哲學的基本哲學問題之可能性〉，行政院國家科學委員會專題研究計畫成果報告，1998 年 8 月。

整個意義的發現過程。其過程是由內而外，由上而下通而為一的方式，成為研究唐君毅思想的價值取向理論。

以上對唐君毅的哲學治療的詮釋研究，將是筆者為文進路的依歸，期能對唐君毅的思想提出周延的詮釋，避免有斷章取義的現象，層次分析唐君毅哲學學問重要內涵、實踐進路，對哲學疾病產生治療的效能，展現哲學圓滿的人生意義。

第四節　研究步驟

本論文主要探討哲學與疾病交涉以及所引發的種種治療方法與現象等問題，期能詮釋出唐君毅在哲學學問上的深度與幅度，讓人在現代能對儒學開顯其鮮活的哲學力，並且蘊育與當代精神相通的思想。依唐君毅思想所展開的研究步驟，第一章〈緒論〉做總要的說明，及第五章〈結論〉做完整的結尾。

第二章論述〈唐君毅的哲學體察〉，從其走小時候到求學過程的哲學小故事開始，其一路上與當代賢哲請益共學，最後承繼與發揚儒家思想，提出自己的學習心得，開展出自己的一套哲學學問，又時時關懷生民、憂感天下，言行並進，致力於學子的教育，終成為當代大儒。

第三章〈唐君毅哲學治療及其方法〉，以唐君毅《中國哲學原論》為基礎，及「人生之路」的系列作品思想為主，如《道德自我之建立》、《人生之體驗》、《人生之體驗續篇》、《病裏乾坤》等，開展一套儒家型療癒方式，由其親身之例證，不但提供自我治療，還是提供治療他人，治療全人類的方法。

第四章〈唐君毅哲學治療對現代學術的對話〉，唐君毅思想對意義治療、哲學諮商、敘事治療及生死學的對話。唐君毅認為，哲學是流動的真理，不斷生成、不斷超越，死亡只生成、超越的暫時隱沒，哲學一直存在，她有時候以沒有現象的方式存在，她是一個永恆的存在。

第五章〈結論〉，依唐君毅之哲學治療研究，作一歸納、整理與回顧，且對此議題，作一扼要的說明，並進一步由其理論基礎、儒學的繼承、哲學體現、西方學術的匯通，來達到與病共舞、治療病痛、生死超越來說明唐君毅的治療體系，以及理論之思想，最終而能積極的安頓是此哲學就是一永恆的實存。

唐君毅在理想的治療觀上嚮往著一個「乾坤並建」、「天德流行」的儒學境界，也就是一個「既超越又內在」的哲學與治療學。我們一方面可以由「天地之乾道」顯現其天道的超越之主體自由；而另一方面可以由「天地之坤道」顯現其天道的內在性的自命自療的觀點。天道既超越於人性之上，又內在於人性之中。這在天人關係的闡發上無疑具備了高度的哲學價值，啟發了現代人融合宗教精神與人文價值的超越向度，也在治療學上帶給人們無限的希望。

第二章　唐君毅的哲學體察

唐君毅先生的學術思想，在三十歲前後有一重大思想的轉折。三十歲之前由分析、比較中西文化所持的自然天道觀切入為「道德自我」、「仁體本心」為哲學的中心一環；三十歲之後即以此核心，不斷力行實踐、盡性立命，從而建立「心通九境」系統理論，由人的哲學主體及其整個心靈活動的展開，涵攝一切知識與學術文化，以成就一更廣大、更融通的哲學哲學系統。〔註 1〕

他把二千多年來的儒學內容全部承續起來，並把西方民主、科學等理念當成儒學發展的輔助，研究出其超越的反省的實踐工夫，形成了內在化、超越化、形上化、實體化的意味，這使得他能在新儒學的領域內游刃有餘，並能將儒學落實到人的社會生活實踐中。他提出很多的思考方向，讓後人有更多省察的出口，並在儒學的核心問題「內聖外王」上，在唐君毅思想得到根本的貞定力量而改觀，他不僅對儒學的發展產生了極大的影響，並且上承於天，將天命與人命通貫起來，使人有自信、自力與自行來解決自己哲學的問題，其學問是當代新儒學發展的新希望。

本文以唐君毅先生對哲學之體察，來論述「唐君毅的哲學歷程」、及哲學的「源能」、「創生」、「潤化」等方向，說明唐先生在哲學的學問，及其與哲學治療上的關係。

〔註 1〕參考，李杜，《唐君毅的哲學方法》，台北：臺灣學生書局，1982 年。

第一節　唐君毅的哲學歷程

一、走向哲學的小故事

唐君毅的人生經歷非常豐富，而他對治個體、民族與世界之病痛的思維，成了他自救自療以及遺愛後人的珍貴財產。在他〈民國初年的學風與我學哲學的經歷〉〔註2〕演說中可得知，導致他早年開始心生恐怖陰影、身心難安情志的原因為何？他又是如何面對人生困境，求得解決之道？並依此建立自己的哲學思想。茲以三例說明。

（一）世界末日的恐懼

大概在我六、七綠的時候，父親教我時，向我講一個故事。

地球有一天，太陽的光變成暗淡，太陽熱力慢慢減少。當然這在科學上是承認的。最後人都死光了，只剩一個人帶著一條狗。這個故事使我總想到地球是有一天要毀滅的。小的時候，我嘗見天上下雨，太陽晒後地面裂開，當時我就想，恐怕地球要破裂了，世界要毀滅了，世界會毀壞的思想常常在我心中。世界會毀壞，我個人也會毀壞，是不是有一個可以不會毀壞的東西？〔註3〕

「我們的地球，當日益殭固，地球之末日，是雪地冰天。我想著地球的末日，也許還有最後一人存在，伴著一條犬。」〔註4〕從地球要破裂了，世界要毀滅了，等事件在他的小小心靈就產了種種恐懼陰影，但這陰影不見得是不好的，讓他在戒慎恐懼中生發要追求「不會毀壞的東西」的思頭，我們的地球，當日益殭固，地球之末日，是雪地冰天。

他再去把圖書館中的人類歷史書，凝目注視，這歷史之最後一節，是他親手作成的。他想著人類若干之努力奮鬥，誠然可歌可泣，他會悲從中來，忽然流淚。然而淚珠落下，即被冷風吹結成冰，並不能浸濕書篇。〔註5〕

親自完成了歷史的最後一節，人類的努力奮鬥，可歌可泣的記錄在他的

〔註2〕唐君毅，《病裏乾坤》，台北：鵝湖出版社，1984，頁57。

〔註3〕唐君毅著，霍韜晦主編，《唐君毅哲學簡編（人文篇）》香港：法住出版社，1992年，頁506。

〔註4〕唐君毅著，《人生之體驗》，台北：臺灣學生書局，2010年，頁192。

〔註5〕《人生之體驗》，頁193。

手中完成，他做了一個歷史的見證，也為歷史開啟了一頭走向未來的隧道，哲學的意義仍不斷地在進行，就在那「不能浸濕書篇」的終篇上，他為人類走向哲學之路。

為求現實世界的真實性與恒常性達到平衡，因為這一再觸動他哲學悲情與智思，所以來到了「人生之路」的探尋，他以自我對話體闡述了對此問題的自覺反省與解答。他認為，除非自甘陷於盲目生活，生活中人都需真實宇宙為其哲學活動的憑依，宇宙永恆存在，則人亦永恆存在，只有走向哲學之路，他才能找到那根源，那個永恆不滅的根源。

（二）父子離別的哀情

> 我大概十六七歲的時候，中學畢業讀大學，就開始到北平讀書。父親送我上船，與父親一齊在船艙上，天亮的時候，就開船了，父親便要離開。當然在這個時候，小孩子會有一種離別的感情，一下子覺得很悲哀，而這個一下子的悲哀，突然間變成不只屬於鄉下人的，也不是由讀書來的，忽然想到古往今來可能有無數的人在這個地方離別，也有無數的人有這種離別的悲哀，一下子我個人的悲哀沒有了，個人離開家裏的悲哀沒有了。〔註6〕

> 至於吾對超越世界之存在之感受與體驗，則始於吾十七歲，吾父送吾乘船至北平讀書之一經驗。憶吾父既送吾上船，當夜即宿於船側之一囤船之上，吾初固不感父子相別之悲也。及至次晨，船之輪機轉動，與囤船相距漸遠，乃頓覺一離別之悲。然當吾方動吾一人之悲之際，忽念古往今來，人間之父子兄弟夫婦之同有此離別之悲者，不知凡幾，而吾一人之悲，即頓化為悲此人間之有離別，更化為一無限之悲感；此心之淒動，益不能自已，既自內出而生於吾心，亦若自天而降於己。吾亦以是而知人生自有一超越而無私之性情，能自然流露，是乃人生之至珍之物也。〔註7〕

> 吾自念吾一生所經歷，其中固亦多可傷痛之事。如吾父之歿於鄉中時，家人無一在側，吾母病逝蘇州，而吾亦不得奔喪。十七年來，羈旅異域，更時懷家國之痛。然此可傷痛之事，皆出於悲情之不容

〔註6〕《唐君毅哲學簡編（人文篇）》，頁506。
〔註7〕《病裏乾坤》，頁9。

已，非同逼惱之苦難，使人不得不忍所不能忍，亦使人難於更發大心，以求向上之覺悟。〔註8〕

從以上三段文字的敘述，都圍繞了「父親」這個主角而演發的生離死別的劇情。唐君毅在父子情理之間迴盪不已，生死的哀痛、離別的哀情，加諸在他身上是非常的真實，是情又是理，但上天為什麼要將這樣的「痛」加在他的身上呢？如果我會有這樣的痛，那古往今來的人難道會沒有嗎？不，一直都是有，人人都有，這是情，也是理，是超越古今人物而存在，這樣的悲痛傷心之事，會讓人難以控制，不由得使人逼向苦惱，而有病痛的產生。唐先生自覺地生發更大的悲情，不願意讓人有陷入逼惱的苦境，他不容自已的不安不忍，不斷向上升進以求覺悟的心，願為人人融攝於此覺悟的悲情中。

唐先生發出不忍的大心，這個大心是超越無限心，超越於傷感悲痛之外，而合於人在世間的情感舒發，他讓自己求「向上覺悟」之路，以此讓人覺悟他自己的心，更必須讓人從悲痛中超越，當人所歷經的生老病死，就像在哲學上刻下深深的烙痕，痕跡不斷地被刻上，只有體察自己歷史的哲學意義，自己求得向上覺悟之機，自己對病痛的苦境，才能如實應對，才能駕輕就熟地超越。

子曰：「克己復禮為仁。一日克己復禮，天下歸仁焉。」〔註9〕克己復禮就提回歸於仁，仁就是超越的心，以此心看每樣東西都是好的，每個事件都是好事，每一個都是好人，雖然用不同的外形，都是在成就同樣的哲學，生與死一樣好，喜與悲一樣好，離與合一樣好，一切都是最好的安排，都是與自己相稱，這些安排都是經過自己的認同，所以沒有一個外來的人事物可以傷害自己，因為這個心已在每一個際遇中昇華，祂已經是超越的無限之心。

（三）驅天狗救月的悲感

十九歲時，望月食時之所感。時吾在南京中大求學。一夕聞有月食，遂出門至校旁之一池塘畔觀之。忽見池畔老幼居民，皆持土罐、鐵罐；及見月初食，遂群舉木棒擊罐。吾初不知其故，繼乃知此乃因俗傳日月之食由於天狗食之，故人共擊器成聲，意在使天狗聞之而趨避。此乃人之所以救日月之光之道也。吾固知日月之食，不關天

〔註8〕《病裏乾坤》，頁4。
〔註9〕《論語、顏淵第十二》，頁131。

狗之事。果天狗能食日月於天上，則此人間之擊器成聲，又何能為？亦愚不可及也。然吾於當時未嘗笑此眾人之愚。吾惟念此諸老幼居民、與天上之日月，相距不幾千萬里，今何以必關心此日月之晦明，而以其區區之手，擊此區區之器，發此區區之聲，而望其能驅天狗，而復日月之明？此果皆因無此日月之明，則人之事皆不能成，而大災害將至乎？吾意則不以為盡然。今試問彼擊器之人，果皆是為慮災害將至，方擊器以驅天狗，而復日月之光？毋亦不忍彼日月之晦盲，即欲復其光輝耳。即彼為慮災害將至，然後欲復日月之光者，其念人間災害之原，在天上之日月，而寄情於日月，亦見此人之情之能自充塞於天地之間也。吾遂於「此人之情寄在此原為無情之天上之日月之處」，生一大感動。

自此事後，吾有同類之感動者，尚有若干次。但吾在中年以後，知識日多，人事日繁，此類感動乃日少。及今於日月之食，竟漠然無感。則吾今之病目疾，其來亦固有由矣。〔註10〕

首先他觀察，世人對於月蝕科學知識的無知，竟然想要靠著敲打以趕走天狗食月。然後想到人怎麼可能改變天象呢？一時為世人的荒唐愚昧感到悲憫。人之求月亮得救，而趕走天狗，人因為趕來急救而產生了「人」的真理，動植物不會去想到救月，也只有去救月的心，才顯得天人的圓滿，意義是發生在人感通的那一刻，也只有此時此刻人的尊嚴無限挺立出來，人能感通而推己及人，能潤澤而關懷萬物，在此人的自覺充貫在天地之間成了永恆的價值。唐君毅面對當時的月蝕，「竟漠然無感」這個無感的心態，成了他自覺價值消失的人格。「則吾今之病目疾，其來亦固有由矣」。那麼不能感通的心，就是讓他致累積成性，成為日後的目疾。由此唐先生對民眾的一念之仁，反觀自己當時未能有所省察，而今日向上一著覺悟之理，則未明的情感，發而為已明的悟心，是則明不在眼疾的有否，而在心是否能與仁感通，能覺悟此理，則此心光明與日月同光。

以上三個小故事，說明唐君毅從小就對於人事物的生活世界裡充滿了敏銳的覺受，這對於他日後走向哲學之路，又返歸儒學的道德體悟，在在地發生了連繫關係，而儒學一體之仁的憂患悲情，不自禁地在其心靈成長，以致於後來成為學術界的大儒。

〔註10〕《病裏乾坤》，頁10～11。

唐君毅一生治學的過程，成己成物以自醫醫人，希聖希賢以救民救國，其哲學治療，不只是對哲學病痛的救治，而是讓哲學能自覺的明善與復位，進而凝聚哲學、開發哲學的創造力。故其治療學是環繞著人存在的意義而開顯，為幫助人建立根本的自信與自尊，以徹底安頓人心，圓滿人間的教育。

二、哲學的學習之路

（一）家世背景與薪傳

唐君毅祖籍廣東五華，父親唐迪風，本名烺，又名倜風，字鐵風〔註11〕。迪風公結婚大約三年，夫人便懷有一子，出生後名為「君毅」。唐君毅不到兩歲時，母親陳太夫人〔註12〕即教以識字，並教以火柴排其字形。〔註13〕母親知道兒子早慧，卻擔心兒子常受親友稱讚而驕傲，因此教兒甚嚴，絕不當面稱讚兒子。一次唐君毅的祖母在家鄉請人為唐先生做了一件皮背心，母親也不與穿，使唐君毅在家中沒有一點特殊待遇。陳太夫人也留意避免受到環境的壞影響。在唐君毅年幼時，陳太夫人要兒子任天性而動，自然發展，時常以「鍋蓋揭早了，飯便燒不熟了」告誡之。唐先生幼小時候卻「憨態孜孜」，天機未洩，到了長大了，仍十分難得的保持著一份純粹、童真和理想主義的情懷，唐君毅自謂：「故吾幼年讀書，皆母所教」〔註14〕。

唐先生六歲時，父親迪風公教以《老子》；由於迪風公最佩服章太炎，在唐先生七歲時，迪風公便要唐先生讀章太炎編的白話文《教育經》，內容有文字學與諸子學。十歲前，迪風公又教讀唐詩，《司空圖詩品》，背誦《說文解字》。唐君毅後來說：「他（迪風公）對我幼年時的教育，即常是到這些地方去遊覽時，即為我講杜甫諸葛亮等人物的事。有時與我解釋解釋對聯及碑碣上的文字。這些教育，細回想起來，其對我之一生之影響實是最大的。我所以

〔註11〕「烺，別字迪風，長身美髯，望之有如俠士；性情剛直，不肯與趨時附勢的人來往。」、「烺著有《孟子大義》。」參考，李杜著，〈唐君毅〉，收錄於《中國歷代思想家【二十五】馮友蘭、方東美、唐君毅、牟宗三》，台北：臺灣商務印書館，2004年，頁86。

〔註12〕「烺的妻子名陳大任，字卓仙，是重慶淑行女子中學學生。卓仙與烺結婚後曾任教重慶第二女子師範。卓仙性情賢淑，喜好詩學，著有《思復堂遺詩》。」參考，李杜著，〈唐君毅〉，頁86。

〔註13〕唐君毅，《母喪雜記》，台北：臺灣學生書局，1984，頁57。

〔註14〕《母喪雜記》，頁66。

對中國文化尚有尊崇之心實植根於此。」〔註 15〕

迪風公時常帶唐先生遊覽四川成都歷史古跡，成都為人文薈萃之地，歷史古跡尤多，有諸葛武侯祠、杜甫草堂、薛濤井、望江樓、昭覺寺、二仙菴、青羊宮、文廟、關岳廟。並每次為他講述有關歷史人物的事跡，講解對聯碑碣的意思，並要唐君毅在歷史人物之像前行禮。這種教育，使唐君毅自少即對中國文化產生了解與尊重，唐君毅一生推崇中國文化，實植根於此。

二十歲前後唐君毅的哲學是矛盾的，煩惱也很多。一方面他對父母的孝與愛，使他最終不願違逆父母，接受介紹與劉志覺女士配婚，沒有自由戀愛；也勉強接受自己過繼大伯母的不合理舊風習。另方面，在唐先生三十歲以前，思維方式更多受西方哲學影響，走西方哲學之路，他事事要講理由，像西方哲學之重論證，故對梁漱溟先生言儒家尚重直覺，善惡是非也當憑直覺，不以為然。〔註 16〕可是，唐先生幼年所受的家教以及哲學中純摯的深情，使他更易於契合中華文教中仁教的價值，故自少即有希聖希賢，發揚聖教，舍我其誰之志。

（二）受學賢師與時代啟發

民國初年，五四運動與新文化運動時，這是一個變動的大時代，儒家的權威與傳統的倫理道德和價值觀受到全面的批判，西方的思想受到了推崇。自由主義、功利主義、實用主義、社會主義、共產主義、新實在論，無政府主義都被囫圇吞棗地擁抱接受。

唐君毅初知學問，皆由父母之教。十三、四歲時，受新文化運動所影響，便以跪拜為士人的恥辱，回鄉上墳祭祀，也不跪拜，直至父親逝世後，才悟出跪拜是出於人子不容已之情。八叔祖請迪風公把唐先生過繼與大伯母，以大伯母無子；唐先生則竭力反對，認為大伯母已有女兒，男女平等，何必自己過繼。

他在十七歲（1927）以前，在中學時代學到不少傳統中國文化與國學常識，此一學習，與早年父親所教正彼此吻合，相互接應。但是他可能受到新思潮的影響，一度反對傳統中國文化，有時甚至反對父親維護中國傳統文化、

〔註 15〕唐君毅，〈中國之祠廟與節日及其教育意義〉，《中華人文與當今世界》選。霍韜晦主編，《唐君毅哲學簡編（人文篇）》，香港：法住出版社，1992 年，頁 404。

〔註 16〕《年譜》，頁 15。

儒學思想的態度。「他的父親曾因此而訓斥他，但他並不心服。他父無可奈何，而慨嘆曰：君毅現在不接受我的說法，但在我死後將會了解。」〔註17〕

到十七歲時考入北京大學哲學系，亦遇名師如梁漱溟、熊十力、湯用彤、張東蓀、金岳霖諸先生。後轉南京中央大學，熊十力、湯用彤兩先生亦由北京大學到南京中央大學哲學系短期講學，除此之外，中央大學尚有方東美、李澄剛、宗白華諸先生，皆一時之選的著名學者。

五四運動新文化運動，其中一項重大和廣泛的影響，就是加速了中國舊的家庭制度觀念的崩潰與女權等觀念之興起，這些影響在唐君毅的哲學帶來激盪與挑戰，如何重建他幼年時代耳濡目染中華文化的價值？如何消解其內在哲學中不容已之深情？與自西方湧入的各種新舊思潮與觀念間之矛盾與阻隔？

唐君毅在北京大學時，受左傾思想影響更大，他雖不是左傾份子，但北京大學既是各種新思潮的中心，他心中產生疑問激盪在所難免。從當時他所寫之詩，足以窺見當時因理想與現實之矛盾無法疏解而心境顯得失落、不知歸止，而致身生多病。

直到唐君毅二十三歲時，父親逝世了。他因此而哀痛不已，想起早年父親的諄諄告誡，以及父親為了儒學而奮力修學的態度，他竟然生起前所未有的思慕懷情，並因此而對儒家的思想及其人生道理有了新的體悟，不再反對父親生前的想法，並且生發承繼父親遺志的懷情，這同時也應驗了他父親對他的預言。

大概唐先生到三十歲時，已是雨過天晴，基本信念確立，於是日後哲學更精誠通透，鍥而不捨地努力為重建中華文教，為融合古今中外之思想，表現了剛健不息而無私的精神。

唐君毅三十二歲（1940），時在南京，一次往江津拜訪歐陽竟無先生。歐陽先生囑唐先生到內學院跟他學佛，願供給一切並給與其首座弟子呂澂先生同等待遇，著其不必再到大學教書。當下唐先生的回答是：「我不只要跟先生學佛，還要學更多學問。」歐陽先生頓感大怒，仍語帶悲惻地說：「我七十年來，黃泉道上，獨往獨來，無非想多有幾個同路人。」〔註18〕這個時候，唐

〔註17〕李杜，《唐君毅傳》，收入於《中國歷代思想家（二十五）——馮友蘭、方東美、唐君毅、牟宗三》，台北，商務出版社，2004年，頁88。

〔註18〕《年譜》，《全集》卷十九，頁41。

先生雖然深心感動，俯身下拜，但未有改變初衷。

他在致謝廷光女士的信中即自白說：「……但是我不願專學他的學問……他（歐陽竟無）痛罵我一次，乃我平生所未受過之罵，但是我有什麼辦法呢？其他學問我一樣的愛，我不能專愛他的學問。」〔註19〕

同樣的，在抗戰期間，一次唐君毅拜訪熊十力先生，熊先生對唐說：「我老了，我的學問尚無人繼承，學生中惟你與宗三可以寄望，今後你不要再到大學教書，就跟我住在一起，鑽研學問。」唐先生說：「我不但要跟先生，而且要學更多學問。」熊先生聽後十分生氣，唐君毅乃默然退下。

在這兩件事中，唐君毅都不顧二位先生的生氣及難過，仍然硬著心腸不願答應專跟他們的學問，這與唐君毅之仁者心懷，常不願傷人之情、不忍拂人之意，看似相矛盾〔註20〕，但實質是唐君毅已對自家哲學有十分清楚的目標，他的悲心志願，是在那西潮洶湧的大時代裏，要認識了解各種思想，要博採眾家，要納百川而歸於海，要重新為儒家找到歷史定位。

（三）與當代新儒家的師友關係

唐君毅之成為當代新儒家的重要代表，在其對中國文化精神價值的肯定，以及對西方文化積極之處的吸納。他學術方式既是對中體西用論的超越，又是對全盤西化論的否定和揚棄，具有文化建構的意義。唐君毅對中國文化的概括，掌握其中的主要之點，有助於華人更深瞭解其類型和性質，進而分析其功能和價值。

徐復觀在《如何讀馬浮先生的書》裏指出，中國當代有四大儒者，代表著中國文化「活的精神」。一是熊十力先生，一是馬浮先生，一是梁漱溟先生，一是張君勱先生。「唐先生是屬於仁者型的，牟先生則是屬於智者型的」。〔註21〕後起者則有唐君毅、牟宗三、徐復觀三先生，而徐復觀本人則被規類為勇者型。

郭齊勇認為，熊十力的原創力在唐君毅身上得到了充分的展示。熊唐二先生在中心觀念、致思取向上存在一致性。如云：

> 他們在存在或人方面尋求一種一切有活力的哲學和一切精神活動

〔註19〕《致廷光書》「第五信」，《全集》卷廿五，頁73。

〔註20〕他的母親陳太夫人在致幼女的信中批評唐君毅的性格謂：「汝兄太不忍拂人之意，致優柔寡斷。」，參見唐至中，《我的哥哥》，《全集》，卷三十，頁667。

〔註21〕徐復觀，〈如何讀馬浮先生的書〉，收入馬浮，《爾雅臺答問》序文，廣文書局，1963年。

從中湧流出來的統一的有創造力的源泉，這是他們獻身探究的共同性。熊唐也有許多差異，在客觀地疏解人類文化各方面的成果上，熊遠不及唐廣博、細膩；對儒學內部資源的理解和疏理，唐比熊也較深透；由於有西方哲學的訓練，唐氏對主體性的解析比熊氏深透、清晰得多；熊唐對「超越」的理解和強調程度也不同。〔註 22〕

可知唐先生的學問之難、用力之深，得到了學者的肯定。同時期的新儒家學者相信中國傳統文化必能創造出科學民主的社會，其同樣受學於熊十力先生的同門牟宗三先生，「自抗戰軍興，先生自北平南下，由廣西而昆明，而重慶，而大理，又返重慶北碚從熊先生。」〔註 23〕牟先生認為由內聖不可能直接推出外王，必須由直通變為曲通，即由中國文化開出知性主體，通過「良知的自我坎陷」以開出民主與科學以通向新外王，這就是新儒學的「反本開新」〔註 24〕。儒學由內聖通外王的理想，落在民主政體建國這個關節上，才能豁然通暢，亦獲得充分實現。

唐牟二先生走的研究路線不同，但在歸宗儒學的思想上卻是相同的。牟宗三最初在紀念唐君毅時，稱其為「文化意識宇宙的巨人」，認為沒有中國文化傳統，就不能有唐先生之為此時代所須要弘揚之文化意識宇宙中之巨人。牟曾回憶說：「在最初與唐氏見面時，就認為唐氏論西方哲學確有其深度與廣度，縱觀其一生，忠於文化理想，當世無與倫匹，非性情深厚，慧解秀出者，不能至此」〔註 25〕。

曾昭旭認為：

如果梁漱溟、熊十力、馬一浮真是當代新儒家的先驅，則唐牟無疑是繼起的中堅與重鎮。唐氏仁者型的哲學傾於圓融渾厚而主情，學問性格上總是喜歡辯證而長於綜合；牟氏智者型的哲學則是銳利孤峭而主理的，學問路數以分解為主而精於辨析。兩人傾其一生以彰顯出的人格與學格，恰可以象徵或代表當代新儒學的本質——『新』與『儒』。〔註 26〕

〔註 22〕郭齊勇，《熊十力思想研究》，第 330～341 頁)。

〔註 23〕蔡仁厚，《中國哲學史大綱》，台北：臺灣學生書局，1988，頁 288。

〔註 24〕參考牟宗三，《政道與治道》

〔註 25〕參見《哀悼唐君毅先生》

〔註 26〕參見曾昭旭，《在說與不說之間——中國義理學的思維與實踐》，台北：漢光出版社，1992，頁 127～139。

霍韜晦則認為：

中西文化的融和貫通是唐氏的文化理想，唐氏對西方文化並無偏見，他只是要守護一切有價值的文化，如果說他對中國文化頌揚過甚，這不過是表示他對中國文化的價值有深切認識，從而知道這是一個可以普遍化而且是應該普遍化給全人類受用的遠大的文化罷了。〔註27〕。

林安梧認為：

唐君毅與牟宗三的最大異同在於，牟主『現象』與『物自身』的兩重區分，並借《大乘起信論》『一心開二門』的架構來安排道德與知識，其哲學系統以縱貫系統為主，同時收攝橫貫系統；唐則主『心通九境』，經由橫觀、順觀、縱觀，再以體、相、用三者撐開，融會中、西、印三大傳統，並將人間之不同領域與層次皆統攝於人的哲學心靈之中。〔註28〕

故林安梧先生認為，牟先生重在由「超越的分解」以建立體系，一切收攝於道德主體。唐先生重由「辯證之綜合」，建立他的哲理系統，並從道德自我而走向生活世界，實存的理解與詮釋。然綜合三位學者的說法，唐先生是融通綜合儒學的縱橫體系，又學有專精又匯通古今中外之仁者型的儒學典範，其心懷文化救拯與生民救治的悲感，可謂真正代表儒家對現代世的志願及擔當。唐先生對於反道德理性、反人性的邪說，都會不遺餘力地作出批判，但他不喜與人辯，很少回應別人對自己的學術思想所作的批評，少有的幾次回應，均是出於與人為善的心情，對一些關鍵性的誤解所作的解釋。尤其是與政治的關係，有人認為政治的紊亂是學術引起的，但唐君毅認為不能把政治的罪過歸於學術思想，否則就既否定了學術思想的獨立地位，同時又否定了政治的獨立地位，以及政治家本身獨立的責任感。

唐君毅所看重的是哲學學問上的關心，其本質即是不能偏於只體現於政治，那是文化上的整全關懷，而且一個政治家如果信此種思想，正可使其知道政治以外的人文化育，而不致以政治權力主宰一切。

〔註27〕霍韜晦，〈唐君毅先生的文化哲學體系──以〈文化意識與道德理性〉一書為中心〉，《唐君毅思想國際會議論文集》第一冊，香港，法住出版社，1991年。

〔註28〕參考，林安梧，〈唐君毅先生與當代新儒學〉，《開啟意義治療的當代新儒學大師──唐君毅先生》，載《鵝湖》月刊，1995年1月。

1949 年，唐先生與錢穆先生共同創辦香港新亞書院並兼任教務長，1963 年任香港中文大學首任文學院院長和哲學講座教授，1967 年任新亞研究所所長，他立足於中國傳統，比較了中西傳統文化中對民主、道德、宗教及人類和平等問題的立場，主張吸收西方學術之所長，發揚以儒學為核心的中國文化精神，並期能以此重建中國人的道德生活與精神生活，一生的努力成為新儒家的重要指標人物之一。

三、儒學哲學的承繼

（一）對先秦儒學的實踐與體認

先秦儒家的哲學觀承繼了上古的天、帝、天命的觀念，漸漸轉出道德意識，將宗教人文化，把人的精神意志化為大我永恒，可以合天人、又可通物我、徹幽明，貫古今，與廣漠的宇宙打成一片，人與天地並列三才，這種關連為一體的理性，到了孔子才真正的建立起來。

《漢書．藝文志》云：「儒家者流，蓋出於司徒之官，助人君，順陰陽，明教化者也。遊文於六經之中，留意於仁義之際，祖述堯舜，憲章文武，宗師仲尼，以重其言，於道最為高」。在先秦儒家的理論中，《論語》是儒家境界的展現，則《孟子》是儒家工夫的落實，《中庸》是儒學本體論的發明，《大學》是由體達用的次第，《易傳》是儒學宇宙論的建構。這樣的一個系列的關係是，後一個體系的建構是繼承了前一個體系的觀念，又以不同的詮釋路徑，展開其義理架構。〔註 29〕

孔子的仁學是一深廣無盡的道德理性，在仁的世界中將各種人事物加以涵融，而且被賦予價值與意義，此時仁的發用，不是對客觀世界的主宰性，而是自具有其主宰性與自由性，形成一主客觀的圓融。孔子經由周代禮文的反省，以「仁」作為一人與人之間的道德存在的真實感，經由這樣的真實感而達到人格性的道德連結，開發了哲學的價值。

唐君毅認為孔子仁的精神，主要見於「志於道、據於德、依於仁、游於藝」之言〔註 30〕，而工夫的歷程則開展在「吾十有五而志於學、三十而立、四十而不惑、五十而知天命、六十而耳順、七十而從心所欲不踰矩」之中。

〔註 29〕參考，杜保瑞先生，〈易傳中的基本哲學問題〉，台北，華梵大學哲學系，杜保瑞「中國哲學教室」網站，http://huafan.hfu.edu.tw/~bauruei/。

〔註 30〕《論語、述而》，頁 94。

〔註 31〕孔子以仁說道，仁是由「天人合一」的連續格局發展出來，它強調的是去擴充哲學的價值，由親親仁民、仁民而愛物，所著重的是來自於哲學內在不容自已的道德真實感，並由此而得締造人倫社會。這是孔子理想人格的建立，其為仁由己，是從己對仁的體證，並期求以仁感通他人，將其仁心擴展於天下，並依各種學問智能求得對道的掌握，是以其「十五志於學」，即志於求道之路，學而不厭、誨人不倦，最終樂在道中。

儒家的立命哲學，就是以心可達天為最根本實在，達此天道並非完全超越於人，而是同時內在於人。故在天曰天命，在人曰性命，自命即天命，天人是可以合一的，人之本心本性同樣是最根本實在，客觀外物世界也是因天道之生生作用而有，其顯現為萬物之相亦不能離人心而存在，故萬物也不能離天道人心而另有存在。孟子曰：

> 乃若其情，則可以為善矣，乃所謂善也。若夫為不善，非才之罪也。惻隱之心，人皆有之；羞惡之心，人皆有之；恭敬之心，人皆有之；是非之心，人皆有之。惻隱之心，仁也；羞惡之心，義也；恭敬之心，禮也；是非之心，智也。仁、義、禮、智，非由外鑠我也，我固有之也，弗思耳矣。〔註 32〕

乃若其情，此「情」者，意即指人性的實情，是人性本善之實情。人之為不善，乃後天環境之浸染，和自己的不努力，以致喪其本心，故人之為不善，與人性本善，並不互相矛盾。孟子是從人的哲學事實去立論孟子性善的主張，主要是建立在「惻隱之心，人皆有之…」等肯斷上，依此實際之情引發而有人的不忍之心。正因為性善，所以只要道德心的推擴，存心、養心、盡心，便能進入性善之本源，及「萬物皆備於我」的性命之感。

孟子認為透過「自覺」的學習、思慮與行動，將對自己的行為，具備真正的責任心，也就是對自己的生活，具備了應然的自主性。亦即在「反身而誠」、「盡心知性」、「存心養性」等，心內但求理性自覺，在物質需要得到基本的滿足之後，人的自我實現的、推己及人的、自由的、無私的、愛的滿足逐漸發展開來，哲學才得真正的安頓。

> 吾人上所論盡性立命境，乃依中國儒家之思路。儒者自孔子即承詩書所傳天命不已，人之德亦純亦不已之言，以修德而立命。孟子更

〔註 31〕《論語、為政》，頁 54。
〔註 32〕《孟子・告子上》，頁 328。

言此修德即盡心知性，存心養性以立命之說。〔註33〕

唐君毅認為孟學的核心就在依此心而言性之要旨上，此心即自不忍人之心立論，故此不忍人之道德本心可見，盡此心即知性，故言人性本善，人可以盡性以立命。人在這個載體的機能哲學中，有心得以發揮其涵蓋義、順承義、踐履義、超越義等價值觀〔註34〕。從即心言性的觀點察之，從普遍義而達超越義，人乃從可以掌握此心，以通達此性，最終而能天人合一。唐君毅於孔孟思想上倡「義命合一」、「即心言性」、「盡性立命」等哲學觀，實是對孔孟心性主體的傳承，也是君子處於此世間之所為。蘇子敬先生云：

> 唐先生闡釋孟子之心乃一涵惻積、羞惡、辭讓、是非之情而為仁義禮智之德所根的『性情心』或『德性心』，非如墨家之純理智心時純知識心，亦有別於莊子的靈臺心和荀子的統類心。
>
> 性情心乃初不待反省其與私欲相對反而後見，亦不須與其所不安、不悅處相對而後見，而是無所他為而為之『直感直應』及直接之『自悅理義』。此直感直應及自悅理義二者，乃是陳孟子性善論兩大論證的路數而來。〔註35〕

《中庸》、《易傳》則說明了儒家的宇宙本體觀，是道德實踐的超越根據，道德的實踐根據於存在的本體，道德與實存乃通而為一，天道性命貫通為一，則筆者認為，唐先生的思想體系是直承這一脈絡之說而有所發明。

《中庸》一文本列於《禮記》之書中，朱子把它列為四書之一，承漢儒及程子之言，視為子思的著作，並兼視為傳授孔門心法。唐君毅說：

> 先秦儒學之傳中，孔孟之教原是性情之教，《中庸》、《易傳》諸書，承孟學之傳，皆兼尊人之情性，如《中庸》言喜怒哀樂之發而中節謂之和，明是即情以見性德之語。…《中庸》原在《禮記》中，《禮記》中其他之文，亦與《中庸》《易傳》之時代相先後。今就此《禮記》一書，除其述制度者不論，其言義理之文，亦對性情皆無貶辭，其善言情並甚於言性。其言人情為禮樂之原，則旨多通孟子，而大有進於荀子者在。〔註36〕

〔註33〕唐君毅，《生命存在與心靈境界》下冊，台北：學生書局，2006年，頁249。
〔註34〕唐君毅，《中國哲學原論．原性篇》，頁43～45。
〔註35〕蘇子敬，《唐君毅孟學詮釋之系統研究》，台北：花木蘭出版社，2009年，頁46。
〔註36〕《中國哲學原論．原道篇．卷二》，頁80～81。

是知《中庸》、《易傳》綜貫地發揮儒家思想，特能表現儒家性情之教，及重視良知、事業的一體完成。〔註 37〕唐君毅認為，《中庸》言誠不只有工夫義，也有為存在之物的本體義。《中庸》曰：「誠者，天之道」所直接揭示的就是天道以誠為體，天道是一個形而上的實體，此形上實體是一個活體，能創生萬物，也能化育萬物，《中庸．第二十六章》曰：「其為物不貳，則其生物不測」皆是在說明天道的創生流行不已化育了萬物，故《中庸．第二十五章》曰：「誠者物之終始，不誠無物」，由誠體之流行而成其始，由誠體之貫徹而成其終，所以作為「自誠之性外，更無不善之心、不善之性與之相對。因此性，即以去除一切不善為其性也」〔註 38〕。

《中庸》「天命之謂性、率性之謂道、修道之謂教」此性是天道，其以「即誠言性」，故誠者性也。修此誠者有「至誠無息、曲能有誠」二義。二者都是本於一天命之性，一面以直率此性為道，一面以思勉之工夫，去其間雜不純，而又戒慎恐懼使人不能須臾離此道，此《中庸》乃彰顯仁心與心性之義，而使人明此天命之性之善。人的哲學因為不斷地誠之，終而能達到整全的完善與真實。

《易傳》以來自論孟庸開顯了一套儒家形上學義理，這一個義理的脈絡是儒學連續的理論，共同構成了儒家哲學義理型態的基本精神。《易傳》是以道德為其說明的立論，並成為其形上思想的態度。《易傳》在宇宙論的創構上再為儒學注入更為豐足完備的義理，並同時持續展現儒家聖人觀的境界形態、儒家成德之教的修養哲學，以及持續著孔孟以來道德意識為主的本體論義理精神。

易是天地生成的根本原理，即「生生之謂易」。此依乾道而來者不息於始，見天地日有其新，曰至健。依坤道，而往者亦相繼以終以成，相繼以得成其性，而得存其所當存，曰成性存存，見天地之富有，曰至順。這日新與富有，都在乾與坤相和合所成的太和之中，以相依並進，以見天地之大德。

易既是一形上原理，具有超經驗的內容，它是一活動的歷程與動力，所以能創生萬物，與天地萬物相感通，而成就萬物，這便是乾坤之德與陰陽之理，乾坤、陰陽不斷生生不息的力量，使易道以擁乾坤、陰陽的形式成全萬物的存在，成為一「天地大德」，這也是一存有的基本問題，而其存有論的討

〔註 37〕陳章錫，〈唐君毅《禮記》詮釋的特色〉，嘉義，南華大學哲學系，《揭諦》第四期，2002 年 7 月，頁 173。

〔註 38〕《中國哲學原論．原性篇》，頁 81。

論都與道德和實踐相關。

易曰：「一陰一陽之謂道，繼之者善，成之者性」。唐君毅認為，此言繼之者善，就是繼道為善，道繼而善繼，善的相繼即以道能繼善的生，完成所繼之善，以使之實成其為善。所以善的相繼相生而成，此生即是「陽」，其中之成即是「陰」。一生一成之相續無間，即一陰一陽之不已之道，此即此善的相繼所以可能的形上根據。

此道亦非與繼、成，為截然不同之上下三層，至於此三語之所以依如此順序而說者，則因必有此一陰一陽之一生一成，乃有善之相繼，乃見性之必求「生之歸於成」；緣是方見此性之貫徹於此相繼之歷程中，以為其「生之歸於成」之根據。性即道，觀一生一成之相繼曰道，縱觀此一生之必歸于此一成曰性，公言之曰道，私言之曰性也。〔註 39〕

透過對乾坤陰陽的理解，我們可以認識到《易傳》的思想所揭示的形上進路，是即存有即活動的，是生生不已且流行不已的，是人道德實踐的超越根據，「大人者，與天地合其德，與日月合其明」，人透過合天，可以具體的實現天之道，知《易傳》所透顯的道德形上學，是儒學本體的詮釋與建立，並已指向了治療學說的思維。

（二）對宋明理學的融攝與解析

宋明儒天命性命，是以天道天理為本，不像漢儒所說的帶人格神的性質，也不像如王充的以人所稟於自然之氣，為人的壽命、祿命之本。宋明諸儒所談的性命之命與其他之命，分別而論，如橫渠、伊川將人的命之所在，與人生的遭遇者，分別而論。如朱子不重命與遇的分別，而以命攝遇，這也不同於魏晉的列子及郭象所談即遇言命之說。

宋明諸儒以天道天理為性命之原，而天道天理的所在，就是人道與人之性理的所在，故窮理盡性以至於命是當然的事，這不同莊子之言安命致命，只為行之不得已，或行之不知其所以然的自然之說。而他們言天命與人的性命，乃直就當前現有的天人關係以為論，而又不同於佛家唯識之言命根，乃依於一潛隱之業識，意在以之貫通於三世的流轉。故宋明儒之謂天命與性命的思想，可以說為中國言命思想中呈現一新形態。〔註 40〕

〔註 39〕參見《原性篇》，頁 90。

〔註 40〕以上觀念參考，唐君毅，《中國哲學原論．導論篇》，頁 583。

1. 周敦頤（1017～1073）。宋明理學在學理或思想觀念的創發上，一般皆以周敦頤為宗，後世又稱「濂溪先生」〔註 41〕。唐君毅指出：「周濂溪之天道，即一誠道、乾元之道。此道即太極，亦即萬物依之而生生不已，又能自立於其所生之萬物中之道。」〔註 42〕由太極之天道誠體，創生出萬物的變化無窮過程，並點出了的生化出的萬物是生生不息的。

> 唐君毅云：
>
> 此處周子言性命之合為一名，即所以表示一物之性，乃原於此道之自立於其中，而如命此物之當依此道而生者。此道為一切一陰一陽、一動一靜之相繼變化之道，亦一切物之生生不已而相繼之本原所在。〔註 43〕

可認識到濂溪性命皆含容在道中，物都有其性而得以生長變化，這同時也是命的生長變化，當物命不生長變化停止時又回歸於道，所以說是一陰一陽消長不已而生生不已，這就是相繼不已的本原，就是道，而道就是性，此性即命也，這是濂溪從《易》之一書，而真正能參透性命的根源。

唐君毅云：「即見其用心之已能面對吾人之道德生活中之病痛艱難所在，此實非其前之儒者所能及。」〔註 44〕他認為，濂溪對誠體的積極體悟，使後人得知性命合一的立論，哲學上各種的蔽痛，都在道的善繼之中一一化解。筆者以為濂溪的立論，使先秦儒本有的形上智慧，得以重新活了過來，也為宋明六百年的內聖成德之教，開啟了哲學最善的形態，讓治療的根據有了基源的掌握。

2. 張載（1020 年～1077 年），字子厚。北宋陝西鳳翔郿縣（今陝西眉縣）橫渠鎮人，世稱「橫渠先生」。橫渠對氣的說法，比漢儒更為高明，因橫渠特重氣的虛靈性，而提出「太虛即氣」，他反對一切有無虛實互相對立之論，其將天道連於氣化而論，以成一氣化之道。

唐先生認為，橫渠先言太虛之體，亦即太虛之道。此太虛則多一氣為媒介，而於人性之分於天之氣，以有其氣質，又有其天性處言天命，人以有此性，得以清通而善感處，乃人之性所以為人之性的所在。這清通善感之性，

〔註 41〕周敦頤（1017～1073），宋道州營道（今湖南道縣）人，著有《通書》、《太極圖說》，程顥、程頤少時曾往問學，敦頤每令尋孔顏樂處。

〔註 42〕《導論篇》，頁 586。

〔註 43〕《導論篇》，頁 587。

〔註 44〕見《原教篇》，頁 63。

表現為其氣之靈，而人乃有心。人有心而有知覺，以感生而生情，人盡其知，以周知萬物之理，充達其情，以得成人己，並立人己，而有仁義禮智諸德，這得待人心能自盡其清通善感之性而後才可以如此。

張載的「民胞物與」思想，就有其本體論根源，他在《西銘》中的將人與人、人與物之間的阻隔全面破除，將人與天地萬物一體的境界作了形象論述，如：

> 乾稱父，坤稱母，予茲藐焉，乃渾然中處。故天地之塞，吾其體；天地之帥，吾其性。民吾同胞，物吾與也。大君者，吾父母宗子；其大臣，宗子之家相也。尊高年所以長其長，慈孤幼所以幼其幼，聖其合德，賢其秀也。凡天下之疲癃殘疾，惸獨鰥寡，皆吾兄弟之顛連而無告者也，……。〔註45〕

張載體悟到人與人、人與萬物息息相通、血肉相連的內在聯繫，是則不但是四海之內人人都是我的父母，而且天下萬物就是我的父母，以此面對所有的人情事物，沒不能解決的煩惱，沒有不能化除的病痛，故「凡天下之疲癃殘疾，惸獨鰥寡」都是我要孝要敬的對象，這以孝以敬「民胞物與」的精神，就是一種治療人類一切病痛的精神。

故人的盡性，也即所以立人道而合天道。將此天道加諸於人，加以樹立此之謂立命。人能由窮理以大其心知，盡性立命，至於變化其所受於天之氣質，以達一無滯礙之境，而義精仁熟，則可上契於天之神化，而至於命。這就是橫渠之重窮理、盡性、立命、至命之治療的次第工夫，即可謂由其兼言人的稟受氣質於天，故不可不重次第之變化氣質的工夫。

唐先生認為橫渠之學之道，成為純粹的道體必須經由人學之踐履，才能實現之於吾人的身心中，所以這踐履的事，也就是人之所以繼天之功，得成乾坤之孝子，孝子因得以事天養命之道，使讓父母也因孝子而回歸乾坤本位。

3. 程顥（1032年～1085年），字伯淳，號明道，世稱「明道先生」，北宋洛城伊川人。程顥與其弟程頤，皆理學大師，世稱「二程」。程顥雖然客觀地本於《中庸》、《易傳》而言天道天理，然其〈識仁篇〉與〈定性書〉二文皆已主觀地言仁體、心體、性體，又以其圓融之智慧盛言一本之義，則其主見觀與客觀面皆已充實飽滿而無所虛歉。

明道云：「學者須先識仁，仁者渾然與物同體，義禮知信，皆仁也。」唐

〔註45〕張載，《張子全書》，《正蒙·乾稱篇》，〈西銘〉，台北：臺灣中華，1988。

君毅釋云：「此明道不直以愛言仁，而以直下識得天地萬物之哲學之為一己之哲學，如一氣之貫於一體之四肢，無麻木痿痺之感，為識仁之體。」〔註 46〕不麻木就能與萬物一體，與一切習習相關，這是同氣相貫，命疾相成以說仁，直接自心之能感通之道來說仁，這仁之心自能外包天地萬物，所以天地之用皆我之用，故一本為究竟了義，則心性天為一，這就是一圓頓之教的澈底朗現。這是由濂溪開始，通過橫渠，所體的天道性命所必然要進到的境界，由病痛而說到哲學的本真，明道這　思想便是宋儒圓教模型的完成者。

程顥儒學的特點或最具創造力的義理建構部分就是境界哲學，由境界說工夫的建構，並且是由境界說本體的認識方式以及由境界說功夫的操作方式的哲學。這又與周敦頤由本體論及宇宙論的哲學思路是不相同的。唐君毅先生說：「在明道，則直由天地聖人之體萬物而無內外，以言吾人之為學者，亦當以內外兩忘為工夫，更不先是內而非外，以直下至澄然無事，而定明之境。」〔註 47〕

唐君毅認為由濂溪而橫渠而明道，是一步一步由中庸易傳回歸落實於論孟，至明道而充其極。這內外兩忘、澄然無事，是孟子義理進一步的圓說，當下就是心，當下便可以為天，人的踐德處，具體呈現了天地萬物的內容意義，病也在這內容之中，仁而化解病命的衝突，回歸仁體健康的本色。

4. 程頤（1033～1107），字正叔，河南洛陽人，學者稱伊川先生。程頤之學，右承程顥一特殊型態，下開朱熹一大體系。伊川於明道卒後，獨立講學二十年，終使他自己的哲學與思路逐漸透顯出來，而著重於分解表示，並轉而從《大學》的格物致知以表示下學的切實。

伊川依其直線分解的方式，將北宋前三家所益論的太極真體、太虛神體、於穆不已之體，只分解地體會為「只是理」，將性體也清楚的畫分直說為只是理，性即理。他所說的性，既與廣泛的存有之理合流，以與格物窮理的理接洽，於伊川的理，便只成為靜態的本體論的存有之理，與存在之然的超越的所以然之理。

伊川的工夫格局偏向於由外表的嚴肅克已來表現敬，伊川曰：「涵養須用敬，進學則在致知」（《遺書》卷十八），敬是「純亦不已」。唐君毅認為，「伊川以敬之積極為工夫，在有消極之閑邪；閑邪之工夫，則在有積極之敬，此

〔註 46〕參見，《原性篇》，頁 409。
〔註 47〕唐君毅，《中國哲學原論．原教篇》頁 135。

二者互為依據，互為工夫。」〔註 48〕一方面注意致知的工夫，二方面又正視敬的工夫。這兩種工夫在伊川來說，猶如車的兩輪，並行不悖，不可偏廢。不敬固然不能致知，不能致知也無法涵養。這說明伊川治療的道路，必在於生活的致知與涵養，這觀念與現代養生哲學治療也有異曲同功之妙。

唐君毅認為，「伊川于人之有心疾，固較明道所見為真，而其言之消極的去病閑邪之意，亦較重，故為天資高而有直下契誠敬之積極工夫者所不喜，而惡其言之多拘束也」。〔註 49〕蓋因伊川不能說心即理，他不從先天的本心說，只從後天的敬心說，如此而發的道德力量當然沒有強度與普遍的穩固性，所以他說「涵養須用敬」一句之後，必須再說「進學則在致知」。這是要以致知格物窮理來補助道德力量，使之由實然的心漸漸貞定而漸如理合於道，轉而為道心。伊川在哲學治療上必連朱熹一起，故續見下文。

5. 朱熹（1130～1200），徽州婺源（今屬江西）人。字元晦，別號晦庵、晦翁，又稱紫陽先生、滄州病叟、雲谷老人，諡文，世稱朱文公，世稱「考亭學派」，亦稱「考亭先生」。他承北宋濂溪與伊川之說，創立宋代研究哲理的學風，稱為理學。其著作甚多，輯定《大學》、《中庸》、《論語》、《孟子》為四書作為教本。朱熹為官僅十餘年，從事教學五十餘年。一生專心儒學，致力於辦書院、講學，如其主江西南康軍時，修復白鹿洞書院，且為之擬訂《白鹿洞書院教條》。

朱熹是直承程頤的思想，朱子的性理的詮釋，將伊川思想承襲與採納入其自身思想系統中而組成其思想之重要骨幹，形成其思想的兩大關鍵，參悟「中和」與「仁說」之論。

朱熹認為「理」與「氣」是宇宙的本源。但「理」是第一性的，而「氣」只是「理」所衍生的。朱熹認為萬物只是「理」的顯現，正如月亮之光「散在江湖，隨處自見」。朱熹更指出「理」不只是宇宙萬物創生的根本，同時亦是宇宙社會的最高法則。所以他指出「理」的條目，是不出乎君臣、父子、夫婦、兄弟、朋友之間。朱子更以「理」來解釋周敦頤所講的「太極」，說明「太極」既是「理」的大全，又是最高的「理」，心中有「理」而「心非理」，主張「性即理」。其言性，不同於此性表見於氣所生的情，也不同於氣之靈而能知此理的心，於是對心、情、性三者的論述，認為是有差別，朱子以「心」的主

〔註 48〕《中國哲學原論・原教篇》，頁 193。
〔註 49〕《中國哲學原論・原教篇》，頁 194。

要性質是靈，一切知覺運動莫非心之所為，故心統性情。

唐君毅認為，朱子言理是很重視理的超越義，所以他說理先而氣後，此理內在於人就是性。又認為朱子注《中庸》天命之謂性，曰：「天以陰陽五行，化生萬物，氣以成形，而理亦賦焉，猶命令也。於是人物之生，因各得其所賦之理，以為健順五常之德，所謂性也。」這解釋也同時兼攝橫渠重陰陽之氣的要旨，以說明天之化生人物，而後人物有其性的層次的分別，以使人增加對天的超越於人物之上超越義的了悟，但不同於二程的言「即理即道，即天命即性」的通貫直截之說。這也說明朱子多了一層對天命流行概念之分疏的說明，並非朱子否定二程之說。

唐先生認為，宋代理學，言天命與性的問題，到了程朱確立天理天道為天之氣化流行之本，也確立天命的流行在氣中的表現。這天命的流行，無論直貫於人，為人之性，或連於人所稟賦得陰陽五行之氣，以貫於人為之性，都是以天命人性為內在的相貫，當人自盡其性，即可同時自主的立上天之命而至命，這是朱子不同於秦漢儒及佛道之命說，而認為人有所以能自主自立的命論。〔註 50〕此命實括涵一切的命說，所以朱子在治療學上的指涉是一切內在外在、因緣際遇都是理氣的表現，人在這之中當誠心敬意體會生活中的變化、修養身心，並瞭解外在的一切而達到內在真實的哲學。

6. 陸九淵（1139 年～1193 年），字子靜，撫州金溪（今江西省金溪縣）人，南宋哲學家，陸王心學的代表人物。因講學象山書院（位於江西省貴溪縣），世稱「象山先生」。

唐君毅雖於上一節維持朱子儒學的正統地位，但其《導論篇》的說法認為，陸王的學說比朱子有更進一步的說法。因為朱子言人心，乃是在人氣之靈上說，則依於天命，由此朱子的心，雖能知理而具理，然其地位仍在天命的流行之下一層次，而理對人的氣與心，乃是一超越義，這是朱子未能扣緊二程的窮理即盡性，盡心而至命，心理性命直接相貫而為一，卻將氣以看心，以心為氣之靈，不能將理看心，將心上提以平齊於理，並提陸九淵方才有所發明。

陸九淵的學說，能將陷於物欲的心拔擢出來，肯定本心的存在心與理不二，所以此心雖陷物欲中，也有其超越的必然根據，更無天理能外於這本心之說。這是天地萬物森然於此心之前，則其理即同於此心之理，人的實踐此

〔註 50〕以上參見《導論篇》，頁 594～599。

心此理是份內事，也就是宇宙內事，而不是只是一上承超越的天命之事。所以當人說天命時，就有其超越義，而說本心也是具有這超越義，故本心與天命是平齊的。〔註51〕

強調「心」是宇宙的本源，他說：「宇宙便是吾心，吾心即是宇宙。」由此可見，陸九淵認為宇宙萬物，都是由「人心」衍生出來的。他對於「心」的重視，可謂是繼承孟子而來的。此外，他說：「人皆有是心，心皆具是理，心即理也。」由此可見，陸九淵肯定「心」是宇宙的本體，並且強調事物的理不如朱子所說「外乎其心」。不但這樣，認為「心外無理」，故無須窮索，主張「立其本心」，而成為名符其實的「生活化儒學」〔註52〕。

象山教人則以：「道在宇宙間，何嘗有病，但人自有病。千古聖賢，只去人病，又如何增損得道？」、「人心有病，須是剝落，剝落得一番，即一番清明；隨後起來，又剝落，又清明，須是剝落得淨盡方是」〔註53〕。唐君毅認為，象山的意思，則凡人心若有任何蔽障處，都是病的現前，各人有各自的病痛，所以病痛是自家事，自家也不願意有病，今本去病之心，以去此私欲意見等敝障，則自然感到親切，而工夫也就在裡面。去病只是去其本來就沒有的，而用力恢復於本來當有的，所脫說一切工夫，只是一剝落減損的工夫。〔註54〕

7. 王守仁（1472年～1529年），幼名雲，字伯安，號陽明子，諡文成，因他曾在餘姚陽明洞天結廬，自號陽明子，故被學者稱為「陽明先生」，其學說世稱「陽明學」，在中國、日本、朝鮮半島以及東南亞國家都有重要而深遠的影響。

陽明的思想則是繼陸九淵心學思想的發展，就本心的靈明不昧，而知善知惡、好善惡惡，故名之為「良知」。良知即本心，也就是天理。從此看天命的流行，也就在良知之知善知惡而好善惡惡，以及為善去惡之事的流行之中。唐君毅云：「此與象山之不單言天理之流行者不同，而是攝朱子之天理流行，

〔註51〕參見，《導論篇》，頁599～600。

〔註52〕參考林安梧，《中國宗教與意義治療》，台北：文海基金會，1996年，頁57。林安梧說：「在這種生活化儒學的陶養之下，人如其人，通體自然，明達無礙，充實無歉，莊敬從容，出入自得。」

〔註53〕參閱陸象山，楊國榮導讀，《象山語錄》卷三十四、三十五，上海：上海古籍出版社，2000年。

〔註54〕《原教篇》，頁244。

於良知之流行之中，亦即攝之於陸子當說而未說之本心之流行之中。」〔註 55〕所以良知天理的流行就是天命的流行。

綜論宋明儒學，唐君毅認為，當朱子於盡心知性知天，存心養性事天、夭壽不貳、修身以俟以立命之三事中，以第一事為學者之事，第二事為賢人之事，第三事為聖人之事。但在陽明卻剛好相反，他認為第一事是聖人之事，第二事為賢人之事，第三事為學者之事。依朱子系統，以天命在人之心性之上，所以必然以第三事為聖人之事，聖人才能上達天命。然而陽明云：「若曰死生壽夭，皆有定命，吾但一心為善，修吾之身，以俟天命而亡。」這俟天命而視之為超越在上者，應是最低的階段，即學者之事。

在存心養性以事天上，「雖與天為二，然已真知天命之所在，但唯恭敬奉承之而已耳。」這是說能真知天命，故更上一層而為賢人之事。至於盡心知性知天，所以為最高一階段，曰：『知天之知，如知州知縣之知，知州則一州之事，知縣則為一縣之事，皆己事也。』到了這個階段已經與天為一，所以不必再言俟命立命，又曰：「人能致其良知而存天理即知天，知天而良知天理之流行，即天命之流行之故也。而陽明之所謂良知，存天理之事，亦即皆所以見天命之於穆不已之事，故謂人心之戒懼之念，是活活潑潑，此是天機之不息，所謂維天之命，於穆不已。」說天理為性，良知為心，則此性之所在，即心之所在，心之所在，即天命帝命之所在。〔註 56〕

唐君毅云：「此即成就一心學之最高之發展，而將以前諸儒之天命之論，皆攝於一充塞天地之良知之靈明中，而皆不能溢乎其外矣。」〔註 57〕陽明良知之心性體認為本位，植根於人的心性修養，既具有內在性，又具實存性，體現了儒家常理常道的性格。良知心性體認本位相關，陽明的良知具有強烈的主體性，陽明致良知融會貫通地解決了關涉天人關係的諸多問題，具有圓融性的特點。

陽明又以「拔本塞源論」暢論人類文明病根及恢復本來健康的方法。如云：

> 孔孟既沒，聖學晦而邪說橫。教者不復以此為教，而學者不復以此為學。霸者之徒，竊取先王之近似者，假之於外，以內濟其私己之

〔註 55〕《導論篇》，頁 601。

〔註 56〕以上思想，參見《導論篇》，頁 602～603。

〔註 57〕以上觀念引文，參見，《導論篇》，頁 602。

> 欲，天下靡然而宗之，聖人之道，遂以蕪塞。
>
> 所幸天理之在人心，終有所不可泯，而良知之明，萬古一日。則其聞吾拔本塞源之論，必有惻然而悲，戚然而規，憤然而起，沛然若決江河而有所不可禦者矣。〔註58〕

蘇子敬先生說：「陽明起而矯正之，踵繼孟子、明道、象山，宣唱本心良知具足，更暢導致吾心良知之天理於事事物物」。陽明的論述是繼先儒的真脈，點出點良知，是對治事事物物所引發的哲學病疾，從根本救法治，「拔除對聖人良知仁學之教的惑亂、背棄所從生的根本，而塞斷導致歧出沉淪的源頭之徹底論述」。〔註59〕此時人類的對於被聲色迷惑的哲學，已經病態叢生，只有陽明這一帖「良知」，才是救治哲學負向存在最佳的良方。

「陽明這一套承體啟用、即用顯體的一體觀哲學，分明處處以實踐為第一要義。所謂的實踐並不是另立個鵠的去做，而只是本心一體之仁的不容已。」〔註60〕故知陽明的思想充分體現了孔孟傳統思想的內在超越性、不離日常生活的常道性格。這對治療學的思維上，其植根於人的心性修養，既具有內在性，又具平實性，體現了儒家自療療人的常道性格，對治了外在超越為特徵的其他文化和日益缺失心性生活的現代人，他提供了可資借鑒的、更為合理、也更為可行的治療哲學，對現代的哲學治療的構建具有重要的啟示意義。

8. 王龍溪（1498～1583），名畿，字汝中，號龍溪，浙江山陰（今浙江紹興）人。其言現成良知，不必重新作找方法，或作工夫，才可以去蔽障病痛。如云：

> 此一點靈明，不為念轉，境上有逆有順，此一點靈明，不為境奪。人情有向有背，此一點靈明，不為情遷。此一點靈明，窮天窮地，窮四海，窮萬古，本無加損，本無得喪。是自己性命之根。盡此謂之盡性，立此謂之立命，生本無生，死本無死。〔註61〕

龍溪言自見自悟其良知，他剛始說這一點靈明，在種種得失順逆之向背中見之，也就是在種種蔽障、煩惱、病痛之中看出，得參究此良知，即能明其

〔註58〕以上兩文，見王陽明著，李世龍注譯，〈答顧東橋書〉，《新譯傳習錄》，台北：三民書局，2009年，頁242、245。

〔註59〕蘇子敬，〈王陽明「拔本塞源論」之詮釋——文明的批判與理想〉，《揭諦》9，嘉義：南華大學哲學系，2005年7月，頁154。

〔註60〕林安梧，《中國宗教與意義治療》，台北：文海基金會，1996年，頁90。

〔註61〕王龍溪，〈語錄卷四、留都會紀〉，參閱《原教篇》，頁380。

障困，解決病痛，而效驗能至於「動與天游，點鐵成金」。〔註 62〕人人良知得於「見在」呈現，即是遇境而「當下具足」發用，「良知見在」肯定凡人與聖人良知相同，人要信得過良知，欣然朝向聖人之境。所別在於能致與否？如何可以達致？此是針對修治的工夫而言，是有收有制的工夫，我能有聖人之良知，則有聖人自療自癒的智能，只尚欠聖人的工夫，只只有從萬死功夫上不斷體驗哲學經驗，自有自命自令的治療之德，比較世人看病待醫、得過且過之輩，更是為對病之藥。〔註 63〕唐先生云：「龍溪重言良知與一念靈明，以自悟本體。」所以人在嗜欲蔽障中，就可以反思這昭昭的良知，這可以化除一切病痛，此工夫無盡，效驗也無盡。

9. 羅汝芳，字惟德，號近溪（1515～1588），乃泰州再傳。由體認到此體之渾淪順適，渾淪就是此體明善圓滿地流行呈現，形體生引發的各種的各種煩惱病苦不足以間隔；順適就是依此本體，則天然順理無不中節，煩惱病痛無不可以治療。黃宗羲述云：

> 先生之學，以赤子良心、不學不慮為的，以天地萬物同體、徹形骸、忘物我為大。此理生生不息，不須把持，不須接續，當下渾淪順適。工夫難得湊泊，即以不屑湊泊為工夫，胸次茫無畔岸，便以不依畔岸為胸次，解纜放船，順風張棹，無之非是。〔註 64〕

羅近溪云：

> 心之在人，體與天通，而用與物雜，總是生生不容已，混之而不可二者也。故善觀者，生不可已，心即是天，而神靈不測，可愛莫甚焉。不善觀者，生不可二，心即是物，而紛擾不勝，可厭莫甚焉。

人的心就可以通天，當心用在這物質世界時，心仍是不容自已的天心。只有善觀者，知道此心不容自已的向性之善，甚為可愛；不知時時反觀此天心的人，不能看清心物的混雜，而在生活之中隨各種物的干擾，煩悶痛苦而不能超脫。唐先生釋云：

> 我之生賴物以生，我物之生，原是一生，故我心之明不得不明物。唯明欲明物，明乃陷于物中。然陷於物之中，仍是一明。故就心觀

〔註 62〕以上引文參，《原教篇》頁 380。

〔註 63〕參閱，高瑋謙，《王龍溪哲學系統之建構：以「見在良知」說為中心》，台北：臺灣學生書局，2009 年。

〔註 64〕黃宗羲，《明儒學案》卷三十四，收入《黃宗羲全集》，台北：里仁書局，1987 年，頁 335。

> 心，則心唯是一明，生一日不已。則明一日不已，專就明不已處觀，則物皆為此不已之明之所貫注，為心之所透明，即更無暗處。〔註 65〕

哲學的存在必須依靠物質，我生是生、物質也是生，不論我明生的心在人或物，此明從來不曾改變。若能能以心觀心，對此明的探究，方知心就是明，明其生生不已，物之生也從此不已的心明心，所以物為心所貫通。而此物可以視為欲望、煩惱的存在，求仁是回歸良知之本能，是光明至善的哲學，但當病相現前時也不須執意，以向善之性存而養之，則病相只是讓我更加看透良知本體，依以天地可以為一體，病命可以同一。〔註 66〕

近溪求仁以此本體當下體現，不去把捉物我，以應人應物，將此天性渾然流露，面對人生的煩惱時，當以良知「當下便有受用」的功用，人求得此仁即可破除哲學的陰影；唯有時時作此工夫，方能使良知具體流行於日用之間。否則一味追求境界或感受，執以情此景為良知本心者，卻加以玩弄留戀，則心體反成鬼窟。故唐先生認為，近溪之學以「求仁為宗」、「破除光景」並重〔註 67〕，以即生即身言仁、成大人之身之道，而成就此道此德。高瑋謙先生，將近溪這樣的治療作用與思想，名為「體現哲學」。如云：

> 近溪的思想主要宗趣，乃是在整個儒家思想發展的脈絡中，特別強調天地萬物之存有的意義，可以通過人身形體「體現」出來的一種哲學觀點。依此觀點，則所謂身體或形體，以及心體或道體，不再只是抽象概念分解下的兩個異層異質的東西，而是在具體的哲學實踐中交融為一的真實。…吾人可將近溪思想，名為「體現哲學」。〔註 68〕

可知近溪是以人的身體來肯定天地萬物的存有，此身即是仁的體現，而仁是一體之仁，所以我的治療精神透過此身的示現，我可以自行求仁而得癒，我也能將此治療力量擴及到天地萬物，天地萬物因為我而展現出其自命自令的治療精神。

〔註 65〕《原教篇》，頁 426。

〔註 66〕牟宗三先生，以為近溪學之特點乃在「破除光景」，乃王門「能調適而上遂，而完成王學之風格」者，更稱其學「清新俊逸，通透圓熟」，見氏著《從陸象山到劉蕺山》，台北：臺灣學生書局，1990 年，頁 292。

〔註 67〕《原教篇》，頁 418～443。

〔註 68〕高瑋謙，〈羅近溪之「體現哲學」之工夫論特色〉，《揭諦》，第 21 期，嘉義，南華大學，2011，7 月，頁 98。

近溪，要人認識此「仁」，要在個體的身上體現出來，才得見是真正的「仁者」。而最容易意識此仁、信任此仁、最自然體現此仁的行為，便是「孝弟慈」。如近溪所言：「看見赤子出胎最初啼叫一聲，想其叫時只是愛戀母親懷抱，卻指著這個愛根而名為仁，推充這個愛根以來做人，合而言之曰：仁者人也，親親為大」。所以，近溪是以孔子的宗旨為宗旨，即是以求仁為旨，而求仁以「親親為大」，意即以「孝弟慈」為首要工夫，並通往大人之學。〔註 69〕是以仁在孝弟慈之中，疾病的治療也在生活的工夫中，不離日用倫常。唐先生認為，「近溪直下以仁智合一，語意乃復歸圓足」，其的思想近承王心齋安身之教，就陽明說到《大學問》之言，以涵明道「識仁」、「定性」之旨，而遠孔孟義旨。他指點此仁體的真實，或在孩提赤子之心、或百姓日用而不知之良知良能，人人賴以過日子的孝弟慈上，有時又在不待思慮安排的一言一行之上，說簡易直截，又承象山工夫，不離踐履，實為儒家治療的工夫。〔註 70〕

根據以上儒學代表的論述，在治療體系上，早具創造、經驗、價值的思維，化為實際之治療活動，則使哲學在變動與無常中得以安頓，且能在有限的哲學中，藉道德實踐與道德創造的活動，成就人的道德哲學，開顯人之所以為人的存在意義與無限價值。在經驗的體證，緊扣著此「仁」心性修養，即體是徹底的回歸良知自我，從無窮的內省中逆覺體證自我的真心良知，本著盡心知性的躍動，不斷發用以及物潤物，如此體用是一，藉成物以成己，實踐道德之哲學。在價值態度上，是個人哲學的體悟，也是道德的態度，其中包含的生活世界層次的人生意義與高度精神性或宗教性層次的終極意義，即「知天」的最高價值，其中都能充分提供治療上對哲學是最具根源意義之要求。

（三）對船山儒學的省察與闡微

王夫之（1619～1692）字而農，號薑齋，湖南衡陽人，晚年隱居湘西之石船山，築土室，名曰觀生居，晨夕杜門，刻志著述，學者稱「船山先生」。

〔註 69〕「孝弟慈」在近溪哲學中扮演重要的地位。楊祖漢先生是首先明確地提出孝弟慈是近溪的思想宗旨者，並以孝弟慈「縱貫」天人之學，以孝弟慈「橫開」外王事功。引文、觀念參閱，氏著，〈孝悌慈與入聖之道〉，台北：《鵝湖月刊》，第 274 期，1998 年 4 月。

〔註 70〕參閱，《原教篇》，頁 442。

其說因不滿於陽明之思想，而重回到橫渠之說。「船山所以為陽明之學，加以深惡痛絕，而有希張橫渠之正學，重氣化流行之論，以教人即氣見理，即器見道，而大此心之量之論」。〔註 71〕其著作《周易外傳》、《周易內傳》、《尚書引義》、《周易內傳發例》、《張子正蒙注》、《讀四書大全說》、《思問錄》、《讀通鑑論》等，建立了明末清初最具規模的思想體系。

唐君毅認為，王船山的思想取客觀現實的宇宙論的進路，所以特取橫渠的言氣，以氣為實，頗似漢儒；但又言氣復重理，其理是以氣為主，則接近於宋儒；但其所謂理雖然以氣為主，謂離氣無理、理為氣之理，然則又同於明儒，實則船山兼漢、宋、明三代儒者的言論，然又超越其說。唐君毅認為，他的思想必須是建立在程朱陸王的尚德之教上，只有尚德之教的建立，才有船山的以氣說性之論，然後可以說如何將此德充分展現在日用倫常之間。蓋船山的立論，表現在他掌握了客觀的觀點，以觀理或觀道的相繼表現，流行在人與天地萬物的氣中而來，所以與程朱陸王有不同的立義，但先後之間的義理並沒有必然的衝突，在「此中先後賢者所言之輕重之不同，正所以成其為一聖教之相繼，以成此儒學之發展也。」〔註 72〕故儒學發展到船山已經成就內聖外王的一套整全的思想系統，故唐君毅的儒學，源承從孔孟庸易，續宋明諸儒學，到船山思想而發明特多，其綜合的辯證思想也從船山上得到完全的承繼。

「船山哲學不同於其前宋明諸儒的最大特色是由本貫末、即氣言體、乾坤並建。」〔註 73〕故船山對「兩端而一致」的使用廣泛，論域及層次均有所不同，不易單獨去理解。故林安梧說：

> 船山「深入所欲理解詮釋的對象之中，而建立了兩個詮釋的端點，通過一種不休止的歷程將之關連起來，…任何一個端點都隱含了趨向另一個端點的發展能力，此兩端點是各自獨立的，它們形成一種對比的張力（兩端），而深入此兩端點的任一端，吾人發現彼此都具有互含的動力，由此互含的動力，而到達一種辯證的綜合（一致），把『對比的張力』和『辯證的綜合』掛搭在一起的說，我們便說這

〔註 71〕《導論篇》，頁 603。

〔註 72〕以上觀念參見《原性篇》，頁 503。

〔註 73〕陳章錫，〈從王船山「兩端一致論」考察──《小戴禮記》教育觀〉，《揭諦》，嘉義：南華大學哲學系，2003 年 6 月。

是一種『兩端而一致』的對比辯證思維模式。〔註 74〕

這是船山所關心的實質問題，所產生的一種綜合的思維，它不是分解的思路，而「綜合的思路」。所綜合的各端則不必彼此相互矛盾，只有在實質問題的關懷、處理、解決中，才能瞭解船山所說「道」的真實內容。唐先生云：

船山之論即器明道，即事見理，即用見體，則不僅據以明人道，同時據以明天道，而有獨立之天道論。〔註 75〕

即形器而遇道、見道，故可言道即在形器中，無形器無道。…器若不真實，道不得真實，然道不真實，器亦不得真實。道與器，本無先後可言。惟器之真實，為吾人日常生活中所先肯定，由肯定器之真實，故曰器中之道，實則道與器，乃一物二面而已。〔註 76〕

即形器以明道，以形器的概念，先肯定現實一切存在的真實性，然後肯定個體事物的真實性，然後「前乎所以成之者之良能乃著」，「後乎所以用之者之功效乃定」〔註 77〕，所以當我們肯定任一個體事物的真實，也因而肯定，這器的流行中所顯示的道為真實。

故船山論道則在氣中，氣則在道中。氣內在實已包括天、理、道、性、心等義理為其根本，所以本體就是端體，端體就是本體，道一一呈現在形下之器上，因為道而得以呈現其器相與器用，又因為器而得而觀察整全之道的原貌，其將儒學全盤做為其學說之根源，然後直貫以氣，並提挈此氣而言體，故即氣言理，乃是工夫即本體、本體即工夫之逆覺體證的路數。

船山言氣化流行，往來不窮，由此而論命無前定，性非限於初生。故船山獨特的見解中，有「命日降、性日生」之說。《尚書引義》卷三云：「天日命於人，而人日受命於天。故曰性者生也，日生而日成之也。」人的哲學及生活一切，都是在不斷的受命過程中逐漸形成。人性既然是不斷生長，當然也可以不斷改變。唐先生釋云：

故日生者日成，日成者亦日生。故人在其哲學之歷程中，其一生之事，前前後後，相依無間，以日生而日成。而其德其道其性情，亦日生而日成。性日生、命日降，原為一事而二面，而此一事則正所

〔註 74〕林安梧，《中國近現代思想觀念史論》，台北：臺灣學生書局，1995 年，頁 92。
〔註 75〕《原教篇》，頁 518。
〔註 76〕《原教篇》，頁 520。
〔註 77〕《原教篇》，頁 519。

以成此人生之日新富有之相依而進者也。〔註78〕

船山認為人物的實有，則性也是實有，這實有的性，則不離於氣，所以天道相繼表現流行於氣，而天命日降、人的性也不斷表現流行於氣，所以其性日生，人性必須在持續不斷的實現中才真正形成。此天命的氣及性，都同在一相繼的流行、或創造的歷程中。

天代表道的渾全之體，既是實存又涵育無限密藏，其用日新不測且創生不已，故生死、死生是屬於天的真實無妄之化。

天以其渾淪故，只是一，只是全，雖然有一陰一陽之消長，卻因相涵相攝之故，使眾端皆消融不可見，而復混成為一，天不能自見其大全則成為其限制，此天的盛德大用必通過人的裁成輔相而後見。故云：「天地之德，亦待聖人而終顯其功」。〔註79〕可知人所以有此貴，則正以人雖有限之存在，但人德能顯天地的德量，因此人與萬物有分際、距離，有明顯的「能」、「所」之別，而由人以觀化，由人以用物，由人以合天。

船山「就天化以盡人道」這個義理觀點為本，則整個人生不論幽明、不論夭壽窮通、吉凶禍福的偶遇命運，事實上背後仍是以整個充實之體為本的呈現，人的生死命運即這天的體性，天的體性即整體存在界的存有原理者，以理言則為天人合一的結構；以道說性，因此從人之生死一遭中看此性時，作為個別存在雖然形有凝釋，但都在整體存在中，這個已生未生之際其氣不損益，所以其理不會混雜，來自於太虛中的理氣生時為人之性，死後則仍歸反之而已，這就是人性之通極於道，故船山則以「全生全歸」的概念，這才是深知於人性與天道之際的本然觀念。

船山說乾坤並建，主要是說明天地萬物日新而富有的要義。他將乾坤之道隸屬在陰陽二氣之中，成為其道其德，而更重在說此乾坤為不離此氣之理，這二氣的流行，固然依其有此道此理，但此道此理也是順此氣而流行，所以理不是固有不變的，萬物萬器，既各有創新，也都不是舊有，所以其道也不能固守原旨，而必隨之以新，而此整個天地乾坤之道，實際也是不斷更新的萬物、不斷更新的道。

唐君毅云：

〔註78〕《原性篇》，頁513。

〔註79〕《船山全書》《周易外傳》卷六，頁3。

> 船山以太極為乾坤之合撰，陰陽之渾合，太極不先于乾坤陰陽，必有乾坤陰陽之合同而化，乃見易之有太極。故船山不取漢人乾元、坤元只是一乾元之說，亦不取宋儒一氣流而成二氣之說。而主乾坤陰陽，自始即相待而有。〔註 80〕

太極就是天地乾坤陰陽，故天地健順之道，必是生生不已，繼往而開來，也只有在此一來一往的流行，一陰一陽的相容相攝，宇宙人生才得日新而富有的易義，如此才是太極的保合之相。以此觀天地萬物的日新富有與往來不窮，更當知一切新生與方來者，都是承繼往者而生，不只是順往而使之成，也兼是自成而為往者之所得寄，乃使往者得更生於來者之中，以隨來者的日新又新。如此來者自求所以繼往，而往者也自待於來者，就好像乾是繼坤而得以更起，而坤也是自待於新起之乾，如此乾坤相依而進，日生者日成，日成者也日新，但有新新，都無故故，如此才可見此天地的易德大業。

乾坤不但是並存於事務之中，而且「並建乾坤為太始」，二者的出現並無先後分，故不可言先有陽而後有陰，不可言先有天而後地，二者一時並存，並具此言易中十二位陰陽半隱半現，謂一卦就其隱現之全體而言，其實是陰六陽六，十二位並存，但因時之故，陰陽或隱或顯，而有卦象的變化。因此任何卦中的任何一爻，都不會單獨存在，都有其隱性的對反面，所以陰與陽遂成為隨時隱現，相互往來的辯證關係。因此乾坤之分別是船山思想中的兩端，而並建之辯證關係則見其一致。

從這乾坤並建的義理，船山又有「死而不亡」之義的開發。

> 唐君毅釋云：
>
> 船山謂人亡之後，其氣或精神，非一逝而不還，恆能出幽以入明，而感格其子孫；聖賢英烈之逝，即以其精神，陰之來與與群生。是人之所以非一往而永逝，而必有死而不亡者存，不特在彼能往者自身，應亦能來，以見其往來之不窮，而亦在人物之相繼而生於世，其前之啟後，後之承前，以使命日降而性日生之事之中，即蘊涵此前者之往，必非一逝而不還義。〔註 81〕

依乾坤並建的道理，則人的哲學當有死而不亡的精神意涵。人身的死亡，

〔註 80〕《原教篇》，頁 528。
〔註 81〕《原性篇》，頁 513。

生者未嘗不想繼往者的精神，因要繼其精神而必要有接求於繼往，而向往者探尋來者的發源，因此而有了承先的自覺。而往者也希望來者能繼續他的精神而發展下去，於是開啟一切的可能讓來者接續，而有了啟後的意義。此來往之間相依相存，而承繼不已。人的繼往者之志、述往者之事，就是生者對往者的祭祀，在祭祀的過程中發出誠敬的心，此心能貫通往者與生者之間，以致感通於天，使天不斷日降其命，人得此命而不斷日生其性而成其性，所以死必不是一去不返，而是在往來之間得到永恆的意義。

> 船山承數百年理學之問題，入乎其中，出乎其外，於橫渠之重氣獨有會於心，知實現此理此心於行事，益成人文之大盛者，必重此浩然之氣之塞乎兩間，而兩間之氣，亦即皆所以實現此理者。則人道固貴，而天地亦尊；德義固貴，功利亦尊；心性固貴，才情亦尊。由是而宗教、禮樂、政治、經濟之人文化的歷史，並為其所重。〔註 82〕

唐君毅認為，船山之重氣質之性，其要在談人的氣質之偏剛偏柔所成的德，都各有其可貴之處，而不是以先儒只注重中和之德為重，又認為根據這氣質而有才情，而才情也是可貴的，所以人不能只注重德行而不重才情，須知從此才情也可以探源於氣質之理、之道。又認為，「由精神以論文化，又較只本心性以論文化者，更能重文化之多方發展。而我今之論文化，即承船山之重氣、重精神之表現之義而發展。」〔註 83〕可知唐先生的思想，從承孔孟、宋明儒之重德性精神而加以充實又發揮，於船山的博學於文以言史學，兼論社會文化的各方面功能上，又能完全的承接與發揚，以此貫透宇宙人生的本源，化解人類的各種問題。

唐先生得能從船山的哲學之學，從人的生活與文化的面向，以得知人的本心之體，所以在生活中的正向負向的示現，都是人的本心本體的示現，這樣的哲學治療可以告訴後人，生活上任何往來變合的作用，就是氣化世界之變合法則，故而乾坤並建以降之諸象間的關係性原理，即是在說一氣周流之氣變的原理，瞭解而實踐這樣的道理的人則可以進入唐先生所言「哲學永恆的存在」〔註 84〕之死而不亡的境界。

〔註 82〕《原教篇》，頁 667～668。

〔註 83〕唐君毅，《文化意識與道德理性》，台北：臺灣學生書局，1986 年，頁 8。

〔註 84〕《病裡乾坤》，頁 43。

第二節　哲學的源能

一、天命自命即自命自令

儒家認為哲學原態就是健康而美善的，因哲學來自於天，所以是實存的、是完整的、是圓善的、是源源不絕的，故哲學的狀態也應是如此。但在人的狀態，人必以通過對心的掌握，以心來實踐道德的層次肯認天命，所以儒家教人在實踐道德歷程中直接呈現哲學的實存。唐君毅先生對於哲學的認識也是透過心靈的涵養境界，心靈是自由意志，不是主體之外的存在，他認為就自己的道德生活來呈現自己的主體心靈，這個心靈是自由的主體，所以自由意志本來即是指在道德生活中自作主宰的主體心靈，故尋找主體心靈就必須在自己的道德哲學中來體會。

唐君毅以「義命合一」說，來論述孔子遭遇事件時，所處的心境，不但是忠於儒者本懷，而且直接證明天命自命的說法。他將人生的困限與疾苦消融在哲學實存的道德實踐，重視哲學的道德涵養與倫理文化，擴大了儒家治療濟世救人的實踐之道。

> 萬章問曰：「或謂孔子於衛主癰疽，於齊主侍人瘠環，有諸乎？」孟子曰：「否，不然也，好事者為之也。於衛主顏讎由。彌子之妻與子路之妻，兄弟也。彌子謂子路曰：『孔子主我，衛卿可得也。』子路以告。孔子曰：『有命。』孔子進以禮，退以義，得之不得曰『有命』。而主癰疽與侍人瘠環，是無義無命也。孔子不悅於魯、衛，遭宋桓司馬將要而殺之，微服而過宋。是時孔子當厄，主司城貞子，為陳侯周臣。吾聞觀近臣，以其所為主；觀遠臣，以其所主。若孔子主癰疽與侍人瘠環，何以為孔子？」〔註85〕

對於這段話，一般理解是將孔子是否能主持衛政，歸之於求之有道，得之有命的命運限制，並視孔子「進以禮、退以義」為操之在我的道德實踐，與外在命運的得失無關，這是孔子對命義問題的回應。但孟子言「無義無命」，乃相應於孔子的回應，認為道義與命限沒有相對的關係，在此可以體會孟子並沒有刻意強調道德主體的自主性，而且認為此世間的情事並無妨礙哲學道德的實現。

唐君毅解釋云：

〔註85〕《孟子‧萬章下》。

從「天命為天所垂示或直命於人之則之道」或「天命唯是人內心之所安而自命」來詮釋孔子的天命皆非是。由孟子〈或謂孔子於衛主癰疽〉此段話，便知孔子之言命，乃與義合言，此一正與論語不知命無以為君子之言通。

又云：此所謂義之所在，即命之所在，明非天命為預定之義。唯孔子先認定義之所在，為人之所當以自命，而天命斯在。此見孔子所謂天命，亦即合於詩書天所命人之當為之「則」，而與人之所當以自命之「義」，在內容上同一者。

又云：行道是義，天使我得行其道是命，此固是「義命合一」。…然孔子，則於義在行道，而命在道之廢時，仍只言人當知命，只直言畏天命，其故何耶？…自孔子之思想言，人之義固在行道，然當無義之行道時，則承受此道之廢，而知之畏之，仍是義也。〔註86〕

唐先生「義命合一」的詮釋，在對儒家天人關係的理解上確實有特出之處。以天命為「為吾人之一動態的命令呼召」，而吾人當直接面對與此天命此遭遇，感受其呼召，而更對此命令有所回應，並知此回應即吾人所當善之義，這樣一種「呼召—回應」的關係來詮釋「天命」，彰顯了儒學中以天為人的道德與存在之根源、天人不二、天命不已等特質，更說明「天命即自命」的真實意義。

唐君毅分析人生中所遭遇的各種限制，並不能視為命：只有從這些限制上，見出人之義所當為，如當見、當隱、當退、當進，這才算是對「命」有所感受。如果我們順本心的感通原則，在每一個當下的情境中，「由命見義」做出決斷，行其所當然，則命無所不在，心無所不生，義無所不存。「居仁由義」的盡感之事，亦即「立命」、正命、俟命之事。而天之所以為天，亦在「盡心」、「立命」的過程中開顯。如云：

其即義見命，即直接于人之知其義之所當然者之所在，見天之命令呼召之所在，故無義無命，而人對此天命之知之畏之俟之，即人對天命之直接的回應，此即成孔子之新說也。〔註87〕

認為孔子的「義」是屬於道德自主性的範疇，「命」是屬客觀事實性的範疇。真正的道德實踐，應嚴守兩界的分際，但求盡其在我。如此「價值」與「事實」合一，孟子認為孔子主癰疽與侍人瘠環是「無義無命也」，則顯然孟

〔註86〕以上引文參見，《中國哲學原論．導論篇》，頁515～516。
〔註87〕《中國哲學原論．原道篇．卷一》，頁118～119。

子不只是道德主義，而是將「命」完全從哲學中推出，而視作哲學實現無關的外在事實，認為孔子的行為進退，一切是與義合，也一切是與「命」合。

孟子將事件放到一個無限的情境網絡中，遠遠超乎人的思考，意志所能控制，又不怨不尤的對此天命、天意有所領納，從而看出，孟子如何在「義命合一」的道德實踐中，契接「天之所以為天」的奧秘。孟子對「天」、「命」的歷史解釋，決非否定人在歷史中的自主性，試圖以宗教神秘的力量來合理化人間的事件。「天」概念在孟子的人性中已轉為明照一切存在的意義，並將主題帶入一個可以無限伸展的相關脈絡中，並向上一翻，自通過「莫之為而為」的「天」，將待詮釋的當前處境，明照為吾人所必須面對的「莫之致而致」的「命」〔註 88〕。將形上天的信仰拉回哲學存在的現象，視為說明一切哲學的意義基礎，又進一步將此不可智測哲學存在具象化為人休戚與共的「文明」，即理解為不斷地對人形成召喚，並等待吾人心性的覺醒、回應的「命運」。

唐君毅說：

> 天皆對人有所命，而見於人之義所當然之自命者之中，是此天命無斷絕之時，而義之所當然者之呈於人之所以自命之中，亦無斷絕之時。〔註 89〕

唐先生解釋下的「命」是超越而內在的，其認為，命超越於人，蓋哲學中的不同境遇都是吾人始料未及的，這些境遇都是上天給予人的考驗。另一方面，命內在於人，因為一切哲學之限制，即困頓、挫敗、打擊、貧苦、疾病…等人生負向感，都是吾人行義盡道的處所，不論順逆我們依然有義所當為之處。

唐先生從孔孟盡心知性知天中認為，天道以道德創造性為其內容意義，吾人通過自命自令的道德理想，即可上達天道生物不測的創造原則，這兩者都是創造與實現事物存在意義的道德能力。在這個意義上，性命天道貫通為一，而天命通於自命。〔註 90〕

〔註 88〕《孟子・萬章上》：「莫之為而為者，天也；莫之致而至者，命也」，頁 308。

〔註 89〕《中國哲學原論・原道篇・卷一》，頁 125。

〔註 90〕李瑞全先生說：「唐君毅先生認為孟子對於命的解答，有「即義見命」與「即命見義」之兩面。孔孟更進而即命見義，於境遇與生命不順之處，即見義之所在，以達義命合一，而此義命之合一更可進而見出順與逆實不外是義之所在，最終唯有義而無順逆，氣命與義命亦融而為一。」其說也有輔助了唐君毅的立論作用。李瑞全，〈從儒家之終極關懷論生命倫理學之方向〉，台北：應用倫理研究通訊，第 37 期，2006 年 2 月，頁 60。

唐君毅以心作為哲學存在能力，從不能離開生活而獨立的運作，其無外的感通力唯有落實在具體情境中，行其所當然，方為體現它最本己的可能性。故「天」在既不是作為宗教信仰的上帝被維護，也不像西方形上學將之視為「無限實體」、「第一因」之在理論上說明哲學存在原理者。如果「天」是人在所遭遇的各種事件、情境的最終解釋，則人是在哲學現象中的存在，人也應該清楚的瞭解世界，人以外的物，及物與物間的種種存在情境，一一有其當為的法則。如命運的限制必有其覺知的作用，疾病的產生必有其呼籲的作用，挫敗的心靈必有其奮起的作用，這些都是「天命即自命」之道德實踐的力量。

唐先生強調天命天道，要把人的主體性的心無止境地向外、向上拓展，而達致客體性的天心（無限心）形而上境界的理由所在。然而從存有論而言，唐先生是採盡性立命的推證方式，表示人自身有其相續不斷的德性哲學，這種德性哲學必有其所自來，即天地的德性在我們的哲學心靈中流行不息所致，則人心天道能上下通達，故天命自命於我者，我即可以自命自令，自我支配自命。

> 吾人欲考核吾人之所以自命者，是否真義之所當然，則當觀其義是否為我所存在之境遇或天之所以命我，是否即我之義而見為天之命，以為衡斷。〔註 91〕

可知，哲學所感於負面的情態，也是因為人之真義不行或蒙敝之故。因為人在生活中所處放不開、揮不去等外在之相用，日以繼夜地不停給予壓力，自己的心靈對於自命暫失信心或昧於此義之流行，從心感通於境一事之生生不息失去根據，人無法站在我義之角度，觀看哲學的生德之相，於是心日以萎靡不振，圓滿豐盛的仁不能得到支持，於是哲學漸漸出現病相，而端看其堅執不義的程度與方向，而有了各種哲學的病態。

然「天皆對人有所命，而見於人之義所當然之自命者之中」〔註 92〕。此時醫療或藥物或外來的治療方法，只是短暫的收到療效，只有一針見血地看心到的狀態，歸趨義的天命所在，才能點出盲點、揭其痛處、解決病根，讓哲學回歸到原始的樣貌，而那個可以看到心的狀態的人，也只有自己。

唐先生指出，天命即自命，而自命可以自令，即是一種自命自療的方式。

〔註 91〕《中國哲學原論・原道篇・卷一》，頁 124。
〔註 92〕《中國哲學原論・原道篇・卷一》，頁 125。

自己的哲學來自天，而只有自己可以命令自己回歸哲學原貌，所以自病自救而自命自療。依人之角度，只有此心可以掌握，然「心」又非心非物，亦心亦物，故儒家以仁心來涵括此心。如果從其生生之德以顯價值而言，天地可說是一大仁心，這一仁心是哲學得以是完整、圓善、源源不絕的實存，任何哲學的負面感在這裡都得到安頓，並慢慢自行調整與康復，最終得到那實存的原貌。

二、仁心是哲學的根本動力與來源

唐君毅依儒學肯定仁心是人之價值意識的根原，也就是人的良知。認為仁心之所以為一切價值意識根原，是人類追求美善的根本動力與來源，因人的仁心直接肯定直接經驗的世界之存在，要求我們在日常生活中，給予一切人物與情境以合理的回應，如此，才能肯定一切存在人事物的價值，而且求其俱成。故仁心所表現的合理性也是普遍的，是具體存在於器個具體而個別的哲學中，這絕對而普遍的義理，成為仁心為一切人事物的主宰根源，仁心是哲學根本的動力與來源。

唐君毅云：

> 人的仁心，是一直接成就、持載、護惜具體萬物世界的心，此心亦復是能肯定一切有價值的自然事物，與一切實現價值的人之精神態度，肯定表現價值的人類文化與其歷史的心。自然與人類之文化，可有各種不同的價值…。但依仁心，皆欲在原則上要求其互不衝突，而相容以俱存。
>
> 人在不同的時空之中的價值意識，可能因人事時地物的不同而有偏於某一方，而又蔽於另一方。而人之仁心則要求補其偏，而彰其所蔽。因而仁心就是能判斷一切價值意識之高下偏全的良知，與人的一切價值意識，得不斷生長擴大，而完滿成就的根源，因為它可以為人生在世的行為活動之至高主宰。〔註93〕

人之心是哲學的主體，也是一切萬物具體之心，此心必須在不同的時空中自善其善，以成就一切，圓滿自己，故唐君毅將此稱為「仁心」。此仁心順著人的自然性向、自然哲學的流向，而加以調整，使其連上人的哲學心靈中的性情，把性情發展到終極的層面，把哲學心靈提升到天德流行的本來境界，

〔註93〕唐君毅，《中國人文精神之發展》，台北：臺灣學生書局，2000年，頁125。

讓人心得與天心合一。所以仁心也包容了哲學之惡質的部份，讓人雖然生活在惡的環境中，但因仁心的補偏與彰蔽而終至達到純然至善的天德生活，所以這仁心是哲學中治療的來源。

仁心是人與萬物一切之心，人只能發覺自身這心的世界，就能挺立自我的道德理性，以自我塑造自我，把自我從萬物之中不斷地向上超越，因而使自我的哲學力可以無限的擴張與延伸，成為一切行為善之價值的無限泉源。這仁心是一個普遍的存在每一個人，但在人的生活世界，仁心的可貴更可與其他客觀價值仍可以相容相涵，而且仁心會因人的價值判斷的能力而有所調整，偏者補之、蔽者彰之，肯定客觀世界的秩序建立，並一直調整到仁心最圓滿成就其根源，所以仁心成為人生活世界的最理據，仁心因此自我主宰而有不斷擴充其自由的無限性。

人類不斷進化的心，有可能取代仁心嗎？仁心的掌握，是來自於唐君毅先生對超越反省法的運用，如果現代人類的心真在逐漸進化，則此進化，也只能是仁心更充量的開展，而絕不可能會進化出另外一種更有價值的心，來主宰人的仁心。因這所謂更有價值的心，如果真有價值，則我們現在的仁心，也願意希望他早一點降臨於我，所以它已經為我的仁心所迎接、所要護持，所願加以肯定成就者。也就是說，此心仍然沒有超過現在的仁心之包覆之量外，仍涵蘊在我現在的仁心之中，故他並不可能是仁心以外的心，而是一更充量開展的仁心而已。

若依宗教的說法，仁心之外是否尚有一上帝心來主宰？唐先生認為，上帝的心，其實就是一完全充量開展的仁心，上帝的心與我們的仁心是同性質的。因為上帝的心是與我們的仁感相應通的，所以本來就是一。人如果不承認有上帝之心，為有更大價值而原肯定其存在並信仰之，則上帝還不能為我心之主。但我的仁心卻信仰上帝的行為活動，因為上帝的活動是我的仁心在作主，如果我的仁心不能為心的主，則信仰上帝為我的主也是不可能的。

故人的仁心為我們的一切行為活動的至高主宰，是一不能傾動的絕對真理。無論如何懷疑，此理決不絲毫傾動，人只要能反躬自省，便會知道，仁心之實為窮遍天地、亙貫古今而莫之能違的人生主宰。

當知，現代人所相信的科學知識理智的心，可以上窮宇宙、下達地心、外察萬物、內析觀理時，仍無法超越仁人。人的仁心，可由近及遠，成就家庭、國家、世界，而為萬世開太平，以至悲憫同情無量無邊的眾生，而對燦爛莊嚴的山川日月星辰有情，所以仁心也包括了科學知識或理智活動所能到的事物。

但唐先生認為，人的仁心雖然包括了理智的心，但仍與理智心不同。當純理智的心要對直接經驗世界的事物，抽出一部分或一方面的現象，來加以研究分析，同時要對此一部份、一方面的現象來加以說明。此時理智的心，總是打破沙鍋問到底，以求探得這現象的裡面與後面，加強對外界事物的觀察實驗，以求知所謂事物本身的性質構造，同時要去看此現象此事物與其它事物的因果關係，或其它關係，以說明一現象何以如此？由此而造作種種理論假設，從事種種觀念的冒險，再由其證實，而成為對於事物的原理定律的知識。再本此理智心，以預測未來經驗並製造物用。所以這理智的心，是不斷向外向前攀緣馳求，不斷想要求超越對現象的直接經驗，但卻一直駐留於經驗之中。

但人的仁心，可以從直接經驗的人物開始，而推擴及於非直接經驗中的其它人物的成就。這一推廣，即仁心所含的理性成份，使我們不僅要肯定尊重我所直接經驗的世界，也要肯定成就其他人物所直接經驗的世界，而涵蓋無定限的其他人物的直接經驗世界的一種心量的開展。這心量，同時是把我與其他人所經驗的世界，一一平等的定置下來，以盡量求其俱存，這就是曲成萬物而不遺的仁心。

這仁心所具的超越性，乃與其涵蓋的肯定性，及由內而外、由近而遠的實踐性相同具足。這與理智的心想要超越性，它不斷翻騰否定性，及虛提假設、向外觀察、向未與遠方求假設的證實，正好相反。仁心因為這樣的相反，反而可以見到純理智的心所經驗與所失去的，都為仁心所涵與所養，而且仁心可以制衡智理的心，使它不至往而不返，使它不墜於懷疑主義與虛無主義之中。這都是依仁心的源能以周流，仁心流行的一小端的照燭，以導助其生發成就世界的大業。〔註 94〕

唐君毅云：

> 至於天德流行中之悠久無疆之義，則類似他教之言上帝之永恆、佛果之常住。然儒家中庸之言悠久無疆，乃即人之德之純亦不已，而不見古今之有一切有德之人格，其哲學精神之有古今之隔，而通之

〔註 94〕以上對仁心的說明，參見唐君毅，《中國人文精神之發展》，頁 124～128。

為一純亦不已之天德流行，即見其中自有悠久無疆之義在。〔註95〕

儒家的天德流行，是一普遍性、永久性的原理原則，唐先生雖將儒釋耶分判三教，但那只是主從關係，並不涉價值高下之分，就周延性、圓融性的人間之教方面，認為儒家仍較優於其他二教。而能夠將此天德流行的仁心極緻的發揮，那就是聖賢的哲學，存在著無遠弗屆的影響意義。

三、道德自我與自由

道德自我可以說是唐先生論道德哲學的主要概念。根據唐先生給道德自我下的定義，是能判斷吾人之活動之善不善而善善惡不善之自我，就是吾人道德理性自我，因此唐先生「道德自我」則包括道德理性與道德意識，他又常稱「精神自我」、「超越自我」，並把這一組概念等同於傳統儒家的「性」與「理」。唐先生說：

> 此理此性本身為內在的，屬於吾人之心之「能」的，而不屬於吾人之心之「所」的。故非作為所與而呈現的，亦即非通常所謂現實的，而只是現實於吾人之心之靈明之自身的。故此理此性為形上的、超越的、精神的。〔註96〕

唐先生認為形而上的道德自我，相對於現實自我而言，是能夠主宰外在具體形象事物但卻是內在於人類的本然道德意識；它是精神的、圓善的、自足的，不但具有引導人類有意識地超越現實自我的功能，而且也能夠規範人類在人文世界所作的種種活動，使之切合某種道德理想與價值。

他講哲學哲學不單單只涉及精神修養與道德行為兩方面，還把視野擴充到整個世界，希望藉此以建立一個充滿高尚理想與道德價值的社會。因此，唐先生認為，正是由於存在著一種超越現實事物的理想，道德自我因而便具有了普遍性，成為人人都可以成為道德的完成者。

唐先生所建立一切道德自我肯定是這個本體的一部份，是能夠顯現心本體的功能而內在於人類心靈的一股道德意識。故知，唐先生的哲學所著重的是一顆澄明通靈並且恒常不滅的道德心靈。

> 道德生活之本質乃即自覺的自己支配自之生活。因我想信，人根本上是能自覺的，我們對我們自己，或世界，本來可以有不同之自覺

〔註95〕《生命存在與心靈境界》下，頁865。
〔註96〕《文化意識與道德理性》，頁20。

的態度。

道德生活是要支配自己、改造自己。…故必須被支配的自己，與能支配改造的自己，視作同一的自己。所以我們必須對于我們過去之行為，負絕對的責任，一一都承認是我作的。〔註 97〕

道德生活應當由人心的支配與運用，此心是當下良知的呈現，故心是完全的自由，不為外力所促成，也無人情意識所束縛解，生活的一切在我是否全心之發露，全心的展開在對應人事物關係上，唐先生認為，當人希望支配自己時，人已超越了自身的性格與習慣，他是直接將知性認知的問題轉化為道德實踐的活動，因此天命在自命的發露，就是心的自由。如看到父兄自然知道孝悌之道，看見孺子入井，自然生發惻隱之心。這無不是出自人心之當下流行具足，絲毫沒有勉強不得，故隨處現於日常生活，也契入於道德自我，因此自由醒覺的心靈，才有完全的自由。鄭順佳說：「對唐氏而言，自由的重心並不落在『從中釋放出來』，而在『為之而活』。有自命自令的自由及遵從道德義務的自由」。這道德義務是不容自已的道理理性結果，所「自由，即道德自我超越現實自我的自由」〔註 98〕。道德自我從天命的承續，天命是無窮無限，所以自命也可以無邊無盡，而自令也就達到了完全的自由。

人之無限的精神要求，既可為有限的現實對象所拘繫，則精神之表現，更不得說盡善，貫亦當為精之一種表現。我過我說明精神之表現根本是善，惡只是一種變態之表現。〔註 99〕

唐先生認為人的根本是自覺的，這個自覺是善的，雖然世上存在著為非作歹的人，但是他們的種種惡行終究是虛妄的、不真實的，更是無常的。換一句話說，人之所以為惡，是因其偶然性因素所造成的；惡行並不能抵消人類內心本有的道德自我，就算是罪大惡極的人也會有道德自我，只是這個道德自我被現實自我所蒙蔽，因此不能發揮其主宰的作用；正因為這樣，惡人才會有改過自新的機會。所以「惡非真正的精神表現，由此而歸於性善之結論」〔註 100〕。與此相反，有德之哲學是不朽的，為了達到這種萬古長存的有德之哲學，道德自我的決定性主宰作用就不容忽視，也唯有道德自我才能創

〔註 97〕唐君毅，《道德自我之建立》導言，台北：台灣學生書局，2009 年，頁 26。

〔註 98〕以上兩句，參閱，鄭順佳著，郭偉聯譯，《唐君毅與巴特——一個倫理學的比較》，香港：三聯書店，2004 年，頁 65。

〔註 99〕《道德自我之建立》導言，頁 34。

〔註 100〕《道德自我之建立》導言，頁 35。

造出真實之常然的有德之哲學。

人為天生，而心又是人類與生俱來的尤物；心生識，則又是人的秉賦。只要我心具備了構造世界、理解萬物的能力，那麼，耳目感官所能夠獲得的一切現象內容實際上也就早已存在於我心的能力預設之中了。人只有在內心深處進行自返、內省的前提下，才有可能領會世界萬物的存在意義而達到善。耳目感官不能夠反省，所以就容易被外物所牽引、迷惑。沒有自省，人就不可能構造出自己的世界，也不可能理解一切外物。一切事物的來龍去脈、現象世界的真正構成都必須維繫於我心。

唐先生認為「心」是一種動態的，以不斷從自身站出來的方式，迎向各種可能性，從而敞開了一個開放的領域，讓真理得以顯現。而人做為心的載體，也是唯獨具有能理解哲學存在之特性，「人」的活動成為一切哲學存在解釋的依歸。故對孟子而言「人」便是對心、性、天統籌為一整全意義的價值根據。故他強調心靈是宇宙的中心，如云：

> 心靈開闢之過程，你知道了你可以在你心中，包括宇宙之一切存在，你可以在你心中發現宇宙之美，宇宙之和諧。你於是可進一層了解，人類精神，不特是各部互相貫通的宇宙之中心，而且此中心，是反照著全宇宙，要將全宇宙攝入其內。〔註 101〕

這樣的哲學哲理，肯定了心靈具有內在而超越的宇宙內涵，印證了「宇宙之美」與「宇宙之和諧」。心靈所開展出來的形上智慧與人類精神，顯發了宇宙與心靈相互為用的創生功能，人的心靈成為「各部位相互貫通的宇宙之中心」，是天人相通的浩浩大道，是以宇宙的能量來彰顯哲學的光輝。心靈是哲學的本源，同時是宇宙的本源，能夠反照著全宇宙，甚至要將全宇宙攝入其內。

「儒學本身實質上就是一種哲學教育，其處理的不是知識性的學問，而是面對哲學存有的問題，因此可以作為哲學的學問，真實地關懷與對應哲學的感性、知性、德性等三個層次，進行自我提昇與流通的具體實踐。」〔註 102〕儒家積極地面對人類的哲學存有，並進行價值的提昇與意義的開拓，追究宇宙哲學與人體哲學的會通與交流。

唐先生認為，心的活動其實從未離開人、物所構成的生活世界。故孟子

〔註 101〕唐君毅，《人生之體驗》，台北：台灣學生書局，2010 年，頁 112。

〔註 102〕蔡仁厚，《儒學思想的現代意義》，台北：文津出版社，1987，頁 212。

「仁義內在」的心基本上是以通向客觀具體的生活世界為其本全。「心的活動總是朝向生活世界的自由，一方面由各式各樣人物所面成的公共世界，人心不免有所承受之迫窘；但另一方面，只要它能持守其最本己的可能性，以明以察，那麼它同時也在重新建構著這個世界」。〔註 103〕唐先生的哲學體察，是正視哲學自我與道德理性的存有，以及在客觀世界從事道德實踐的重要性，這是每個人所「是」，存在這裡的能力，這並非在表示一切道德法則均內在於道德主體，也就是心可以獨立於「生活世界」之外，自給自足的創造出道德生活來。故「唐先生乃是洞徹哲學存有的心之理，乃儒家形上學的範疇，或稱為『超越形上學』，是建立一套『體用一如』、『變常不二』、『即現象即本體』、『即剎那即永恆』的形上學體系」〔註 104〕。這說明哲學與宇宙相互回應的關係，藉以了知明達一切事理均相待而有交融互攝，終乃成為旁通統貫的整體。

於是我們知道，人的心是靈與宇宙會通的，「心」與「理」合而為一，人普遍地展現出天的存有奧祕，天的存有也因人而得以彰顯，這也肯定人人都具有天命之源能，可以反求諸己與自我作主來實現哲學的價值。

第三節　哲學的創生

一、從天道的生生見哲學的永不止息

天道的生生，是天命永恆、博大，創生不已的主要原則。人秉此天命，立此心性本體而完成人格完圓滿之自命，此自命的圓滿成就也同時成就一切對象化之客體趨向完至善之天命，也就是達率性之道。

> 完成人格，在盡其性。天命渾然，實為至善。率性即是，非行仁義。
> 擴充不已，沛然誰禦。義襲而取，涸可立俟。〔註 105〕

唐先生認為率性是道德理性的挺立，是心性本體的證成，時時刻刻發露於生活世界中，對於工夫的修養，在盡心盡性之中完成。人人道德自我，都是一無限而恆常的存在，人人都具備一宇宙。當人呈現其道德理性至完全的

〔註 103〕袁保新，《從海德格、老子、孟子到當代新儒學》，台北：臺灣學生書局，2008 年，81 頁。
〔註 104〕鄭志明，《宗教的醫療觀與生命教育》，台北：大元書局，頁 160。
〔註 105〕《人生之體驗》，頁 169。

境界時，他便可以通向永恆遍在的創生本體，且此時天地萬物也頓時與人為一體，一切存在，皆不在其心之外，故人是一大人，一真實的存在，即人在與天地萬物相感通，為一體，才是一哲學的真實，故人能盡心、知性以知天。

這都是由人性之根本來貫通於天命、所以天命得見於人道人德之中，天不過是性之形上根源。「此形上根原之為何物，只能由人依其性而有之自命自令為何物以知之。」〔註 106〕在道德生活中，立命就是生生不息地奉天命以成為自命，也就是盡其性之所命，如此，立命與盡性，成為一挺立的哲學個體。

> 只有從惻惻然之仁出發，才能不墮入枯寂，而用各種善巧的方法，去傳播真美善到人間，扶助一切人實踐真美善，以至證悟心之本體之絕對永恆，自知其永生中之永生。〔註 107〕

挺立哲學人格就是以此仁，因此仁人的哲學不會枯寂而斷裂。他知道生之永生必須不斷地道德實踐，當還有一個人尚未能道德實踐時，仁人的現實自我的方式來承擔了個體的哲學的斷裂，他也會坦然面對宇宙的枯寂，回歸到天地萬物運行的自然法則。但當一切人實踐真善美，圓滿了哲學存在的人格時，枯寂會再逢春、斷裂又會接續，這就是儒家生生不息的永生，以心性為體認的哲學學問。對心性的肯定上，肯定的不是物質性的軀體，是由宇宙本源貫通下來於心體，此一心體能夠勇於承擔一切，不僅讓身體生色而有光輝，也經常維持內心依然寧靜安定，擔負著人間一切的生存苦難與人生使命，當面對宇宙的毀滅，也能「從容含笑的自返于其無盡淵深之靈根」。〔註 108〕當宇宙生機再現，仁人又出自此無盡深淵之靈根，並以各種善巧的方法，繼續傳播人間的真善美。

> 林毓生先生說：
>
> 人性內涵永恆與超越的「天道」，天道因此可在盡性中由心契悟與體會。儒者認為「超越」與「無限」內涵於人性之中；因此由「盡性」可以體現天道，故孔子說：「人能弘道，非道弘人。」換句話說，「內在超越」的觀念導致了人與天道銜接與溝通的特殊方式；不假外求，直接訴諸哲學中「人性」的實踐。「道心」不是由啟示得來，它是在

〔註 106〕《生命存在與心靈境界》下冊，頁 982。
〔註 107〕《人生之體驗》，頁 232。
〔註 108〕以上引文見《人生之體驗》，頁 232。

「盡性」與「踐仁」的實際哲學過程中由人心內省、體會與契悟而得。〔註 109〕

「內在超越」的儒家獨特的觀念，它使人與天地宇宙有機地融合在一起。儒家以人為主要關懷，天地萬物皆因人而得以生生不息、時時建拯，而人以道德實踐的主體為首出的精神，在其自求實現的過程中，必然也同時展現為其他意義的主體。故仁義內在不須由宣示、辯論而得，而是實踐過程中證得，此證得是以讓人與天合而為一。

唐氏認為，心之本體並不能加以名狀。因為它是形上的實在，所以我們不能將經驗的概念應用在它身上。我們也不能應用抽象及普的概念，因為它們是兩極相對的，只應用一極會不夠全面，同時應用兩極則構成矛盾。因此心之本體『無此一切相之相』，是不能名狀的。〔註 110〕

唐先生以天命來闡釋道德自我與形上心之本體的交涉，這樣的互動關係是超主客境中進行，此時人的心為天斷貫穿，是直感直觀的境界，此時主體與客體都被超越而聯合一境，那是一種絕對真實的存在，即是天人合一的實存。

唐先生也認為，道德生活不是抽象的反省，而是知善、善善、行為、知惡、惡惡的道德自我的能動性，也是理性生活的公正指導原則，只有自覺的活動，才能達到道德的生活，若只是聽從命令、規章、或不自願的、機械式的行事，其行為雖可乎合道德的標準，但仍不能算是道德的生活，所以道德自我不是主觀的超人行事，而是天命承接的發用，故道德生活是合乎天道，與天命和諧的自命自令，合乎中庸之道的人性作為。

自命自令的自由行為，不是為了去觀察實驗，它完全是道德中實踐得來，它是自其已然的內在超越。要讓自命接上天命，我們才有生生不息的創生力，面對各種人事物的負面經驗，我們才有能力坦然面對，並順適調遂，治療自己與一切人事物，我們必須在實踐的過程中來了解，並自覺這種存在狀態。仁心是那最深處的道德自我，自我是終極完整的象徵，人類一生的道路就走向這個自我的道路。

〔註 109〕李明輝，《唐君毅思想國際會議論文集》〈儒學如何開出民主與科學？——與林毓生先生商榷〉引林毓生之言論，香港：法住出版社。1992 年，130 頁。

〔註 110〕《唐君毅與巴特——一個倫理學的比較》，頁 47。

二、道德自我的證成與道德生活的實踐

從唐先生的思想上發現，他的體系有一個中心點，那就是文化意識、道德理性其雙方的關係，唐先生發聲獨振的表示，人類一切文化活動，都源於一種文化意識，而文化意識的基礎，正是道德理性。

> 人類一切文化活動，均統屬於一道德自我或精神自我、超越自我，而其分殊之表現。一切文化活動之所以能存在，皆依於一道德自我，為之支持。
>
> 中國儒家論文化之一點精神，即以一切文化皆本於人之心性，統於人之人格，亦為人之人格之完成。儒家知一切人文之弊害皆由於人文與其本原所自之人之德性或道德理性相離，由於人之道自我、精神自我之不能主宰文化。這一意思，是我全部承受的。

人在身上中，身在天地之中，人的「每一文化活動、文化意識，皆依吾人之理性而生，由吾人之自我發出。故每一文化活動均表現一對自我自身的價值或道德價值，由是而吾人所謂道德自我，超越自我，精神自我，創造文化、具備文化意識之自我，只是一自我之異名。」〔註111〕此一道德理性即道德自我的哲學，或道德主體或道德主體性。唐先生很明確地認知道德理性，是儒家文化的基本的價值，對於心靈哲學的感悟，是離不開此主體之認肯而為理念，「我全部承受」只有因為「我」的自覺，我內在擁有人類一切的道德文化，但又發現人類文化仍有各種的負面的病象，我必須自覺此道德的價值，時時去實踐它，而且讓人人去實踐它，讓每一個人從負面轉向正面，讓人類哲學得以恢復原本的健康。

生活在具體空間與抽象時間之內，具有肉體、感覺、思想的「我」是屬於「現實自我」，這個「我」是形而下的、非永恒的、受限制的，因此不能是道德主體。唐先生認為，道德之所以具有共性，就在於它能超越肉體、感覺、思想的「我」的受限制的，「道德價值表現於現實自我解放之際」，而超越「現實自我」的原動力，恰恰就在於「道德自我」〔註112〕。

道德自我哲學的理此性本身為內在的，屬於吾人之心之「能」的，而不屬於吾人之心之「所」的。故非作為所與而呈現的，亦即非通常所謂現實的，

〔註111〕唐君毅，《文化意識與道德理性》自序二，台北：台灣，學生書局，2002，頁18。

〔註112〕唐君毅，《道德自我之建立》，頁29。

而只是現實於吾人之心之靈明之自身的。故此理此性為形上的、超越的、精神的。〔註 113〕

唐先生將道德自我的定義以及其與現實自我的不同之處點了出來。概括地說，這個形而上的道德自我，相對於現實自我而言，是能夠主宰外在具體形象事物但卻是內在於人類的本然道德意識；它是精神的、圓善的、自足的，不但具有引導人類有意識地超越現實自我的功能，而且也能夠規範人類在人文世界所作的種種活動，使之切合某種道德理想與價值。由此可見，唐先生認為人之道德哲學不只面對個體的哲學，也與生活世界的整體運作相關的哲學。本性雖以道德理性為其生活世界，但也必須表現為存在。即人雖然在知識中的客觀世界，也可見天命、天德的流行，但能自覺地盡性立命者是人，其他物不能自覺，其命皆由人的立而被創生出來。故此身的善與不善，皆因自覺程度而不一致，只因耽溺於形氣之欲，行之而不能收之，心之發動，不只是理而流失其心之本，是以「不善以成」。

這裡的「善」與「不善」是指一切價值。人的價值意識有一價值意義的取向、或選擇，此價值意識正是證成世間的善能夠實現其自身的道德力量。在文化意識中的「善」與「不善」的決定，正依賴這道德意識而成就。

> 失本因何？其動不直；不直因何？只緣懈力；懈力因何？「只緣迷理」；迷理因何？唯心有蔽。心具眾善，緣何有蔽？心不自蔽，蔽於形氣。蔽於形氣，即心自蔽。心能自蔽，即心不善，心有不善，性亦不善，性善之論，將何以立？〔註 114〕
>
> 有「幻有」者，非此幻有。有「幻有」者，乃此真有；然此真有，明「幻有」幻。心善性善，于義得成。〔註 115〕

以上點出「理迷」而有不善之境，理迷由於心之動，「故心之動，善善惡惡。惡其所惡，即以成善；若不惡惡，善亦不成。」動善而成善，動惡而有惡，善不善本來無有，故此迷乃幻有非真實義，「有『幻有』者，乃此真有；然此真有，明『幻有』幻。心善性善，于義得成。」人必須向上一轉，得知此幻有對吾人的影響，成就一切不善的生活境界，於是探求此幻有的根源，理不本迷，蔽於其心故也，所以此一轉上明其本根，理本明明，假心而有所不

〔註 113〕《文化意識與道德理性》，頁 20。
〔註 114〕《人生之體驗》，頁 323。
〔註 115〕《人生之體驗》，頁 325。

明，破此一幻，心不再為蔽，心明為善，故「心善性善，於義得成。」人在天人合一、天德流行的活動中，總是希望仁體遍在，以達至善，這即是展開道德生活的實踐所在。

> 吾人在有一任何活動時，吾人皆潛伏有一自以其所從事之文化活動為善之判斷。此判斷純為不自覺，而為一原始之潛伏的自善其善之活動。吾人之所以知人之有此潛伏的自善其善之判斷，唯由人對其所發出之活動，恆任持不捨，而於順成其活動之客觀事物，即謂之為善，阻礙其活動之客觀事物，即斥之為不善，為惡，以反證之。〔註 116〕

這至善之境非從天而降，仍然從一般人的有情哲學與心靈開始入手，超凡入聖，也有現實的根據。人皆有「原始之潛伏的自善其善之活動」在這潛意識的層面證成孟子的性善論，一種本原的、發自內在的、不容自已的向善力量，當事人不必意識及、自覺到自己的這股力量，他便要這樣做。吳汝鈞先生說：

> 這種『自善其善』的心靈取向已存有論地在那裡，這善中的被善待的『善』，不只是在感覺上的善，同時也應有客觀依據的善，即是，它自身是自足的，這善是一種道德的價值，具有普遍性的客觀的價值。〔註 117〕

善的肯定是對哲學存有終極意義的體認，追求人類理想生活之開闢，承認世間的種種真實，以人生意義的探尋，肯定教育、經濟、政治、社會等改造的重要性，理想的生活是建立在合理的社會組織上，以哲學的精神體驗，來安頓現實文化的世俗權益。道德實踐不單是本心本性的自我體認，同時是社會人文化成的主導力量，肯定一切實際事業的重要，不僅追求人格的圓滿，也追求政治社會的圓善，由內聖邁向外王，使各種道德生活能繼續地展現高度精神的成長。

三、以身心來參贊天地

唐君毅對道德實踐更為具體，他關懷人身心性命的修養程序，更重視人

〔註 116〕《文化意識與道德理性》，頁 222。

〔註 117〕吳汝鈞，《當代新儒家的深層反思與對話詮釋》，台北：台灣學生書局，2009 年，頁 223。

格的深化與擴展歷程。「儒家不只重視『心』，也肯定『身』的意義與價值，其身體觀是『身』與『心』的合一，以『心』來圓滿「身」的主體道德實踐，身體是處在超越與經驗的交會中，是經由教育培養出內外交融、身心交涉與心氣交流的有機性的人格。」〔註 118〕

唐君毅將道德實踐的人格，視為一種藝術品。如云：

> 我的身體何須上升，以我美麗的靈魂來看，我的身體已為一藝術品。他本是美的表現，美的創作，他應當地上存在。我的身體何須上升？我的精神我的哲學，可以凝注在一切物而視之如藝術品。一切存在物都是藝術品，都是我精神哲學凝注寄託之所，便都是我的身體。我的哲學，遂無往不存。〔註 119〕

他認為「心」是在「身」中完成的，宇宙不是高高在上，而是經由身體的實踐展現出來的文化人格。此一人格是「美的表現」與「美的創作」的藝術品，不是宇宙抽象的精氣，而是身體具體的呈現，由心踐形而成，造就了充實而有光輝的身體，是「應當地上存在」的真善美的表徵。以「精神我的哲學」，成為一種美的看法，將身體視為精神哲學凝注寄託之所，肯定人的心性是經由教育修養，完成了精神化的身體，以「心」來雕琢感官與知覺的道德實踐，強化身體感應與變化的創作能力，展現出文化規範下的人格哲學，如此的哲學是「無往不存」，體現了身體圓滿無漏的整全之美。

人具有身體才能自我成長與轉化，是對身體工具性格的肯定，是「通過我的身體連繫於實際的世界」，人的道德實踐才能上通於天，下達於地，「上通」是指「心」的宇宙性，「下達」是指「身」的實踐性。身體是行為的工具與人格的工具，是真實而存在的，是理想使命與精神存在的載體，維持載體的正常與理性的運作，也是人存有的責任與義務。儒家是勇於面對身體的「生」，同時也承擔了身體的「死」。當身體是一種工具時，原本就是有限的，只要善盡身體的工具性格就可以，當盡心知命之後，不必為死後的歸宿操心。唐君毅認為宇宙中哲學與哲學間之一種虔敬的同情，這一種虔敬之情，使得人類最後的病痛——死亡，都得到了宇宙的接續。

如云：

〔註 118〕楊儒賓，《儒家身體觀》，台北：中央研究院中國文哲研究所籌備處，1996 年，頁 21。

〔註 119〕《人生之體驗》，頁 209。

我之所以要謀整個人類理想生活之開闢，是本於我惻惻然之仁，而此惻惻然之仁，是宇宙中哲學與哲學間之一種虔敬的同情。只有從惻惻然之仁出發，才能不墮入枯寂，而用各種善巧的方法，去傳播真美善到人間，扶助一切人實踐真美善，以至證悟心之本體之絕對永恆，自知其永生中之永生。〔註 120〕

人的形軀隱含了道德，當然志向走向那道，其中氣就會發動，發動而充塞著理，此理於天理物理感通為一，悟而為一則心理通身，全心涵道，率性而得道，日日顯道，時時發用，行道無已，德性日增，則身心志氣貫通，道德充塞、氣質變化，人的有限性因而突破。於是人體會到宇宙創化的動源，這創造的動源就是給了價值意味的體會，並且隱含了一個道德實踐的指涉，從自然哲學演出了一個實踐指向道德哲學，關於這身心的陰陽和合體，一個辯證的統合體，也即是存有之體有一個陰陽的律動，參之贊之，承接了它，參予了它，然後繼續往前走，以達那善。此時沒有人我，哲學遍在一切處，盡性之身打破生理的限制，把「仁」肯定為宇宙造化之本源，人參予、促成、開展它，再把它涵攝進來，成為人自己內在人所理解，因而相信宇宙造化之源的律動隱含著一個純粹善的動力。

人在這個盡心知性知天中去參贊天地的時候，人文化成就在裡面，而人本身自覺的修養活動，就在人文的場域中，通過修養的活動，使得人的良知能夠與道有一種定向性的關聯，一種確定的、永的恆、不變的定向結構關聯，使得那個道向人開顯。

惟彼聖哲，萬物皆備。凄然似秋，暖然似春，參彼萬歲，而一成純。是謂至善，是謂至真，是謂至美，是謂至神。〔註 121〕

「是謂至善，是謂至真，是謂至美，是謂至神。」乃是從修養涵敬的過程中而得到。故儒學的心性應該落在整個哲學治療裡面加以展開，通過具體的經驗事物的理解，然後朝向一個理論性的考察，並且經由這個考察往上成為一個立體建構性的追溯。這個追溯是上通於道，上通於存有之源，上通於宇宙造化之源，讓信息之場通過這樣的過程疏理之後，續連那終極的信息之場，是而可以達到自命自療、自癒癒人的目的。

人生之目的，唯在作你所認為該作者，這是指導你生活之最高原理。

〔註 120〕《人生之體驗》，頁 231。
〔註 121〕《人生之體驗》，頁 329。

至於什麼是你該作的內容，我們卻並不需規定。只要是你真認為該作的，便都是該作的；以至我們以前所否定之一切出於要作而作之活動，只要真通過係應該的意識，而被認為該作，便都可重新在另一意義下加以肯定。它們本身是盲目的，然而只要真通過應該的意識，它們便完全變質而成為自覺的。問題只在你們是否真相信它們該作。〔註122〕

唐先生透過一種行為的應該做或不應該做的應然意識來鎖定該人生的目的，及其行為的意義與價值，而這是道德的意義與價值。表面的意思是對於一種行為的該或不該做、該存不該存在的考慮，是一種道德的抉擇，這是自己自身便可作決定的。至於該如何作，或以什麼方式去做，則是具體的內容的問題，即是要配合行為的性質來決定，它是第二序的意義，對於作出某種行為，只要我們真的認為應該做，用心用力，把天地宇宙的能量透過我而呈現大能大德，那我與天地創生作用就是一體而無分無別。

第四節　哲學的潤化

一、順成性善哲學的作用

哲學的潤化是道德實踐中哲學的完成，是即內聖而外王。從內聖通向文化事業的外王，個體與社會在倫理上是通而為一，個體的道德成長同時是人文秩序的完成，與外在禮樂教化的環境聯結在一起，強調人生是現實社會生活中的人生，在治理社會成全他人他物中完善自，能在自我改造中完善社會與宇宙。

儒學重視道德實踐的理想，歷來儒者以道德和道德實踐教導人們如何從生活的矛盾衝突中超越出來，體會到遵循自然規律的修養方法，直接從精神上的統一，來對抗分裂的負向存在。只有努力實踐於精神上的統一，才能立體於哲學整全，挺立於宇宙與我唯一。所以基本上是順著人的自然哲學，加以疏導，使其連上人的哲學心靈中的性情，將這性情發展到終極的層面，使哲學心靈提昇到天德流行的本來面貌，終讓人心與天心合而為一。唐先生云：

孔子言仁之旨，為對人之自己對內在的感通、對他人的感通、及對

〔註122〕《道德自我之建立》，頁30。

> 天命鬼神之感通三方面。皆以通情成感，以感應成通。此感通為人之哲學存在上的、亦為心靈的、精神的。〔註 123〕

> 吾人之一己，原是一能與其他人物相感通，而此其其他人物，亦原為可由此感通，以內在於鄉之哲學存在中者。依此思想，則一人之為一個體，即原為通於外，而涵外於其內之一超個體的個體。〔註 124〕

唐君毅認為仁心的感通固然無範圍，但卻總是要在一一不同的情境中，顯發為真實當然之義。天做為一無限意義淵淵其淵，雖然深不可測，但只有在仁心的感通回應中，四時興焉、百物生焉的自然演變，方才取得造化的無限義。而人這一超個體的個體，也因為那能感通的仁心，而能體驗自命與天命的不二，彰顯出哲學價值的深度、廣度與高度，如此哲學無限無邊的理趣。

孟子以「性善」之說〔註 125〕，將孔子之「仁」精神義理完全彰顯。其以道德性來闡述人性，認為人性中有著尊嚴無比、價值非凡的本質存在，也正是人之不同於其他動物的所在，由於人的「盡其心」，也就是把握進而擴充內心四端之善，使之完全落實於當下，這種內在的道德精神，是不受信仰或思辨所限隔的。孟子對人性中潛藏的欲求，有深切的認知，他從心善的角度言性善，可說是上承孔子的「仁」。每一個人都可在一己內心當下的「仁」去求取善端，「存而善之」、「擴而充之」，將哲學力發揮到無限，而成為一切行為價值的根源，這對人類道德發展具有積極向上的正面意義，這即是孟子的立論根據。唐君毅先生言：

> 孟子起，重發明孔子之道，乃不得不一方闢墨學之言義之只重歸于客觀化之實利思想，亦重發揮孔子以仁言義之旨，乃說仁義皆內在于人心，並重申儒者言喪祭之禮與樂之價值。〔註 126〕

孔子以後，人性論漸成為思想上的重要課題，孟子以「立人之道」重申孔子仁義與禮樂的價值，並提出「性善」一詞，其主觀的實踐結論，通過概念而可訴之於每一個人的思想，可以在客觀上為人世立教。其所言的性善，實際是心善，並以四端之心，其發而為仁義禮知之善，在在說明人都可以在自己的心，當下認取善的根苗，而無須向外憑空循擬。

〔註 123〕《原道篇》卷一，頁 78。

〔註 124〕《原道篇》卷一，頁 134。

〔註 125〕《孟子・藤文公上》，云：「孟子道性善，言必稱堯舜。」，頁 251。

〔註 126〕《原道篇》卷一，頁 216。

孟子所說的性善，是說一般人的本性都是善的，人人跟堯舜一樣，可以時時為善，而堯舜之所以為堯舜，也只是因為他是「人」，而人的本性實在是善的，故說「堯舜與人同耳」〔註 127〕，從人的立場看，堯舜並沒有比人多些什麼，故「舜何人也，予何人也，有為者亦若是」、「人皆可以為堯舜」〔註 128〕。唐先生認為順成是就第一義的本性說。如云：

> 儒家所言之性善，乃第一義之本性。佛家所言之有我執之性，乃第二義之本性。此中之本末主行既辨，則佛家之言人當破除我執之論，如種種觀空、觀緣生之論，即皆可為對治此第二義之性用。儒家直下順此自然之哲學，與人之赤子之心性之善，以立教者。〔註 129〕

唐先生所說儒家的第一義的本性性善，是在最上層，具有最寬廣的情義，如親親仁民、仁民而愛物。這樣深執與篤厚的情義，不能只是是單向的作用，需有相互的反映、交流與迴響。即面對順逆之境，尤其是處理人生的負面感，我們要向上翻一層，我們所發出的心性之善不論是否得到該有的回應，但義所當為是我們的責任義務，是自命自令的實踐行為，如此我們的心靈活動就成為一種實在，是以道德的理性為主導的第一義之教。

哲學的潤化著重在道德的呈用，「用」乃在於全體大用。當道德自我實踐價值，使得人格的完全越臻成熟，此過程同時也是成人成物、成家成國的成熟。內聖外王的境界從來都是不分立階段而為兩種價值，它是一種價值一次證成。儒家的哲學一定是要由己到人，由人到物而通至於天。當己人物的哲學都是天地所生，天地乾坤乃一切哲學的總根源，於人會有報本返始的志願，要求回歸哲學之本源。故「一個個體的完成，也就是各正性命。二是與群體萬物相感通。三是與天地合德，天人相互回應。這三個意思，大致可以顯示儒家人文教育的理想。」〔註 130〕這是肯定人的道德哲學必須在生活中完成，而此哲學是與物時時發生感通的〔註 131〕，當我從事道德哲學時，我隨時在呼應天的命令，所以天的德行也應顯在我的哲學上，天之德從我可以見證，我的道德也因天而有無限的可能。

〔註 127〕《孟子・離婁下》，頁 300。
〔註 128〕《孟子・滕文公上》、《孟子・告子下》，頁 251、339。
〔註 129〕《原道篇》卷一，頁 43。
〔註 130〕蔡仁厚，《儒家思想的現代意義》，台北：文津出版社，1990 年，頁 333。
〔註 131〕這裡指的「物」乃指人與萬物。

二、人為首出、成己成物

儒家道德哲學的實踐下，落實在社會脈絡中的意義，乃是由一己推向家國天下萬物，在此一意義之下，儒家的個人，不是社會主義者所批評之無擔負的自我，當然更不是自利的個體，而是在社會文化脈絡中努力成己、成物，凸顯人性尊嚴，並在互為哲學的存在下，視萬物為己哲學的內容，讓各個哲學相互和諧，成就並延續哲學活動的價值。

唐君毅在《心物與人生》中將生活理解成是「哲學活動」，並且同時也討論了「哲學活動」所具有之目的。他認為，身體是由物質所組成的東西，物質既然只是在時間、空間世界中有限存在，那麼無限的哲學活動之目的，當然就不會只是為了保存這有限的物質身體。並且，生物的生存與發展只是表現哲學的運動，而哲學活動的本質就是表現哲學的運動，故身體的器官與四肢運動之間，也絕非是為了物質身體「自身」，而是為了表現哲學的運動。

如此一來，生物之所以要努力地保存其物質身體，無非就是因為有了物質身體，才能有哲學活動的表現，身體是哲學活動的表現所儒要的一個必要條件，哲學活動如果要表現於物質身體以及物質環境之間，那麼就必需有物質身體的存在。可知，所謂的「哲學活動」，正是哲學通過物質的身體來與世界活中的其他物質存在發生關係，而表現出一種相互融合與和諧的關係。並且，每一個生活動都是一方面表現「其自身」，另一方面則進而引發其他哲學活動，且前一種哲學活動將會讓其自身在後一種哲學活動中繼續有所表現且存在，也正因此，一個新發生的哲學活動，則必然不能與後一種哲學活動相互衝突，必須要與後一種哲學活動相互和諧。

哲學活動有連續性，哲學所有的活動與其前者、後者都是密切相關的，且在哲學有所活動的密切相關連續性中，哲學活動一方面表現出哲學的「變化性」，另一方面則又表現出哲學的「永恆性」。唯有哲學活動，才可讓哲學在物質的世界中表現出更多的哲學形式，並且讓哲學自身的內容更加充實。〔註 132〕

故儒家群己的關係以「倫」的範疇，是延伸至「物」的概念。人生活在天地這個大環境之中，與動物、植物、乃至礦物，都有相互依存、生生相息的連帶作用，古人五恩之中「天地君親師」乃儒士絕對要禮敬的對象，其中天地實包括大自然與萬物，其中遠近、大小、曲直，皆因個人修養之充實與否，呈

〔註 132〕以上，參閱唐君毅，《心物與人生》，台北：臺灣學生書局，1984 年，頁 38～46。

現其境象之不同。而是及於一切現象不只成己成人，更要成己成物。《中庸》云：

> 天地之道可一言而盡也，其為物不貳，故其生物不測。〔註 133〕
>
> 唯天下至誠為能盡其性，能盡其性則能盡人之性，能盡人之性則能盡物之性，能盡物之性則可以贊天地之化育，可以贊天地之化育則可以與天地參矣。〔註 134〕

這是儒家對生化天地萬物之道，其德即是生生不已之創生潤化。道是客觀的天地之道，是包括人在內的天地萬物的根源。道也同時內在於每個人的哲學而為人之性，此性則表現為我們日常行為中的道德的本心，道德行為即是道德的創生潤化。因此，道乃是既超越又內在的，當人體現道於道德實踐之中時，他即與道合而為一而體現出無限的價值，人可以藉道德實踐而與天地合而為一。

「唯有人能自覺地推擴此性以表現天道，而動植物則不能。」、「他必須承擔作為道的一份子而參與天地之化育，因而必須超出人類自我中心的觀點來對待天地萬物」。〔註 135〕這就明確指出，人與天地萬物乃是存有同一的，即具有同等的存有地位，天地萬物實有獨立於人類的價值存在，然而道雖然同時在天地萬物中，而能體現者只有人才具有這種性能，是以人為萬物之首出，人也是天地創生潤澤萬物時，最有力的幫助者。

> 唐先生說：
>
> 人之所以不能只成己而不成物，此乃因人之真己，永不能真以他人為外，萬物為外。人之心靈之本性，原為四門洞達，以容他人與他物之出入往來，而原能對其疾痛憂患，無不感者。我們固可姑在我自己與他人之間，劃出一界限，謂界限內者為己，界限外者為人。我可超越界限內者，達於界限外而知有人；亦可超越界限外者，以回到界限內，而唯知有己，又化此己為一絕對無外，而唯知此一己，似亦未嘗不可。
>
> 真能同時看見界限之內與外之「己」，即為一兼涵內外人己的我之心

〔註 133〕《中庸，第二十六章》，頁 34。

〔註 134〕《中庸，第二十二章》，頁 32。

〔註 135〕李瑞全，〈儒家環境倫理學之基本觀念——對伽理葛特之構想的一個批判回應〉，《儒家生命倫理學》，台北：鵝湖出版社，1999 年。

> 靈之本性，而於此「己」，此心靈之本性，則永不能只置之於其所劃之界限內。此己必為自居界限之上以兼關懷內外之人己，而求其兼成者。〔註 136〕

此一詮釋，可以說把儒家踐仁既成己又成物之內涵，合盤托出，深符孔子「仁者己欲立而立人，己欲達而達人」的論旨。孔子的意思，實際上是把仁的實踐，推向「修己以安人」、「修己以安百姓」〔註 137〕的進路，確立了往後兩千多年儒者不只獨善其身，還要兼善天下之經世性格。人類多元文化的發明與傳承，都是哲學的價值開顯，展開了豁然的文化心靈與暢通的文化哲學，肯定人類各種文化領域價值實現的原則與分際，承認心性的一本之己，也同時無礙於各個群體價值領域的建立，這是成己成物必然的表現原理。他對於此一成己成物道德的進路，有明確的方向描述：

> 大率中國先哲皆以人之一切德事業，或一切實現價值之事，應由最切近處開始。而此最切近之開始處，則為人之當下之生心動念，或人之如何立志定志，向再及於自己之身體之動作行為，更及於與自己最密切相關之家庭中心、同國之人，與天下之人，及一切萬物。〔註 138〕

人從基本的切身處，就是一己之心念，此心之動念是否有一個道德的志向，這個志向必須將目標天下與萬物。所以從立志開始，以正心、誠意為價值之本，然後修身，將心與身共同提升，然後擴及到對家人的倫理，也就是孝悌精神的展現；其後國家政道的整治，己立而立人、己達而達人；最後達到天下萬物洋洋發育，各得其位、各安其分，如此將道德彰顯於整個宇宙之中，這才算成己成物的完成。

在這個進路中，用工作連續整體道德的進展，就非常的重要。唐先生認為，人是活在社會系統、並有著分位等級的結構，以及各式各樣對應而來的工作，人的「工作」為哲學存有的神聖事業，人格就在工作中實現，這種實現都是唯一無二。他是贊同社會各種文化體系的運作，這是人必然要承續的工作，或者說人性的本位在於工作的價值實現，唐君毅肯定每個人一生的在世俗生活中工作的重要性，強調人在現實社會中要工作，但工作不只是為了謀

〔註 136〕唐君毅，《人生之體驗續篇》，台北：台灣學生書局，1996 年，頁 123。
〔註 137〕以上引文見《論語．雍也》、《論語．憲問》，頁 92、159。
〔註 138〕唐君毅，《哲學概論》下冊，頁 452。

生而已，而是要成己成物，每一份工作對個體來說都是唯一無二的。

> 唐先生云：
>
> 因為你是唯一無二之人格，所以你的工作，亦是唯一無二的。
>
> 你不息的工作，為的開闢你唯一之自己。所以工作之意義，不在其所有之結果，而在工作本身。
>
> 在你工作時，你唯一之自己，在逐漸開闢。你必須反觀你唯一自己在逐漸開闢，逐漸擴大。那是你唯一之獲得，別人永不能奪取之獲得。

在具體的生活環境中，哲學是要不斷地自我反省與抉擇，時時面對存在的價值選擇，儒家的這種選擇是心性主體的挺立，配合當下的時空間，作價值的抉擇，發現出唯一實踐之路。人生中經常要面對各種生存的選擇或決定，儒家認為現實與理想之間有著相即不離的關係，人的工作是連繫那意義的作用，因為工作的生活及生活的工作，讓自我擴大，哲學的價值也在其中展現，達到成己成物的工夫，對於道的體現，人在工作之中獲得永生〔註 139〕。

三、心通九境的自由哲學

唐先生認定「內部之自己」就是「我心之本體」〔註 140〕，可知，唐先生的「恒常真實的根原」非外在於現實世界，而是內在於人類自己的心中。「它既是至善，它表現為我之道德心理，命令現實的我，超越他自己，而視人如己，即表示他原是現實的人與我之共同的心之本體」〔註 141〕。

其心之本體與道德實踐的關係，可以從唐先生《哲學存在與心靈境界》中得到解答。「心靈九境」，是指人類哲學心靈的活動對外在事物的感應而產生的九種高低層次不同的境界，由淺至深依次為：（1）萬物散殊境，（2）依類成化境，（3）功能序運境，（4）感覺互攝境，（5）觀照凌虛境，（6）道德實踐境，（7）歸向一神境，（8）我法二空境，（9）天德流行境。此九境以不的體、相、用三觀相應於客、主與超主客三界，而由心靈依不同的觀照而顯出不同的哲學境界，然而都為心靈所涵攝，故可統攝解決人生一切的問題。

九境中的前三境即是客觀境。萬物散殊境，為心靈相應於客觀事物之體

〔註 139〕此「工作」的意義，應該擴大詮釋為生活的另一種面向。亦即工作在生活中，生活在工作中。

〔註 140〕《道德自我之建立》，頁 103。

〔註 141〕《道德自我之建立》，頁 109。

所成現的境界；依類成化境，是心靈相應於客觀事物的相所成的境；功能序運境，為心靈相應於客觀事物的用所成的境。其次三境為主觀境。感覺互攝境，為心靈自己反省主觀的感覺活動所成的境；觀照凌虛境，是心靈自己反省主觀的相所呈現的境；道德實踐境，為心靈自己反省主觀的用之活動所成的境。最後三境為超主客觀境。歸向一神境，為心靈超主客觀的體之嚮往所成的境。我法二空境，為心靈超主客的相之嚮往所成的境；天德流行境，為心靈超主客觀的用之嚮往所成的境。

此九境包含凡科學、知識、道德、宗教、文學、藝術等等諸問題，依人所處的環境背景所產生的氣質不同而有所應對，將西方、中國、印度三方思想的傳統作一判教與容攝。唐先生所建立的哲學系統則因人的哲學的表現與心靈的活動而統於此三大文化系統中，以建立一心通九境的自由哲學。

在唐先生的哲學體系中，宗教往往占有比較重要的地位，因此宗教意識是比較高層次的意識，歸向一神境、我法二空境以及天德流行境這三個最高層次的境界都具有宗教的義味。

> 當人自覺沉陷於罪業苦難之中，全無力自拔之人，宜信一神靈之大我，以為依侍。此一神之教之所以不可廢也。在智慧較高的人，而自知其我執法執深重者，則必先以破我法諸執，而觀其所執之空，方能自見其深心本心。故宜說此深心本心，為一在纏之如來藏，為無明所覆之真如心、法界性起心。此即佛教之所以不可廢也。故唯有人之執障較淺，我慢不甚，依賴心不強者，然後不必先用智慧以破執，而用其智慧以直契悟其具先天之純潔性、空寂性之赤裸裸之哲學中之靈覺，而直下由此以見其而上之本心之所存。此則儒者之道，待其人而後行者也。相較言，一神教與佛教之說，對一般執障深重之人，實更能契機。而人果能先信在上之神靈或在纏之如來藏，亦可進而識得此神靈與如來藏，即人之與天地萬物為一體之本心，則三教同歸也。〔註 142〕

宗教巨大深遠的影響，唐先生並不否認，對於神、佛的信仰，認為祂不但可以加強人的勇氣與力量，讓自己能克服罪業，面對人生的苦難，破除對自我的迷執，更可以體認自己本有糾纏於煩惱中的如來藏本心本性的明覺，這是耶佛二宗教的可貴處。

〔註 142〕《生命存在與心靈境界》下，頁 891。

但是，唐先生並不認為宗教意識會比道德意識更根本，因為高層次的宗教意識也是道德意識最高尚、最深刻的表現，其根本還是在於道德心靈。因此，對於不必依賴神佛來解決罪業苦難問題者，也不必以般若智慧來破除對自己和存在世界的執著，正可以憑藉本有的明覺，悟認到存在於自己哲學中而又上與形而上的天道相貫通的道德理性，拓展這道德理性，便能成聖成賢，參與天地的化育事業。

如此儒釋道二家各有所長，也各能使其相應的人民受益，所以這二大學說合起來，正可以建立一個可供人安身立命的精神世界。在這個世間，同時蘊釀出這三種思想，可謂一圓極的搭配。唐先生以主從的身分與關係為三大學說立位：基督教的一神與佛教的如來藏本心，正是儒家所宗那形而上的道德本心之分殊示現，故儒家是主，耶釋二教為從的順序則被定位判釋。

唐君毅先生又於在《心物與人生》一書中裡指出，人所看見的「物質」是客觀存在的實體，不隨個人主觀的自由意志而變化，雖物質現象生滅不斷，而物質的本體恆常存在，哲學的現象與物質的現象出自同一個本體，所以不應當只稱作物質的本體，同樣可稱作心靈的本體。因此依由內向外的角度來說，唐先生主張心靈才是宇宙最終的本體。〔註 143〕

陳特先生順此指出：

> 唐君毅先生固然不是唯物論者，同樣不是唯心論者，更不是二元論者，畢竟二元論把心靈與物質視作各自獨立而不能相通，而唐先生則認為心靈與物質在相互感通裡共存〔註 144〕。

心靈是宇宙的本體，心靈的作用是九境的流行，而九境論的首出德性即符合儒學的主旨，其展現天德流行的意義更為儒學上達於天的涵義，不但前所未有的引導各知識領域於德性涵容之下，而佛所歸向的涅槃境界或基督教所嚮往的究極上帝皆可轉化為一流行的天德，並將儒學的意涵更提升以往境界而成了新新儒學。

儒學在度過動盪的二十世紀之後，顯然仍有其鮮活的哲學力，並且孕育與當代精神相通而彌足珍貴的思想資源。儒者內聖外王的胸襟與使命感，將是二十一世紀知識分子致力於儒學返本開新工作的最佳寫照。

〔註 143〕唐君毅：《心物與人生》，台北：台灣學生書局，2002 年，頁 55～58。
〔註 144〕陳特：〈心性與天道：唐君毅先生的體會與闡釋〉，《鵝湖雜誌》，第 17 期，台北：鵝湖出版社，1996 年 12 月，頁 81。

唐先生的哲學學問，歷經了時代的激盪、哲學性情的切實體驗，與及困心衡慮的智慧粹煉，已達到有所宗仰，確立思想的發展方向，其系統兼容中外、並蓄古今，而且不離儒家傳統的心性之教，由此讓後人更肯定儒家文化中堅定不移的價值，得能重建華人對傳統儒學的認識與肯定，進而貢獻於人類世界。

第三章　唐君毅哲學治療及其方法

本章以唐君毅的《中國哲學原論》為基礎，及其「人生之路」系列著作為立論之發展，將儒家的治療之學，由唐先生的哲學哲學治療為核心展開，說明儒學在面對哲學沉墮時，能發揮對哲學的治療功能，以體現工夫為治療方式，幫助人建立根本的自信與自尊，以徹底安頓人心，避免哲學形成病痛而有持續墮落的危險；而在哲學升揚時，唐君毅的哲學實踐工夫具有對哲學的貞定作用，當哲學經由內聖修養而完全恢復健旺之時，即可凝聚哲學、開發哲學的創造力，哲學源能性因此能充分自由、自主、自律的做道德創造，以實現哲學的價值意義。故從「唐君毅之哲學治療」及其方法中，先論述〈哲學治療與病痛省察〉各面向的討論，後進行「自命自療的未病治療」、「即體即用的實踐治療」、「成己成物的整體治療」等研究，以期能要跨出西方「治療學」的格義步伐，以儒家思想核心為基礎，進行歸納、建構乃至於應用，建立一套屬於儒家型的哲學治療。

第一節　哲學治療與病痛省察

一、哲學、病痛與治療

從前面章節的反省論證中，我們可以得知儒家的基源思想，哲學原本是健康的狀態，如從仁、性善、天命自命、道德自我之自由等…等觀念的建立，了解哲學本質實存的原貌。然而在未證的過程，人一時的起心動念，就會讓人有了道德的異化，而產生病疾的狀態。然而天道是真實的，疾病的哲學也是真實的！儒家對面「病」的態度總是積極的〔註1〕，如果哲學是那終極實體的統貫，那麼病也是讓人走向那終極之路的方法，人必須在會生病的哲學中探索出真實意義，求得一安身立命之道。

對於「治療」的定義，總是在我與你的對立關係上。觀念，西方學術比較是站在為他人提供身心問題的解決方法，不管是醫學的、護理的、養生的、心理的、精神的…等正統的醫療方式；而現代治療的方法，也開發出各種的方式，以適應每一個體千奇百怪的哲學疾病，如有自然療法、音樂療法、藝術療法、戲劇療法、娛樂療法，乃至於各治療的學問…等等。其所治療的原則是，「我」有一套療法，可以解決「你」的病痛煩惱問題，有生病的對象，才有施治的療法。

於是為了瞭解哲學與病痛的對立關係，人們用心力去研究各種治療的知識，對於知識的獲取及樂活與健康的追求目標，可謂極其能事，但所談的知識面對真正哲學的議題，仍是無法提供哲學的治療，哲學的負面現象只是意識的情緒，正統醫療面對核心問題以及其所帶來的病痛，就像坐井觀天且束手無策，即使是正統的醫學專家所探討病痛，也只是看到心理的投射。

許多人的哲學缺乏智慧與能力，去面對哲學的各懂疑難雜症，於是與人有關那些習習相關的人群、社會、自然、宇宙、古今等範圍，就顯得更加無力。對於哲學意義的缺乏，成為現代人最需要追求的問題？

人們發生病痛，總是將症狀試著交給某個專家來解決，以致於專家與病痛交涉之間，本身永遠不會有意義的連結，對於哲學治療，我們急於解決一路上遇到的問題，但是卻忘記了，解決之後，我們到底急於去哪裡？所以加諸在哲學之上的各種病痛等問題，越來越多，在我們的社會上醫院變多了，醫生也常成為熱門搶手的人物，各種醫療的管道相對於以前多得太多，而且醫療更容易取得、醫療的運用更有效率、醫療花費也更加便宜，但是須要醫療的人也越來越多，人生路上每個人哲學負面存在感卻越來越多，而且煩惱病痛千變萬化，更是越來越不容易解決。

不同的西方「治療」的觀念，華人「治療」的定義，則是在於治療與撫癒。治療是一種方法、手段、工夫的運用，而撫癒則是種撫慰、安頓、癒合的

〔註1〕參閱《人生之體驗續編》之章節，所說各種負面情節。

心靈調安排。兩者互為協調，因命而慰藉於病，因病而上遂於命，透過治療的心靈，哲學得以提升情境而終能明善復初。藉中國傳統的治療，則是一種根據病情，消除病命的對立、追源溯本的療法。儒家的「療癒」的思維，建立在中國傳統治療方法之上，更加入了聖賢的體證與指引，讓人人都能從心去探尋本源，以心的力量將命與病融合起來，用心去整合出一套可以自行治療，也可以提供他人治療的方法。所以儒家這一套「療癒」的思想，其定義實則包括「治療」的觀念與態度。〔註2〕

中國哲人的教學是教而不教、不教而教，在身教重於言教的師道下，一言一行都成了哲學之教，直指哲學的要點，無一不是人人體道的流行。古聖賢教人以「學」、「覺」、「悟」、「定」等工夫，讓人啟發、提醒、勉力、悟參，以致倫理、道德、智慧、因果等旨趣，而能達到瀰滿於六合、卷藏於密的功效，所以這種內外兼收、身心合一的東方思想，無疑成了當前世界人類哲學問題治療的基石。所以這裡所說的「治療」是一種整合性的治療。也就是從生活的每一個當下來觀察人性的特質，人們必須從生活中學習應對每一種天地人事物所遇合的事件，並力圖達到最合理的安排。

「如果我們能體會到疾病和死亡令人敬畏的偉大力量，就必然在這體會之光中，了解以我們的力量來對抗疾病和死亡是多麼可笑。」〔註3〕疾病與死亡是哲學的一種體相，我們只有去瞭解它、體認它，讓它回到原來的整體性，疾病會告訴我們目前缺乏什麼，使我們察覺我們必須去關注什麼，經由這內在的傾聽和覺醒的選程，使疾病不再發生。哲學實務或是哲學的學問〔註4〕，這都是不同的傳統醫學的「治療」，而是經由瞭解、體認、回歸，認識哲學—病痛—治療相依的關係，重建哲學整全性的健康。

儒學發展到新儒家的唐君毅先生，得能在病痛中體察出儒者的哲學意義，並在這哲學的學問上，真正開發出「治療」的思想。唐君毅的病痛省察在其「人生系列」的作品上，恰可展開一『自我療癒』之方式。唐君毅對治的病痛

〔註2〕基於此種原理原則，本文所提到的療癒思想，實則已概括了治療的說法。

〔註3〕托瓦爾特．德特雷福仁（Thorwald．Dethlefsen）、呂迪格．達爾可（Rudiger．Dahlke）合著，易之新譯，《疾病的希望》，台北：心靈工坊，2011年，頁38。

〔註4〕哲學實務即「哲學諮商」的一義。生命學問是傳統中國流傳的智慧結晶。本論文希望能透過東西兩方的實踐哲學來進行「療癒」的工程。

的思維，成了他自救療人、遺愛後世的珍貴智慧。如從《病裏乾坤》〔註 5〕的記載得知，導致他剛開始心生恐怖陰影、身心難安的情志，如世界末日的恐懼、生離死別的哀情、驅天狗救月的悲感等，逐漸生出煩惱與病痛。他在不斷的省察過程，提出當與不當的病痛省察，從「義利之辨」瞭解「治療」的力量就潛藏在病痛之中，病痛與治療從來不是兩個極端，而是一個圓滿的實體，由義充滿的如實狀態，人的「義」通貫那「道」。

二、病的產生與應對

病，是人類歷史中最為撲朔迷離的存在，在時空之中，它隨時存在，它變化萬端，它在伺機而動，它早已準備就緒，在哲學之流的一個偶遇之點，它找上最弱之點，趁虛而入，造成人哲學的頓挫，不論是短暫性或是長期性，生活之中的因果關係，讓它與人類的哲學難分難捨，而且息息相關。

有哲學就會有病，哲學如果代表那終極實體，那麼病就是讓人走向那終極之路的方法。所以人會生病不足為怪，人如何在會生病的哲學中探索出真實意義，求得一安身立命之道，最終能天人合一。如孔子一生的示現，終能從心所欲而不踰矩，達到身心的安頓之境。〔註 6〕孔子的一生經驗提供給後人最好「治療」之道。他在哲學每一個歷程，如實地面對各種衝擊，在各種哲學的情境安排下，他學習從容的面對上天的呼應，他對上天想要表達的完完全全的接收了。

上天早將對應的智慧直接給人，但智慧如何用人的言語表達呢？如果智慧可以用言語表達，天下應該就沒有生病的人了，但是生病的人那麼多，那不是上天不應，而是沒有人願意去體悟與實踐，雖然上天能做出驚天動地的奇蹟，但是祂仍然沒有辦法去強迫人去實踐智慧。所以一個懂得對天呼應的人，他必須循序漸進慢慢地將智慧融化入人的生活之中，不讓人有所警覺，否則人們將會恐慌因而揚棄智慧的生活；他必須是大而化之將智慧用言語的方式講給別人聽，且他將選擇以不說來說，否則人們會因為智慧太過高妙，因而產生嫌惡不願意接受智慧。智慧就是一切的方法，智慧是每一個當下，這是智慧唯一表達的方式，智慧永遠只是開啟自我，自我就是那天，天就是一切。

〔註 5〕唐君毅，《病裏乾坤》，台北：臺灣學生書局，1984 年。以下簡稱《乾坤》。
〔註 6〕《論語・為政篇》子曰：「吾十有五而志於學，三十而立，四十而不惑，五十而知天命，六十而耳順，七十而從心所欲不踰矩。」

「病」的定義，蓋括了所有破壞整全哲學的動力與現象，負面的語詞如毀壞、艱難、哀傷、死亡、虛妄、顛倒…等等〔註 7〕，都包括這「負向的存在感」〔註 8〕之中，總之與仁相對的「不仁」，都可以納入病的範疇。病既是因哲學之惡而生，那麼首先要治療的將不是疾病本身，而必須先瞭解「哲學」這個本體為什麼會生病？而什麼人會得什麼病？哲學與病之間，其微妙的連繫互動又是什麼？儒學從此探討其來龍去脈，在追尋治療意義的根據下，整全哲學所代表的價值體系而所形成的觀念。

從有文化歷史至今，天地萬物總是不改在變化，這變化中人從歷史洪流，如何安身立命，亦是秉此感通力，以適應時局，而向人本善的生活世界。是知儒學治療觀的探討實應包含天地人三個層面〔註 9〕，在儒家格致誠正中修己安人、成己成物與天人合一，所以儒家的治療絕不僅限於追求個體哲學的健全，只有整體的健康，個體才有健康的可能。是故儒學的「治療觀」也是延伸到對天地人的關懷，由此可見病的產生，也必然從「天、地、人」三個層面之中發生，且天地人中又有細相之分，如陰陽、五行、性、心、身、事、時、物…等分類等，都是舉例為大概方向，無法詳細論述，或可以為後續研究之可能…。

察「病因觀」的形成，其中細項儒者也無一一詳述，但在生活之中所遇到的「病況」，都不出儒家以「心」所展開的哲學，人間哲學之煩惱、艱難、病痛等負向存在，都在天地之中發生，而天地以人為首出，人又為心所主宰，是以儒家掌一「心」字，就是掌握了所有病因，以一「心」來對治所有的病痛，以一「心」來完成哲學的真實。

有別於西方醫學的治療方法，中國醫學自有一套對治疾病的理論與方法，自成一格。然而除了中醫的理論之外，儒家又有其超越的哲學治療，因儒家的精神文化已隱然寄寓著對於哲學和諧的整全性觀照，在這一系統理論中，

〔註 7〕參閱唐君毅，《人生之體驗續編》之章節。

〔註 8〕曾先生說：「心靈生命不健康所外顯的病徵，就是情緒上的憂、懼、惑、怨、尤（以上依儒家、負累（依道家，即心靈倦怠感）、煩惱（依佛教）、及罪惡感（依耶教）。」曾昭旭，《良心教與人文教——論儒學的宗教面相》臺灣商務印書館，2003 年，頁 137。

〔註 9〕《易經．說卦》云：「立天之道曰陰與陽，立地之道曰柔與剛，立人之道曰仁與義，兼三才而兩之」。人配於天地，而能參贊之，故能兼三才而兩之。孟子亦云：「天時不如地利，地利不如人和」，是則人為天地和諧的主要因素，《四書章句集註》，頁 241。

早形成了對於「哲學觀」的探討。新儒家多方面肯定探究哲學觀的學問即是哲學的學問，牟宗三先生提出「生命的學問」一詞〔註10〕之觀念而作意義詮釋。但「哲學觀」一詞能以更廣大的視野，立足於當下的時空中，反觀於哲學情境，面對天地人之層面觀察自我精神，體驗生活歷程、生死命限、以及哲學根源的省察，落實於身心言行的感通，發揮出哲學的意義與價值，成就一個健全精神的哲學人格，並能以此哲學的觀省察照，教育人民萬物以成聖成賢，達致生活世界走向大同之境。

叔本華曾說：「人類的問題不能單獨研究，一定要和世界的關係連帶的研究。把小宇宙和大宇宙聯合起來。」〔註11〕此一針見血之論，也可見東西哲人匯歸的共同點。人類的範圍能擴宇宙，人類秩序的和諧，也將成為宇宙世界的井然有序，這就是之小宇宙與天地宇宙融合起來的思想，把病跟命合起來想、陰跟陽合起來想、把天與人合起來想，不正是中華文化的精采之處嗎！當前廿一世紀人類問題出路最大的依據，就是整合內外、古今與東西方而有一整體性的實踐。

如孟子言「天爵人爵」〔註12〕的關係，重視的是天賦良知良能、仁義忠信之天爵的實踐，求得我本來心性光明至善的哲學。這是彰顯出哲學永恆的向上本性，而能面對哲學深層的內心信念與省察能力，而達到健康的本能。故治療的力量不須要外來的對治，而是人人皆有，人人皆可達那至高至善，擁有那自我治療的源能。

唐君毅先生說：

> 道之所在，德之所存，天下人知之譽之而未嘗增；我行我素，舉世莫我知或橫加謗議，而我一人自知之，「知我其天乎」，而未嘗減。

〔註10〕「生命的學問」一詞出自牟宗三之語。牟先生說：儒家的教義就是要這樣充實飽滿，才能算是成德。不是個人的得救，一得救一切得救，一切得救始一得救。個人的盡性，民族的盡性，與參天地贊化育，是連屬在一起的。這是儒聖的仁教所必然涵到的，有這樣的生命學問，始能立起並貞定吾人之生命，而且真能開出生命的途徑。〈論五十年來的中國思想〉，《生命的學問》，台北，三民書局，2004年。

〔註11〕叔本華著，陳曉南譯，《叔本華論文集》，志文出版社，1983年，171頁。

〔註12〕《孟子．告子上》，孟子曰：「有天爵者，有人爵者。仁義忠信，樂善不倦，此天爵也；公卿大夫，此人爵也。古之人脩其天爵，而人爵從之。今之人脩其天爵，以要人爵；既得人爵，而棄其天爵，則惑之甚者也，終亦必亡而已矣。」，頁336。

此皆非玄學而為實事也。聖人所以能自信其心之「建諸天地而不悖，考諸三王而不謬，質諸鬼神而無疑，百世以俟聖人而不惑」者，正以此當下之心之自信，即已能窮天地、亙萬古，而知其莫之能違也。人能于此向上一著之參悟上立根，然後真能拔乎流俗毀譽之場，游于人世是非之外，而有獨體生活之形成。莊生之學，抑尚不足以語此也。〔註13〕

道德實踐就是求將本有的心性之本體實現之於自己的身上，從根本上徹底消化哲學中非理性負面性的成份。這個「向上一著之參悟上立根」之工夫即是所謂內聖之工夫。也是心地不容自已要向善的良知，是人存在世間與人為善的良能，這良知良能都是內在根源的德性工夫，那才是人爵的基本保障，孟子的「人爵」是人間的福德，也是包括我得以求得健康的意志；從「拔乎流俗毀譽之場，游于人世是非之外」是我能超越世間一切對待給予的打擊，我能如實地向上立根直取，以肯認「天爵」的真實，這也是孔子曰：「我欲仁，斯仁至矣」的真實義，我要治療就可以治療，在此心仁義治忠、樂善不倦的源源不絕治療對治中，終究恢復我本來健康光明的哲學。

三、面對病痛的歷程與省察

在當代新儒家中，唐君毅「人生之路」系列作品思想，是哲學治療上的翹楚。正如廖俊裕先生說：「可開展一套儒家型心理治療之方式『札記治療』，而且於此更可貢獻心理學之發展，因為心理學之心理治療只可治療別人，無法治療自己（因自己的潛意識，自己無法了知），但由唐先生之例證，恰可展開一『自我治療』之方式。」〔註14〕如唐先生云：

吾病目時談笑自若之態度，實皆貌似超脫。而別有虛憍慢易之情，隱約存于吾之心底；意謂此疾必可經醫治而霍然。此匪特由于吾于隱約中，信現代醫學之功效，更由吾于隱約中，先對此疾有預感；又于隱約中，意謂此中應有天意，使我之目暗而復明。〔註15〕

唐君毅認為以往他省察自己有「有命在天」之大公的心，加上科技的進步，所以目疾應該很快會痊癒。又想到曾子曾面責子夏眼瞎的原因，子夏因

〔註13〕《人生之體驗》，頁31。

〔註14〕廖俊裕，《自我真實存在的歷程——唐君毅《生命存在與心靈境界》之研究》，台北：花木蘭文化出版社，2010年，頁117。

〔註15〕參考《病裏乾坤》，頁5～12。

而知道自己的過錯。所以他認為「則吾今之目疾，蓋正所以使吾得由反省，而自見己過，更從事于默證之功者。此非天意而何？天欲吾有此反省默證之功，吾目自當復明。此則吾隱約中所懷之自信，而初不知其亦為一虛憍慢易之情之又一端也。」後來的反省默證理解到，他這個一想法，其中也含有虛妄的成份。

唐君毅的省察的確反應在一般知識份子上。廿一世紀令人感到驕傲的是人類知識發展飛躍進展，因而人們把知識當做了神，但它具有強大的力量，只是不辨善惡，它本身不能引領只能服務，它也不知如何選擇它的領導人。這種特性在它的使徒——知識分子上反映的很清楚，知識份子在方法和工具上有敏銳的雙眼，但在目標和價值取捨上卻是盲目的，而且這種命定的盲目一代傳一代的。

人常只是自我意識的頓現，那是世間知識的理解，對於哲學的整體仍無實質的益處。除此之外，大部人處於現代文明的氛圍與思潮下，並沒有提供我們徹底瞭解的思維進路與智慧，甚至不在意實相的探索，並且刻意去忽略、抑制「哲學」這個命題，唐君毅以最明顯的方式、最為淺白的言行，告訴後人們，面對負面的存在感，人應該要謙虛一點。

儒家文化歷經聖賢思想的洗練之後，「道」無疑是先賢經驗的揚繼與開展。唐君毅從而討論「理與事」、「習氣與病」、「痛苦與神佛」、「當與不當」、「覺與無覺」、「盡生死之道與超生死」、「痛苦之究極的價值意義」、最後提出「痛苦與大悲心、崇敬心及感慨祈願心」進入了道的理緒，他必須如理作意，從分析而沉思終達到平衡，而為目疾帶給自己的不安，進行自我診治。〔註16〕

在唐君毅經驗的帶頭下，讓人有著蛛絲馬跡的智慧，後人得以探索那至高至善的源泉，於是我們不能一直問「問題」源頭出自哪裡？因為本來就沒有開始，那球體的方式在運行，每一個點都是開始與結束，每一點都是重點所在，它在我們每一個當下時空中、在轉瞬的歷史中，所有的理事都被「道」所吸收消化。在天人之間，接連了一條「道」，道總是那樣密不可分，有本有源的相續不絕，是一個深層的、廣大的、牽一髮而動全身的整體，所有的問題都能從裡面找到答案，答案早就存在，人必須去把他解讀出來。

> 吾養病之事而言，則為求康復，而求所以治病養生之道，是義，而必求病癒，則是利。然養病不必求病愈，又一非易事。此中人自會

〔註16〕參見《病裏乾坤》之章節。

> 有種種之轉念以求其必。此則惟待于更一一思此種種之所求之「必」，皆實不可必，否則，利心終不可斷也，以此例，人生一切義利之辨，莫不同于此。人能無往而不辨此義利之皆，則人生覺悟之道，于乎在矣。〔註17〕

求得解脫是人們追求的目標，那麼痛苦必然是人們遠離的目標。唐君毅說，這些「必」都是可以不必的。因為「義利之辨」的如理作意，人們想要必求治療的念頭總是因為人生活在痛苦裡面，所以人要離苦得樂，但是苦也是因為人的利而產生的。所以他認為，病也是有病之義，病痛來自於生活的想要求利的心；如果每一個求利之心來時，則義必然消失，病痛也將隨之來到，病雖然無時不在，但義的常存使那麼病痛無處作用，甚至病痛也無由而生。

人的義由我的用心，屬於「我所當然」的範圍，當我的一念用心已經失了，那麼一念之泯之道又如何生起？唐先生在此認為「義」之所在，則沒有泯與不泯的問題，因為義是吾人哲學的真實，哲學永恆常存，則此義也就永恆存在。而當病出現有我的哲學時，我的義也是存在的，只是義因病而失去覺察的力量，病是讓我知道，此時此刻的義不明覺，所以會求病快點消失，但不知病就是生發義的力量，義一呈現時，病痛也就不會影響我的哲學，因為我可以求仁而得仁矣！〔註18〕

唐君毅一生治學的過程，成己成物以醫病醫人，希聖希賢以救民救國，其哲學治療，不只是對哲學病痛的救治，而是讓哲學能自覺的歸根與復位，進而凝聚哲學、開發哲學的創造力。故此治療學是環繞著人存在的意義而開顯，為幫助人建立根本的自信與自尊，以徹底安頓人心，圓滿人間的教育。

第二節　自覺——自命自療的未病治療觀

唐君毅的哲學治療中，預防治療來自於其「天命自命」、「道德自我」的哲學詮釋。以人的哲學觀為核心，由於哲學乃心靈的自覺，能以哲學通極於天，所以自命得到在天命的應感，自命不斷地在生活情境裡得到新命，猶如

〔註17〕《病裏乾坤》，頁35。

〔註18〕在此，「義利之辨」的義並不是指，義出現了，病就會消失。義是真實、病也是真實，義換成病的樣子，來提醒我們，生命真實的存在，這才是人生的覺悟之道。

新的源泉不斷注入在疾病的哲學中，哲學從而能有新的活力、新的契機、以及新的意義之展開，這是一種「復歸於己」，同時又是「超昇一步」的工夫。〔註 19〕依唐君毅的觀念，復歸於己，就是本心、道體，它是一超越的真心，由這真心才可能有一真實的哲學；而又超昇一步，是在復己的過程中，由內而外、由下而上，同是又是由外而內、由上而下，成為通而為一的方式，使得人之為人的本性得以感通與潤化而有真實的開顯，如此達到治療的效果，故自覺自醫是唐君毅所開出的未病治療之道。

一、悲感的自覺

自覺的意義是在未發生之前的狀態，如傳統對於「道」的原始意象，總是以「未發」〔註 20〕、「未然」〔註 21〕、「未萌」〔註 22〕的狀態或儒家強調的「憂患意識」〔註 23〕等名狀以形容，因人乃是道的一種真實，故天人相貫為一在儒學上是重在挺立道德自我，將道德視個人的圓滿存在條件，以呈顯天人在身上的面貌。而人做為一天所流貫之道體而言，其最原貌的狀態是健康的。在此時的狀況，人乃處於和諧的情境之中，此即「以人為本」、「天人相應」、「形神統一」的觀念以及「治未病」〔註 24〕的養生觀，能夠更佳地適應道在人中，人在道中的自得自樂，以及幸福的覺受，人的生活境界更達到存在的意義的瞭解。

如今疾病症狀的多變、化學藥品的毒物反應、藥源性疾病、醫源性疾病的日益增多以及新發流行性、傳染性疾病的不斷出現，傳統文化意義的探源更凸顯出儒家文化在醫療的特出。唐君毅體現了「哲學治療」是哲學的體現，再引申為根源意義的探索，這種健康維護理念的變化與傳統中醫文化「治未病」的思想息息相關，蓋這樣的文化在長期的發展過程中形成了完整的預防

〔註 19〕《體驗》，頁 158。

〔註 20〕《中庸》第一章云：「喜怒哀樂之未發，謂之中，發而皆中節謂之和」，頁 18。

〔註 21〕《易經．既濟卦》：「水在火上，君子以思患而豫防之」。

〔註 22〕《戰國策．趙策二》云：智者見於未萌」。

〔註 23〕《易經．繫辭下》：「易之興也，其於中古乎？作易者其有憂患乎？」然將憂患與意識合為一詞，見於徐復觀，《中國人性論史．先秦篇》：周人革掉了殷人的命，成為新的勝利者；但通過同初文獻所看出的，並不像一般民族戰勝後趾高氣揚的氣象，而是易傳所而的「憂患」意識。

〔註 24〕《黃帝內經》素問四氣調神大論篇第二：「是故聖人不治已病，治未病，不治已亂治未亂，此之謂也。夫病已成而後藥之，亂已成而後治之，譬猶渴而穿井。」其預防治療思想，其中尚包括未病先防、既病防變和癒後防復等觀念。

學思想和有效的防治原則。

唐君毅之預防治療觀念，一面來自古人的傳統醫療觀，一面昇華為儒家的工夫觀念，又再一方面來自他個人特有「悲感自覺」的意識。他認為人必須有「心靈的自覺」，即人不是單一的哲學存在，而且是個體、萬物及天地宇宙之哲學也是合而為一，聖人自覺地體察與天道天理不能相合的情形下，所以肯定主體是道德之心靈而毫無渣滓，其流行之用也無所不被，故其以完整人格的示現，將身心世界統合，以達到整個天下「和」的狀態，此和重在於未發之先的自覺，這正是中國人自古以來「預防勝於治療」的觀念，也是唐君毅「自覺式」預防治療觀點。他說：

> 我的主體心靈，是能夠自覺我自己過去的性格習慣的主體，在自覺的活動過程中，我的一切性格習慣與氣質，皆成為我的心靈的意識內容或對象。在這個意義下，我的心包攝住、範圍住它們，超臨於它們之上，我永遠不覺得我這個主體會為這些性格、習慣與氣質所控制。
>
> 一切環境的勢力，凡已表現的皆已經成為過去，然而未來，永遠是空著的，也即永遠是開放的，充滿著許多可能的，對於你未來的行為，你明明正在考慮著各種可能的方式，明明尚未決定，而待你去決定，你不是絕對自由的嗎？〔註25〕

主體的心靈對於我的性格、習慣與氣質，在過去本來就能夠包攝、範圍它們，所過去的病痛煩惱雖然不時干擾於我，而且未來尚未決定，它的決定根據我的自覺心靈，因是絕對的自由，我可以自由地選擇沒有病痛與煩惱的哲學。所以一切的時空因素，我是否必須為其所干擾而不自由呢？當下的反思，即將過去的病痛給超越，我的自覺心就超越我的煩惱病痛之上，也超越一切外在干擾的力量之上，它們全部成了我心之對象。我此超越病痛煩惱的自覺心，本身是不受干擾，沒有煩惱與病痛，是自由的。

唐先生云：「我踽踽的獨行著，我望著那黯淡的長空，我想飛上去，但是我不知天梯在何處，天路亦不可得，我似有無盡的悲傷」。〔註26〕有感於儒學文化的花果飄零，致唐先生對家國民族的哲學蘊發無限的憂患，對中西文化交融下，所造華人民族的大病，造成傳統精神的墮落與華人理想的失落，甚

〔註25〕《道德自我之建立》，頁17。
〔註26〕《致廷光書．第卅信》，頁255。

而讓儒學的活力成了道德哲學的禮教。王邦雄先生曾說：

> 學術的自我封閉，造成道德哲學的萎縮。…西方當代人邏輯實證論與語言分析，僅為思想之工具而非哲學的哲學所在。就因為哲學自失其感動人化提升哲學的精神力量，是以獨裁者可以縱橫無阻，取而代之。〔註27〕

個體哲學與社會哲學所以成病痛與哀傷，在唐先生的心中，是始終放不下的道德使命及真誠坦惻的仁者胸懷。唐君毅的無盡悲傷來自於，曾深切受到哲學的負面摧折，因而能感受到他人哲學的苦痛，於是惻然將體悟轉入於弘遠的惻隱之心，一方面直取形而上的精神，故能「靈根自植」，一方面世人因我在人間，而得能接受此精神的治療，他的憂患自覺，讓他總能「如理作意」，使其「我在這裡」的承擔，是人天因我而成為一大哲學的存在。

> 我自己知道我生在二重世界，一方我聯繫於形而上的精神實在，一方我仍在人間。〔註28〕

> 蓋吾果如理作意，則自能知：凡我之所能與所有，皆與我為同類之人所可能有。…吾自反省吾之此類經驗中之心情，復見此諸心情，亦多原是依于吾不自覺的或超越自覺的。〔註29〕

此時人能說得痛苦，便能承載痛苦；能夠承載其苦，則得以超越病痛，由知而承而克。唐先生未病治療觀，是自我意義上的翻轉，他以哲學存在的向度呼應人間難解的矛盾，由個人援引到家國而直貫切入。他自覺提起痛苦，使病有所判定與承擔，並在自命自令中超化、解消，忘卻身形之分裂，通顯內在開拓的精神，從個人情緒跳脫而出，以無限道德承載世間的缺憾，使彼此價值得以相互滲透，各自成就其哲學無盡的可能。

> 反躬內省，孰覺物身？有身有物，唯覺所明。自覺此覺，覺「覺」誰人？求之靡前，汲之愈深；泉源混混，沖而徐盈；攪之不濁，澄之不清。伊彼覺源，先天地生。猗歟此覺，不賴身存。
>
> 覺者伊何？心光照耀。耳目伊何？光之發竅。明照自茲，遠無不到。所照者境，能照所到。能所不離，到實不到。光澈萬象，萬象在抱。

〔註27〕王邦雄著，〈從「花果飄零」到「靈根自植」〉，收入馮愛群編，《唐君毅先生紀念集》，台北：牧童出版社，1979年，頁275。

〔註28〕《致廷光書．第九信》，頁122。

〔註29〕《病裏乾坤》，頁19。

心即宇宙，斯言匪奧。〔註 30〕

人們舉止動靜皆在日用尋常，人悠遊其間，覺者自知，迷者霧矇。此點出「覺」一字，實為治療的奧旨，內聖外王之路徑也在此啟動；「覺」之作用，主角在「人」，人乃「世」之中心，人蘊藏心性，是發動牽引天地之間，自然社會之原動力，人依以人道方式所存在而能應一切人事物之身心狀態，其生生不息之活力來源，世間文化創造之根據，古聖先賢血脈骨髓傳承，盡在於「人」。

人與動物最大的差別在於以「覺」，覺即面對自己的心靈，心靈是自己的心性之主體，人之有此一覺性，成了參贊天地的依據，是創生萬物的根源，孟子所謂「人之所以異於禽獸者，幾希。」〔註 31〕其正面肯定了人類內在向善的動力，人和禽獸生之性的差別很少，但是禽獸的生性卻是毫無省覺之能與所，人的心性可以為一道德理性、道德自我的覺醒，這便成了人與禽獸間的不同。此一道德理性的省覺能「光澈萬象」，故能充實而有光輝而照亮整個宇宙，故「心即宇宙」。

唐君毅云：

儒家精神之平易而更高明之一點，則在儒家可由自己當下之悲憫罪苦，或厭惡罪苦之一念之自覺，而將此悲憫厭惡之情，收歸自己，以識得自己有求超越此罪苦之仁性仁心；而同時復依理性而普遍此仁性仁心，知人亦有此仁性仁心，能自求超越於罪苦之外。〔註 32〕

唐君毅認為，對於世界人事物的罪苦，其治療方式是對己的「一念之自覺」，自覺我有此不安不忍，而知道我有仁心仁性，但我的仁心仁性不是為已私有，依理性的推證，肯定與己同是樣是人的你也是有，雖然你暫時不能體現，而且自然為你沒有，但從這自覺，我不能忍心地認為你沒有，所以能肯定人人必有，即使現在沒有，將來也一定會有。對於生活世界的罪惡與苦痛，終必感到不安，進而人能自覺自己有此仁心仁性，並進昇以此仁心仁性淨治種種的罪惡與病痛。

對此，唐君毅認為並不需要在此證明，你有沒有仁心仁性，當你想要自

〔註 30〕《人生之體驗》，頁 301。

〔註 31〕《孟子．離婁下》孟子曰：「人之所以異於禽獸者，幾希，庶民去之，君子存之。」，頁 293。

〔註 32〕唐君毅，〈論精神上的大赦（下）〉，《中國人文精神之發展》，台北：臺灣學生書局，2000 年，頁 289。

求超越於罪苦之外，則我自己能證明的，你也必能證明，最終只賴人的各自之覺悟。一念的自覺即是憂患意識，因為憂患意識人這個絕對的、自由的自我，不是依賴上天的救援、或命令，我是存在於真實具體的生活世界，而且自我不能只存在於抽象、形上的理境之中，而是在「生於憂患、死於安樂」〔註33〕的人情事故內，「哲學處於此兩難夾逼的實存情境中，一方面避免因與外緣接觸而被污染，另一方面又同時避免與外緣懸絕而陷於空寂」〔註34〕，於此唐先生必須常存此悲感意識以為自覺之道，得讓自己即充實即自由的飽滿圓滿，又化免人生負面存在的病痛所摧折。

二、將宇宙攝入於心

哲學治療絕不僅限於個體哲學的健全，只有整體的健康，個體才有健康的可能，是故儒學的「治療觀」也是包含天地人的關懷，只有天地人同時得到治療，而我才有得到治療。故人的哲學健康不是單一現象，它是一個整體的和諧關係，我與天地、我與人、我與物等關係都是相互的連結，都是我得以健康的因素，我不能自絕於人群、天地、萬物之外，亦即當人群、天地、萬物某一部份生病了，那維繫之間的相互滲透，也必然讓我的哲學受到某一部份的病。故「物質、哲學、精神」三者是互相滲透的，相互影響，所以唐君毅的哲學治療模式，正是由「物質—哲學—精神」縱橫貫通，關涉到宇宙整體的健康的治療觀。

> 唐君毅說：
>
> 當你的心體會了哲學世界、物質世界之精神的意義時，你的心開始籠罩著宇宙之全境了。你將真覺整個的宇宙全呈現於你心靈之境。物質、哲學、精神，在你的心中同時存在。但是當你發現這三個東西，同呈於你整個的心靈時，你將進一步發現，這三個東西，原是互相滲透的。〔註35〕

〔註33〕《孟子·告子下》孟子曰：「故天將降大任於是人也，必先苦其心志，勞其筋骨，餓其體膚，空乏其身，行拂亂其所為，所以動心忍性，曾益其所不能。人恒過，然後能改；困於心，衡於慮，而後作；徵於色，發於聲，而後喻。入則無法家拂士，出則無敵國外患者，國恒亡。然後知生於憂患而死於安樂也。」，頁384。

〔註34〕曾昭旭，《良心教與人文教——論儒學的宗教面相》，台北：臺灣商務印書館，2003年，頁140。

〔註35〕《人生之體驗》，頁158。

> 宇宙之一切存在，原來是一互相滲透，互相轉變配合之一和諧之全體！當你真能體會全宇宙之互相和諧時，你將發現宇宙本身之美，宇宙是一複雜中之統一。〔註36〕

人本來是保存原始宇宙物質精神之一體，而精神性特顯露，即自由與愛的發揮充份，於是發展而成今日之人類。所以，人類乃承繼原始宇宙之正統，人類精神之以物質哲學為基礎，於是精神與物質在人得到了圓滿的諧和，那種以人的樣子呈現的實存之相，正是宇宙之真相，人正所以構成其為宇宙之中心，這就是人類「未病」的原貌。

當人隨時與宇宙能量貫通時，他的動能源性當是源源不絕，人應當可以隨時抵抗負向存在——病的侵襲，它只能向沒有立志通貫宇宙者侵略，而我立志的哲學振拔於濁世流俗之中，我以一超越的態度面對各種負向的存在，我隨時在接受負向的攻擊，而我依舊不斷從宇宙中獲得源能，我時時回歸，回歸那整體的、統一的原貌，雖然我時時在處在病的世界中，但我隨時在進行治療。

> 心靈開闢之過程，你知道了你可以在你心中，包括宇宙之一切存在，你可以在你心中發現宇宙之美，宇宙之和諧。你於是可進一層了解，人類精神，不特是各部互相貫通的宇宙之中心，而且此中心，是反照著全宇宙，要將全宇宙攝入其內。〔註37〕

「要將全宇宙攝入其內」，則心因對宇宙的理解發而為正合理的呼應，我因立志於實踐與力行，我確認我的現實存在地位，我從而認識自己精神，自動的昇向廣大高明，以能夠包涵宇宙萬物。此心具有內在而超越的宇宙內涵，印證了天人關係與宇宙之和諧。人的心靈成為「各部位相互貫通的宇宙之中心」，是人對哲學發放的自然之道，以宇宙的能量來彰顯哲學的光輝。心靈所開展出來的形上智慧與人類精神，顯發了宇宙與心靈相互為用的創生功能，心靈是哲學的本源，同時是宇宙的本源，能夠「反照著全宇宙」，甚至「要將全宇宙攝入其內」。我對於自我的有限與特殊性有所自覺，並以這樣的自覺催促自我邁向一普遍而無限者，所以我必須要求自身以及宇宙萬物一切的關照，我包含此客觀意義，並從而有一不容自已的實踐要求。

攝入宇宙的心，就我自覺的心。這心不但超越於一切活動現象之上，而

〔註36〕《人生之體驗》，頁159。
〔註37〕《人生之體驗》，頁112。

且又不夾雜一切活動與現象，故一切已有的活動、現象與內容，皆不能窮盡地說明這主體之所以為主體，但一切可以正面描述的事物屬性質都是可經驗的對象，故當我們問將全宇宙攝入其內的主體心靈是什麼時？就不能有正面的答覆，因為我們不能用一般經驗對象的性質來答覆，也不能用述說一切可能經驗對象的概念或範疇來答覆，所以有「知我者其天乎」、「天何言哉」等回答，是為不可說之說。陳特認為：

> 主體心靈不能沒有活動，因為主體心靈本是活動之主體，沒有活動，也就無所謂主體。
>
> 主體心靈超越一切活動現象，因為任何活動現象皆不能窮盡主體心靈。〔註 38〕

一切現象活動是主體心靈的活動，因此主體也可說內在於其一切活動與現象，只要一活動的表現就是主體的表現，一活動的隱藏也就是主體的隱藏，能隱能顯。如此，我們即可說心的主體就是此宇宙心靈之命，而此命既超越但又內在於一切煩惱病態現象之中，病與命看起來是相對，但也不是相對，既可說哲學不是病，但哲學會生比，即是可能內含病的現象，此現象的活動又為心所呈現，可以說體不是用，也可以說體即是用。這樣的體用關係，在天命與自命之間來看最為清楚，自命雖說來自於天命，但自命會有活動的病相，這病相必須透過內涵天命的主體來對治療之。

「儒學本身實質上就是一種哲學教育，其處理的不是知識性的學問，而是面對哲學存有的問題，因此可以作為『哲學的學問』，真實地關懷與對應哲學的感性、知性、德性等三個層次，進行自我提昇與流通的具體實踐。」〔註 39〕儒家積極地面對人類的哲學存有，並進行價值的提昇與意義的開拓，追究宇宙哲學與人體哲學的會通與交流。唐君毅一生在這方面的努力從未間斷，以其哲學真實的體驗，來開顯出人類安身立命的相繫慧命，豐富華人文化精神內涵，及存有價值世界的永續經營。

三、發現了自己的神

世界是以「人」為中心，人之一切言語造作又以「心」為根本。此心稟良

〔註 38〕陳特，〈唐君毅先生的道德哲學〉，《唐君毅思想國際會議論文集》第二冊，香港：法住出版社，1990 年，頁 94。

〔註 39〕蔡仁厚，《儒學思想的現代意義》，台北：文津出版社，1987，頁 212。

知良能是不慮而知，不學而能之本體。不慮不學，即未經後天之思辨及經驗學習。這良知良能是本自有之，孟子曰：「人之所不學而能者，其良能也；所不慮而知者，其良知也。」〔註 40〕良知良能乃是一種直接之明覺，哲學治療是良知良能本身之直覺呈顯。良知良能一旦呈現，便會引發哲學治療之行為，因其本身便有沛然莫之能禦，要求實踐之力量。而且任何人之本心皆可以呈現，可就一己當前之環境情況而實現其哲學治療之行為，這就是我們的神—人類精「神」的偉大作用，

> 我們之努力發展人類精神，乃是取資於那內在的無窮的人類精神之自身，開發那內在無窮的人類精神之自身。然而我們永取之不盡。我們愈取資，愈開發，愈感他之無窮，愈覺他之偉大。我們愈覺他之偉大，我們遂愈覺我們小。於是我們對他讚嘆，對他崇拜，向他祈禱，望他使我們更大些，使我們更能接近他。我們渴求與他合一，到他的懷裡。這就是我們的宗教信仰，我們發現了我們的「神」。〔註 41〕

天上人間總是有那一條宇宙線在維繫著，天人關係依循著自然之法則而相互融攝，但人必須在生活努力發展人之精神，掌握住做人之道，那麼昂然立足於天地之間，成了一個人生存於世間之本然。人隨順著「神」的示現而為，那麼人文秩序就得諧協調，人就得以身心安頓；違背了「神」，那就無法立足於這個世界，無法自在的挺立做人。故此「神」是宇宙的秩序、是世界之骨架、是人文的健拯，也是哲學治療的根本。

象山云：「宇宙即吾心，吾心即宇宙。」〔註 42〕心是人之神明，所以具眾理而應萬事者也。人有此心，得到全體，能極其心之全體而無不盡。此即是吾心之小宇宙與天地大宇宙聯合起來。此涵有客觀意義的普遍義，不必將儒家與宗教兩分，反而從人類精神處，肯定成就人性終極實現，必待這個拔乎流俗之心量再超轉一步，毅然投身於人群，奉獻一己之力，犧牲一己的自由，去為眾生的苦病痛奮鬥，這才是能將之轉化為哲學實踐的「神」之意義。

如象山與唐君毅，「把我放在世界內看」，以及「把世界放在我以內看」。

〔註 40〕《孟子、盡心上》，頁 353。
〔註 41〕《體驗》，頁 161。
〔註 42〕《象山語錄》楊國榮導讀，上海古籍出版社，2000/12/01。

〔註 43〕儒者必將「外王」（大我）之功業，置於「內聖」（小我）之存養工夫上，克己復禮、希聖希賢，以仁義禮知、倫理綱常自期，無私心而自正，除蒙敝而自覺、出陷溺而自知，故能「盡心知性以知天」〔註 44〕，從個人的主體哲學的治療後的自由，推廣到群體各本其份，萬物的各安其位，充份達到自由的理想，則上下內外合一得上遂得「神」之堂奧，是為「神」的治療。

> 我們所謂「神」，原是指我們之內在精神，「神」亦指我們精神要發展到之一切。所以「神」具備我們可以要求的一切價值理想之全部，他是至真至美至善完全與無限。
>
> 所以我們想到他，便可安身立命，我們願意永遠皈依他。〔註 45〕

內在精神得到圓滿俱足，則人能夠解悟，能夠實踐，即順此神是真善，違神真惡，此為善惡最高標準，亦是善惡絕對之標準。凡人喜感應，然感應也依神而起，神遍一切處、遍一切時，是為神能。吾人立足有時間空間之中，然在此時我們的神能將時空具象化，故任何時空下有感必有應，如「牽一髮而動全身」，髮本微不足道，但去拉彈它，全身皆有感覺，動髮為感，身受是應。所以我們不敢違背神，須知再微弱之起念，都能夠讓神感應，祂讓我們不再為惡、不再有病痛之苦，祂教我們回歸真善美之無限，我們隨時可以安身立命，不再有負面存在的威脅，我們都皈依於「神」。

神是鑑善惡是非如此靈感，為何世上還存在著惡的人事物，以及使人產生病痛的負向能量因素呢？唐君毅認為，他們的種種惡行終究是虛妄的、不真實的，更是無常的。他說：「心靈對於一切人生之錯誤罪惡，他人與眾生之苦痛，及一切反價值、不合理想、不真實，而涵虛妄虛幻的成份之存在，能開朗的加以認識、體驗、與承擔。」〔註 46〕此即保存惡的現象，而加以涵容，去認識、體驗、承擔是後加以轉化、潤澤、治療。

即人之所以為惡，是因其道德自我的失察所造成的，惡行並不能消弭人類內心本有道德自我的人類精神，也就是說，就算是罪大惡極的人也會有「神」

〔註 43〕唐君毅云：「一方『把我自己放在我的世界中去看』，一方『把我的世界放在我裏面去看』，由此以使向上冒起之拔乎流俗的心量，平順的鋪開，而落到實際。」唐君毅，《人生之體驗續篇》，台北：學生書局，1996 年，頁 88。

〔註 44〕孟子曰：「盡其心者，知其性也。知其性，則知天矣。」《孟子、盡心上》，頁 349。

〔註 45〕《人生之體驗》，頁 161。

〔註 46〕《人生之體驗續篇》，頁 127。

在，只是這個神隱藏起來，因此不能發揮其主宰的作用；正因為這樣，惡人才會有改過自新的機會。與此相反，有德之哲學是不朽的，為了達到這種萬古長存的精神之哲學，神作為決定性主宰作用就不容忽視。

「唐君毅肯定哲學與宇宙結合的神聖性與宗教性，相信自我心靈的超越，能成為共同創造宇宙的『神』」。〔註 47〕他肯定人類宗教信仰的意義與價值，其以「神」之獨特的定義，指稱「內在無窮的人類精神之自身」，人們渴望與這種無窮精神合 ，，自然產生了「對祂讚歎，對祂崇拜，向祂祈禱」等行為。唐君毅對宗教行為與宗教形式也是不排斥的，只要求「神」能夠「具備我們可以要求的一切價值理想之全部」，同時具有著「至真至美至善完全與無限」等德能。

對於普遍的人類精神，神或許可以有各種不同的稱呼，如儒家的「天理天道」，基督宗教的「上帝、天主」，印度教的「梵天」等，名號雖然不同，所涵指的意義層次是可以相通〔註 48〕。唐君毅更簡單、更直接稱呼為「神」，以「神」一詞作為人類精神的象徵與符號，象徵人類心靈開發與提昇的境界。

> 當我們對於「神」有絕對信仰時，我們再來看世界，我們將覺一切有限之上，都有「無限」籠罩著，在滲透於其中，一切不完全之上，都有「完全」籠罩著，在滲透於其中。一切錯誤罪惡之上，都有真善美籠罩著，在滲透於其中。一切實際事務之上都有「神」滲透于其中。一切有限，都上升入無限，一切不完全，都上升入完全，一切錯誤罪惡，都上升真善美，一切實際事物，都上升于「神」。

唐君毅這種歸宗儒學的心靈哲學與文化意識，是一種「人文宗教學」，他認為宗教也是一種圓滿人文，在人類文化中具有精神教化的作用與功能。唐君毅指出人類有「神」的信仰，正可以成就人所以為人之道，「神」提昇了人們哲學價值的精神開發，以「無限」來對治「有限」，以「治療」來對治「病痛」，讓對治讓人們在現實生活遭遇「一切錯誤罪惡，都上升真善美」面臨文化「一切實際事物，都上升于神」。這種「上升」，是自我哲學自由的實現，是通過對自己心靈哲學的把握與完成，「人」與「神」是合而為一。儒家的理想實是只願人人都是人，一個真實活潑的人，這正是哲學的歸趣，也是哲學的

〔註 47〕鄭志明著，陳怡魁編《宗教文化全集——宗教醫療觀與生命教育》，台北：大元出版社，2004 年，頁 162。

〔註 48〕蔡仁厚，《新儒學的精神方向》，台北：臺灣學生書局，1982 年，頁 53。

終極關懷。

哲學家積極地面對人類的哲學存有，並進行價值的提昇與意義的開拓，追究宇宙哲學與人體哲學的會通與交流。唐君毅一生在這方面的努力從未間斷，以其哲學真實的體驗，來開顯出人類安身立命的相繫慧命，豐富華人文化精神內涵，及存有價值世界的永續經營。

第三節　體證——即體即用的實踐治療觀

一、哲學分裂再統一

實踐療療思想可以從唐君毅治眼疾時，身居病蹋上書寫出其醫療心得，而有《病裏乾坤》一書探知。唐君毅對病痛的覺察甚為敏銳，由於切身病痛的體會，得知其意義的存在，從痛苦的價值體認哲學存有的命限，面對疾病所帶來的種種生存困境，不禁超越痛苦而昇華到身心性的文化層次面，故對於哲學之治療，就不只是醫學上的相關技術，認為醫療不只是靠外在的醫治，也要針對傲慢煩惱之習性，故其醫療的重點不能只是身體上的，而是要心上調整，心的認知就對性的體認，故性心身一體的兆源，想要對治身體現象的病痛，必須回到哲學的源頭上來對治，故其重視哲學的自覺自療，以及倫理秩序與文化規範上，擴大了醫療濟世救人的實踐內涵。

曾昭旭認為：「《病裏乾坤》由唐老師個病痛的機緣而引發，則直可視之為《人生之體驗續編》的再續編，同樣值得一切以求道自命人去沉心體味」。〔註49〕

林安梧則認為：「《病裏乾坤》的存在式的體驗，更而涉及於生死學的理解，委婉曲折的將其治療的思維，表露出來」。〔註50〕並稱許唐君毅為，開啟「意義治療」的當代新儒學大師。〔註51〕

鄭志明認為：「唐先生的哲學治療思維，是展開了儒學治療體系而來，充份展現了疾病與生死的儒學觀念與醫療方法。《病裏乾坤》是從疾病的醫療現

〔註49〕曾昭旭，《病裏乾坤》〈序文〉，台北，鵝湖出版社，1984 年，頁 4。

〔註50〕林安梧，〈再論「儒家型的意義治療學」——以唐君毅先生的「」為例〉，台北，《鵝湖、二十八卷四期（總號 328）》，2002 年 10 月，頁 7。

〔註51〕林安梧〈開啟「意義治療」的當代新儒學大師——唐君毅先生〉，台北，《鵝湖二十卷七期（總號 235）》，1995 年 1 月，頁 2。

象入手，體會到疾病的化除，不單是生現醫療，而是偏重於心理醫療，甚至是心靈醫療，對於疾病所帶來的病痛，不是外在醫藥就能完全對治，涉及到內在文化性的精神關懷與身心實踐。」〔註 52〕

唐君毅認為「病」都是肇因於哲學分裂的現象。剛開始我們所謂身體的病因為某一因緣的聚合而產生細胞自身的分裂，於是生理機能慢慢變質，而有我們看到病的現象。但他不僅從事上的觀點來解釋「身病」，也從理上觀察「心病」，並將「身病」與「心病」加以統合，建立出「哲學自身分裂」說：

> 蓋此病菌之所以導致疾病，乃由有此病菌等存在於具哲學之身體中，則此身體之哲學，即引起一種組織機能之變化，而別有種種活動之產生。而此組織機能之變化，即由原來之此哲學，此身體自身之分裂所造成。人之疾病之不由外來原因而引起者，如吾之視網膜之剝落之疾病，以及令人所最畏懼之癌症等，即無不顯然由於此身體自身之組織、細胞自身之分裂而變形所造成，亦即當是由哲學自身之分裂所造成也。〔註 53〕

身體為什麼會造成分裂？若從生理現象看，此即「身體自身之組織、細胞自身之分裂而變形」，這種組織與細胞的變形創成「哲學自身的分裂」的現象，此分裂而形成不能承受的病痛。而什麼是哲學分裂的現象？從「身病」到「心病」都是一種哲學分裂的現象，即身體的有機分裂外，造成心理種種的鬱抑創傷；心理也受限於習性的積累而有分裂的病痛，人內在心理潛在分裂問題，甚而造成生理的病痛反應，故身心互為影響，除了將身心統一調和，否則病情的根源可能永遠不能得知，病痛也永不能根治。

儒學從不反對現代醫療的病因說的觀點，唐君毅根據現代的醫療觀念，認為生理之病是從「組織機能之變化」的產生，故疾病是「身體自身之分裂所造成」。但是分裂也可能來自於哲學，此哲學即心理的反映，故他接著提出：

> 諸聯想、意念、欲念，相續不斷，因其所根，在過去的習氣，恒不能化為現在當有之具體之行為，以通於客觀之世界，以有其價值與意義，故純為一妄念而浪費吾人之哲學力者。此習氣妄念而浪費吾人之哲學者。此習氣妄念有種種，亦有種種不同之方向，如東西南

〔註 52〕鄭志明著，陳怡魁編《宗教文化全集——宗教醫療觀與生命教育》，台北，大元出版社，2004 年，頁 125。

〔註 53〕《病裏乾坤》，頁 57。

> 北之無定。又時或互相衝突，即又為分裂吾人之命力，以使其難歸統一，以成一和諧貫通之哲學者，此亦正為吾人之具哲學之身體，所以有生理上之病之一根源，而為吾昔所忽視也。〔註54〕

身體的病痛，亦是來自於「習氣妄念」，即習氣可以說是人「生理上之病之一根源」。即「身病」是根源於「心病」，導致產生了哲學力的分裂。哲學醫療正是針對「心病」的醫治而來。他認為，妄念，是浪費吾人之哲學力者，妄念的積累這影響了身體的行為，行為不能有正確的方向，價值觀就會跟著的偏差，於人與人之間便會有摩擦，人與環境之便有的隔閡，人與天之間也出現了斷裂，是以妄念讓心產生了煩惱與病痛，所以要正視妄念，才是分裂吾人之哲學力的源頭，唯有看清這源頭的出處，工夫才能有入手之處，對治才能有效果，人才可能真正獲得和諧貫通的哲學力。

唐君毅從「哲學力」來談疾病的治療，是以「身」的生理階段，直透對「心」的精神世界做體現，以心做為生活世界中的價值，重視的是「心」的意識活動，將人從個別的肉體存在轉化成普遍的精神存在，「身」是經由「心」來加以體現與完成，必須對治人的種種的「習氣妄念」，以達到哲學分裂後再統一之身心的健康。

人因為逃不了而產生絕望或自絕的想法，這完全不知道病痛帶給哲學的意義或價值。然而體現這樣的價值，必須要在日常生活去做練歷，一般人遭遇俗情的一切變故而有自絕的想法，因不通於天、不攝於群、不容於己，哲學的膠著黏滯無法動彈，內外上下毫無掛搭，哲學成為物種，一個沒有自覺的生理個體，這都是不了解哲學的意義。

> 人於此雖不能達其痛苦中所求之統融合之目標，然當彼哲學存在之時，彼一朝有痛苦之感受，即有此目標之存在，亦有其求統一融合彼分裂之活動在，此分裂即有其開拓哲學之價值意義在。〔註55〕

只有正視統一融合的能力，在痛苦出生發意義，哲學的價值才能展現活下去的力量。故當人在客觀世界從事道德實踐的重要性，這是每個人所「是」，存在這裡的能力，這並非在表示一切道德法則均內在於道德主體，亦即心可以獨立於「生活世界」之外，自給自足的創造出道德生活來。故「實踐」治療，即是洞徹哲學存有的「人」與「天」，建立一套「體用一如」、「即現象即

〔註54〕《病裏乾坤》，頁27。
〔註55〕《病裏乾坤》，頁61。

本體」、「即剎那即永恆」的哲學體系，以說明人體與宇宙相互統攝的關係，藉以了悟一切事理均相待而有，交融互攝，終乃成為旁通統貫的整體。

實踐治療最核心的部分，就是心靈與宇宙的會通，「心」與「理」合而為一，人展現出天的存有奧祕，肯定天所賦予之性，以心來反求諸己與自令自療的來實踐哲學的價值，時時呈現在哲學康健明善的境態。

二、肯定病痛的價值

人為甚麼會有痛苦？人有必要害怕痛苦嗎？唐君毅認為病痛的存在對人性來說是有價值的，可以幫助人們反省哲學存在的真實的內涵，勇於面對生死的挑戰。從現實的需求來看，人們都害怕病狀所帶來的痛苦，但從價值的現實來說，痛苦反而昇華了人性的精神意義。

> 唐君毅云：
>
> 蓋若痛苦為其有價值者，則人之所以去痛苦之事，皆不當有。而醫術之去人疾病之苦者，亦不當有。而在治療之事中，如近代醫療之用麻醉，以減輕病人之痛苦者，亦不當有。〔註 56〕

這種「當有」與「不當有」的思考，是不考慮現實的利益問題，如果醫術只是用來「去人疾病之苦」，這不也是哲學的意義治療。當治療對人的哲學起了反省作用，對人生價值的認定有了意義，那麼這樣的治療才是哲學意義的治療。

唐先生肯定痛苦的價值，在於痛苦有助於哲學的統一，當人勇於面對疾病所帶來的痛苦時，才能從哲學的分裂中有所超越，進而昇華體現病痛本就是生活世界的哲學現象，人不可能一輩子活在沒有「負向感存在」的生活，也就是生病與痛苦隨時會發生在我們的哲學歷程，希望沒有病痛這是遁世的想法，只有將「病命同源」視為一種實存現象，儒家哲學的工夫才能更上一層樓。

> 此種偉大之哲學之對痛苦之感受，並非只是一示現一痛苦之感受。因分裂為真實，則由感分裂以有之痛苦，亦為真實。然因此感分裂之感，仍依於統一之哲學，而此統一之哲學之力，足以堪任此痛苦，故能一方有此痛苦之感受之堅忍，一方有對痛苦之超越，並能自體驗此痛苦之更內在的開拓其哲學之價值意義，而自收獲此痛苦之果

〔註 56〕《病裏乾坤》，頁 49。

實也。〔註57〕

痛苦的感受有助於哲學的真實體驗，面對著哲學分裂的痛苦，帶動了「足以堪任此痛苦」的「統一之哲學之力」。哲學所謂的痛苦，不能指肉體的疾病，而是從哲學的分裂中產生了根源性的創生動力〔註58〕，這種動力是經由痛苦，將人體與宇宙加以貫通起來，意識到人體的分裂，是哲學的分裂，也是宇宙的分裂，斷裂了人性存有的價值依據。痛苦的產生，根源於哲學的產分裂，分裂了與宇宙萬物相通的哲學力。痛苦源由於哲學力的破壞，破壞了人在宇宙中的地位與存在意義，當人勇於面對痛苦，可算是找到哲學的源頭，從「由感分裂以有之痛苦」中尋找意識的自我超越，重建哲學存在的統一秩序，體會痛苦有助於人們追求相應於宇宙秩序的和諧位置。

痛苦是哲學體驗的真實感情，有助於「更內在的開拓其哲學之價值意義」，顯示人的哲學力可以被痛苦淚發出來，痛苦具有兩方面的作用，即「一方有此痛苦之感受之堅忍」與「一方有對痛苦之超越」，即人具有忍受痛苦與超越痛苦的能力，這種能力來自於哲學的創造本能。但是這種創造本能還是依痛苦的性質而有區分，如唐先生云：

> 人之痛苦為兩種：其一種為無望之痛苦，一種為有望之痛苦。此所謂無望之痛苦，乃指此痛苦所代表之哲學之分裂，為此哲學之自身所不能加以統一而融和者。而有望之痛苦，則為其所代表之分裂，為哲學所感受，即能自加以統一融和者。如他人之痛苦，為有望之痛苦，吾人故可依其自求去痛苦之心，而亦以去他人之此痛苦為事，此固為應當者。然若人更念此痛苦，對他人之有開拓其哲學之價值，而任其受一階段之痛苦，則更為客觀意義之愛人以德之行。〔註59〕

「無望之痛苦」是消極、頹喪、無意義的身體承受，此心對哲學不再存任何期待。這是與哲學力的創造不相干，即哲學的分裂無法再統一而融合，這種不能去除的痛苦，已失去了對哲學的警戒意義，對這種痛苦在儒家是沒有意義的，因為儒家不會去面對這種「無望的痛苦」。

〔註57〕《病裏乾坤》，頁58。

〔註58〕林安梧，《儒學與中國傳統社會之哲學省察——以「血緣性縱貫軸」為核心的理解與詮釋》，台北：幼獅文化公司，1996年，頁187。

〔註59〕《病裏乾坤》，頁61。

唐君毅認為面對任何痛苦都是「有希望的」，能激發哲學創造本能的，且任何痛苦都是有意義的，都可以從分裂中「加以統一與融合」。唐君毅要人追求哲學的統一融合，以昇華人生存在的意義。但不是去講去除痛苦，痛苦本來與哲學同在，去除痛苦也就是去除哲學，這是荒誕不經的想法。凡是想要「自求去痛苦之心」，可以幫助他在意義上對於痛苦的深度了解，亦即對哲學的深度認識，但如果能讓他「任其受一階段之痛苦」，說不定，那才能真正獲得由痛苦而來的統一融和的辯證感受。

唐君毅強調的是，人要能忍受痛苦，因為哲學的成生歷程必然是有痛苦，不可能只要歡樂而不要痛苦，只要享受而不要付出，這樣對哲學是不公平的，也唯這樣的認知，才能對自己或他人開拓出哲學存有的價值。忍受痛苦，才能讓痛苦從無望轉為有望，從哲學分裂中得到統一融和的創造作用。

> 此中之哲學之被動的忍受，仍所以為其自動的拓展開發。令人能自覺的知此種種之義，則於其所感之痛苦，即更能忍受，而即在此忍受中，體驗得痛苦使哲學拓展開發之意義。亦實現此拓展開發之意義，而使其哲學由渺小而趨於偉大。此即卡來爾之所以言「能受苦即偉大」，亦即世之英雄豪傑聖賢之所以皆能受苦也。〔註60〕

體現痛苦加臨的身心感受，哲學就可以「自動的拓展開發」，這種「自動」是自其已然的哲學能量的創造與完成。哲學的意義來自於自我的價值實現，痛苦的承擔即是哲學意志的自我承擔，是超越了人的機能性的精神價值，從有形的身軀中體現出無限的意義超越，經由痛苦的體驗「使其哲學由渺小而趨於偉大」。唐君毅哲學治療的觀點，培養出受苦意義的哲學能量，發展出「能受苦即偉大」的哲學觀念，這種哲學在於接受命分裂的限制，進而超越出一統一融和的境界。

三、不必求病癒

唐君毅的實踐治療，其成用是在於心靈的價值的呈現，不必要求一定要有實際醫療的效性，因為有效不是科學醫療之挖東補西、割除消滅等動作所能達到的境界，那必須是一種性心身統一的工夫修養，方能達成的。故以自我精神以顯示出超越自我的精神，這才是哲學家所要的實踐治療。

唐君毅云：

〔註60〕《病裏乾坤》，頁63。

> 人在痛苦中，所以須他人之慰問，及恒超向於信宗教、信有一超越之神靈，而欲賴彼神靈之力，助其自拔於痛苦之外之理由也。在各種宗教中，基督教與佛教皆能正視痛苦之存在。佛教尤喜於生老之外，言病死之苦。耶穌生前之常治人之病，亦由於對病人之痛苦之深切同情心使然。〔註61〕

「賴彼神靈之力，助其自拔於痛苦之外」，這是一般民眾可能用的治病方法，雖然是無可厚非，但是有人認為有效，有人認為沒有效，這又是信仰力道的問題，較不符合儒家的治療方式。唐君毅認為，信仰也是自於人類的精神活動，具有著對哲學的終極關懷的作用，這種肯定來自哲學主體的價值實現，承認人與天精神相通，超自然的神靈是相應於哲學至善境界的努力，這種努力在於「正視痛苦之存在」，宗教在這方面的努力都是值得肯定的。

> 然吾意人之在疾苦之痛苦中，向耶穌祈禱，以求其賜與力量，自拔於疾病之苦之外者，其可由念耶穌之代其贖罪，擔負人類之苦難，而覺其苦難，有耶穌為之分擔，而減輕，應無疑義。然是否人即能由此而會自超拔於痛苦之上，則亦無一定之理由。人之念耶穌為上帝之化身，上帝乃全能，而完全無缺，亦實無痛苦，因而亦能去我之一切痛苦者；則勢必須將其痛苦，全交付於此上帝耶穌，代為擔負化除。此則無異於人之對其痛苦，全不負責，而出自人之大私心。

但要求神明代為化除，拔其病痛，這都是逃避的心理，甚至是大私心的態度，也是被唐先生認為是一種無望的痛苦。從人性的價值義來談，人會得某一種病都是其來有因，在一定的機緣下哲學已然被分裂如此，此時，不去探究哲學分裂的原因，而祈求神明的代除，這是缺乏承擔的哲學，如此的哲學必然也要在人生的歷程上被輕易打倒。這在此信仰的力道上而言，其不出於誠則態度甚明，自神與天神不能合一，自然也就沒有效果；反觀若求神拜佛有療效，則必然是其人在哲學的真誠上善盡了自命自醫的力量，如此才會有神明加被的可能。

> 若吾人之苦難，原於吾之業力，則當知佛經所言佛之願力、法力無盡，眾生之業力亦無盡。吾人不能以自力求自化其業力，自去其苦難，則佛力亦固當有時而窮。若徒信佛力之無盡，而將一切拔苦轉業之事，皆付之與佛，則亦無異于人全無其自身之責任，坐享現成，

〔註61〕《病裏乾坤》，頁29。

此正為人之大私心。〔註62〕

又從佛教的因果業力來說治療，則病痛是來自於自己的業力與因果，當佛法無邊時，「信佛力之無盡，而將一切拔苦轉業之事，皆付之與佛」這也是坐享現成，乃是人的大私心的想法。雖然在民間信中有的人真的以信佛念佛而得到治療，但是這其中「信」的力量在內心發酵，而昇進一種哲學能量的轉化，使其與神通，與天通，而成就其治療效果，這都是一沒有實際用工夫修養的人能難以理解的，所以對唐君毅而言，只有如理作意去信佛念佛者，可「自化其業力、自去其苦難」方得為佛的心衷。對於這種醫療體系，不必強調「能使病除」的必然效力，重點在於「自盡其心」的養病之道，即只求盡心盡信，不必求病癒。

又如西方醫療而言，世俗利益來說，割除消滅病體、或麻醉醫療，得能造福人類暫免於自身的痛苦，但也讓人們忽略了痛苦經驗的對應智慧。這都不是儒學醫療所要追尋的治療意義，因為此種只重視身的利益，而不是心的利益，這種利益世俗的觀念，最終則是哲學的無力與飄落，哲學只得讓命運自行主宰。

唐君毅先生的哲學治療是一種很特殊的醫療思想，其哲學醫療是超越了現實的具體利益，立足於希聖希賢的人性標準，這種標準在於追求內在哲學力自我提昇，關心的不只是肉體的有限存有，而是精神的價值實現，追求人性與宇宙共感的存在意義。

> 此中之所願，則既為對彼只感痛苦而不知其他之哲學存在，願有以拔其苦而濟其生，亦祈願一切聖賢之神靈之共助成此拔苦濟生之事，更祈願一切只知感痛苦之哲學存在，由其哲學存在之開拓，更一朝自覺其痛苦之意義，而能超轉為一具崇高可貴之人格價值，而成聖成賢之哲學存在。此中所成之超越的行事，即為種種之內心的感悟觀照，及情志之興發。〔註63〕

唐君毅關心的哲學真正的主體是身心的觀照，不是個體有限的身軀，而是人性的生存價值，他提昇了身形的層次，進入到人類心靈哲學的活動。其伴隨著「成聖成賢之哲學存在」，也就是聖賢的哲學原本就存活在人的生活世界，因為我可以為聖賢的哲學，所以我能自然地關懷哲學的特質，建構出「拔

〔註62〕《病裏乾坤》，頁33。
〔註63〕《病裏乾坤》，頁71。

其苦而濟其生」的平治理想。唐君毅救世弘願也有類似於宗教家的精神，承認神聖超越力量的救世能量，可以與宗教一同活動，「祈願一切聖賢之神靈之共助此拔苦濟生之事」，哲學在心態上是極為包容的，願與一切神靈共同來解消民眾生存的疾苦。

唐先生的哲學醫療與其他醫療的差別，在於「自覺其痛苦之意義，而能超轉為一具崇高可貴之人格價值」，要求知識精英能從痛苦中超拔出來，展現人性的光輝本質。唐君毅的治療是建立在心性的自我修養上，著重於「種種之內心的感悟觀照，及情志之興發」，即是心的體現與啟用，是一種治療力量的體現，來自於內在自我哲學能量的道德實踐。

第四節　關懷——成己成物的整體治療觀

一、實現真實的自己

從「正己成人」到「成己成物」一向是儒者積極的工夫次第修為，也是儒者平治天下的懷抱，此正己、成己就是完成真實的自己，唐君毅認為「人生之目的，不外由自己瞭解自己，而實現真實的自己。」〔註 64〕

根據唐君毅給道德自我下的定義，是能判斷吾人之活動之善不善而善善惡不善之自我，即吾人道德理性自我，也吾人之良知。

唐君毅云：

> 此理此性本身為內在的，屬於吾人之心之「能」的，而不屬於吾人之心之「所」的。故非作為所與而呈現的，亦即非通常所謂現實的，而只是現實於吾人之心之靈明之自身的。故此理此性為形上的、超越的、精神的。〔註 65〕

這個形而上的道德自我，相對於現實自我而言，是能夠主宰外在具體形象事物，但卻是內在於人類的本然道德意識；它是精神的、自足的，不但具有引導人類有意識地超越現實自我的功能，而且也能夠推及於生活世界所作的種種對應活動，使之切合某種道德理想與價值。

真實自我是貫徹在宇宙天下之中的，其關鍵在於它在種種道德挺立的活

〔註 64〕《人生之體驗》，頁 33。
〔註 65〕《人生之體驗》，頁 16。

動，是否為自覺地表現出來？因此，道德與生活世界的關係是密不可分的。唐君毅認為「道德的問題，永遠是人格內部的問題；道德生活，永遠是內在的生活；道德的命令，永遠是自己對自己下命令」、「自覺的自己支配自己，是為道德生活」〔註 66〕。

他表現出「人之心唯與此道合」，心與道是一相承的，稟承了天道而來的人道活動，是以道德作為終極理據而展開的。人的哲學治療，也是以道德作為價值依據，開展出生活的世界。

> 吾意人不能不依道德而生活，亦不能不依道德以思想，世界亦不能為一無道德之世界。故一切人及眾生，其所不能去除之痛苦，必當有此一開拓其哲學之價值意義。此一價值意義，乃直接屬於感受痛苦之哲學之自身。此哲學之所以須開拓，由於其具有限性。此有限性可說是哲學之原始罪惡。則痛苦亦可說是哲學之罪惡之懲罰，而其價值意義，似只為消極的。然由受痛苦而哲學逐漸破除其有限，以歸於開拓，遂在其未來，有其更廣闊之哲學世界，更充實之哲學內容，則此價值意義亦為積極的。〔註 67〕

哲學的價值意義在於道德的開拓，人的一生是必須「依道德而生活」與「依道德思想」，這種主張可以說是儒家哲學基本的人生理念，是經由「道德」開出人的精神方向與實踐目標，「不只是道德價值的理想性，同時是哲學本質使然的具體落實」〔註 68〕。當一般民眾只著眼於醫療的有效性與靈驗性時，關注的是有限肉體的保存，這與人類哲學價值的道德實踐無法相契，此無法相契也同時代表，天永不能灌注於人心中，人無法時時得到於宇宙的源能，也就無法自命自醫、自新其命，當也就無法真正進入到哲學醫療體系。

哲學的治療世界，就是道德世界，這個世界或者說要求不算太高，只要有「道德」立刻就可獲得醫療的效應。鄭志明認為：「對一般民眾來說，卻可能是遙不可及的哲學境界，因為一般民眾光是要化解哲學的有限性就已相當的吃力。」〔註 69〕筆者不同意這樣的說法，哲學既然可以對治人類的病痛，同時也應適用在一般民眾的生活世界。因為見到父母就想到孝，看到兒女就

〔註 66〕《道德自我之建立》，台灣學生書局，2006 年，頁 24、37。

〔註 67〕《病裏乾坤》，頁 62。

〔註 68〕李明輝，《儒學與現代意識》，台北，文津出版社，1991 年，頁 36。

〔註 69〕鄭志明，《宗教文化全集——宗教醫療觀與生命教育》，台北，大元出版社，2004 年，頁 143。

發出慈，看到神象就生起信等等，心性之上人隨時依時空的背景而有所發露，此同時也在做一種道德的實踐，也是在做一種自命天命的治療價值。

唐君毅道德自我的建立，旨在超越越物質現實及自然哲學，而以道德理性或精神自我來界定人的本性或本質，並認定人類的社會生活和各種文化活動，皆以道德理性為依歸，皆為道德自我的分殊展現。對於道德理性的挺立，時時刻刻發露於生活世界中，對於人格的修養，在盡心盡性之中完成。人人道德自我，都是一無限而恆常的存在，人人都具備一宇宙。當人呈現其道德理性至完全的境界時，他便可以通向永恆遍在的生化本體，且此時天地萬物也頓時與人為一體，一切存在，皆不在其心之外，故人是一大人，一真實的存在，即人在與天地萬物相感通，為一體，才是一哲學的真實，故人能盡心、知性以知天，成就真實的自我。

可見，唐君毅真實自我的立基，說明其觀念是建立在哲學的道德理性主體上，明察人內在哲學之本宗，肯定心靈的無限生機與發用，可以經由心靈的感通而與天地萬物為一體，肯定哲學本身就是道德。此一真實自我可自善其德，自圓其命，自癒其傷。

二、我連貫於世界

就意義治療學的觀點而言，儒家的意義治療學是一種道德哲學的治療。如果一個人自覺自己的哲學可以在道德中安身立命，那麼他就可以在每一個人的道德意義中得到相應的參考。透過這樣的參考，個人的道德哲學才能真正避免虛無化或僵化的危機，真正圓融道德的存在意義。

對儒家而言，只有「社會」中各別的、作為價值意識主體的「個人」，才是解讀這個「社會」中意義網絡甚至為它注入新意義的人，亦即「社會」沒有任何自主性，但在經過「個人」的主體性照映與統攝，社會裡的內部結構，及流行的意義才能為之彰顯。所以黃俊傑先生認為，群己關係是屬於一種連續性，個人是作為社會的基礎與起點，社會則成為個人之終極目的地與充分實現理想的領域，並以「群己互攝」說明孟子的思想。〔註 70〕

> 你所謂世界，是你經驗之一端，你所謂我，是你經驗之另一端。你是「能」，世界是「所」，能所二者，同融攝於你的經驗中。
>
> 你由你的心之可以其自身為對象，一切活動都可一方是活動，一方

〔註 70〕黃俊傑，《孟子》，台北：東大圖書公司，1993 年，頁 101～102。

又是活動之所對。你認識你的心之一切活動，一方是能，一方是所，一方是主觀，一方是客觀。在主觀時似在內，在客觀時似在外。你於是悟到在你自己內部，就可以有內外兩世界了。當你瞭解你自己內部，有內外兩世界時，你馬上更進一層瞭解，你自己內部之內世界，可以繼續不斷的成為你內部的外世界中之所有物。〔註 71〕

哲學治療點亮了人性的明燈，展現了不斷超越物質條件限制的精神上昇過程。儘管現代人對於道德的認知已經少得可憐，但是他不是別人的問題，我才是哲學關懷的主題，我的道德在質上自我精進，才能呼應他人經常的一端，能所為一，而達到人人的治療精神。

徐復觀先生云：

倫理是以身心家國天下之所當然者為其內容；所以理之本身即涵有身心家國天下之「實事」；此身心家國天下之實事，乃理之內容，亦即心之內容，是與人的哲學連結在一起，所以自然對之而負起行的責任，以成其為「實行」。〔註 72〕

徐復觀這裡點出以身心家國天下之所當然者為倫理之內容，且倫理本身即涵有實踐之義。質言之，倫理與哲學是不可分的；自我的實現，即在於將心中以身心家國天下為內容的「實事」，負起「實踐」的責任，亦即為一種哲學倫理踐履的展現。這與唐君毅「你自己內部之內世界，可以繼續不斷的成為你內部的外世界中之所有物」相同，我連貫於每一世界，我與世界能所不分。

儒家群己的關係「倫」的範疇，實則有延伸至「物」的概念。人生活在天地這個大環境之中，與動物、植物、乃至礦物，都有相互依存、生生相息的連帶作用，古人五恩之中「天地君親師」乃儒者絕對要禮敬的對象，其中天地實包括大自然與萬物，其中遠近、大小、曲直，皆因個人修養之充實與否，呈現其境象之不同。而是及於一切現象不只成己成人，更要成己成物。孔子「仁者己欲立而立人，己欲達而達人」〔註 73〕的要旨，實際上是把仁的實踐，推向「修己以安人」、「修己以安百姓」的進路，確立了往後兩千多年儒者不只獨善其身，還要兼善天下之經世性格。這種由個人通向群體的實踐精神，以

〔註 71〕《人生之體驗》，頁 118。

〔註 72〕徐復觀，《中國思想史論集．先秦篇》，台北：台灣學生書局，1979 年，頁 20。

〔註 73〕《論語．雍也》。

現代的術語來說，乃是充分展現公民德行的實踐與公共精神，這「己」其實就是宇宙天下的實體，其中貫穿一氣就是「道德」。

在現代社會裏，理想與現實之間的差別，對於人性的理解有不少分歧的價值認知，尤其在醫療上過分地強調身體的具體利益，忽略了人在精神上安身立命的需求，掉落到當代各種異化體系的形式牽制中，反而渴望著精緻性的心靈醫療，從權力與利益的糾葛中超拔出來。從人性的自我覺醒來說，儒學醫療與其他醫療系統，還是有著存在的意義與作用，其內在超越的形上理據，依舊可以轉化成心靈醫療的精神人文價值。

這都是由道德生活本是上貫通「人性之根於天命」、「天命之見於人道人德」〔註 74〕天不過是性之形上根源。「此形上根原之為何物，只能由人依其性而有之自命自令為何物以知之。」〔註 75〕在道德生活中，立命就是奉天命即自命，亦即盡其性之所命，如此，立命與盡性，成為一挺立的個體。

除了挺立個體人格之外，人的「立體」，承擔了個體的生死，也會坦然面對世界的生滅，歸回到天地萬物運行的自然法則，當圓滿了哲學存在的人格時，也就勇於接受命限的到來，這是儒家「心性體認本位」〔註 76〕的治療學。重點在於心性的「立體」上，立的不是物質性的軀體，是由宇宙本源貫通下來的心體，此一心體能夠「勇於承擔一切」，不僅讓身體生色而有光輝，也經常維持「內心依然寧靜安定」，擔負著人間一切的生存苦難與人生使命，當面對宇宙的毀滅，也能「從容含笑的自返于其無盡淵深之靈根」〔註 77〕。

哲學家以道德實踐的主體為首出的精神，在其自求實現的過程中，必然也同時展現為其他意義的主體。故真實自我不須由宣示、辯論而得，而是實踐過程中證得，此證得得以讓人與天合而為一。

蓋哲人歷來就正視「人」與「天」的關係；「人」也不會與所謂的「神」相反對。儒學只有參天、贊天、與天相合，唐先生的治療觀精神，也不反對任何宗教信仰或反對神學。

中國儒家人文主義，以人為三才之中，上通天而下通地，所謂「通

〔註 74〕《生命存在與心靈境界》下冊，頁 927～928。

〔註 75〕《生命存在與心靈境界》下冊，頁 982。

〔註 76〕傅偉勳，《死亡的尊嚴與生命的尊嚴——從臨終精神醫學到現代生死學》，台北：正中書局，1993 年，228 頁。

〔註 77〕以上三引文見，《體驗》，頁 231。

> 天地人曰儒」，誠是一大中至正之道。〔註 78〕
>
> 在兼通天地人的意義下，孔子是可以涵攝耶穌、釋迦、與科學之精神的。然而至少在補今日之偏，救今日之弊的意義上，我們對於耶穌與釋迦，絕不當減其敬重。〔註 79〕

面對當今時代物化下墮的文化弊病，唐先生嚮往中國儒家人文主義，通天地人三才所開拓的大中至正之道。唐先生以超器覺的心，表現於「天人合一」的觀念。正是這種源自天人合一的超越意識才能開闊儒者的胸襟，以宗教精神的嚮往所引發的超越意識，來提攜人心物化、道德異變的文化趨勢。

唐君毅的哲學治療，表達了對人性最高的嚮往之情，尤其在現代社會各種非理性的人性弊病下，儒學醫療有如一股清流，讓有志之士有著具體奮鬥的目標與歸宿。其人性的關懷與實踐，是文化創造的動力所在，吸引著扭轉時局的豪傑志士，以自己的哲學體驗，開創出對應時代的新形式與新精神。唐君毅從個人病痛時的一時感受，卻繼承與發揚了儒學醫療的文化真義，發展了儒學在身心醫療上的義理形態與文化責任。

三、立人極、顯太極〔註 80〕

人類的一切道德行為都必須是自律的、自發的，不能有絲毫外來的因素；所有他律的、被動的、不自然的行為都不能歸入道德的範疇。再者，實踐道德修養的過程是發乎其內而行之於外的，而人文科學世界則是人類實踐道德行為的場域。人類之所以有道德行為完全是因為人人對自己持有絕對的責任感的緣故。

但是，問題在於，假如人人都是自己實踐道德修養的主體，那麼人人所作出的道德行為是否具有普遍性？如果人人都有各自不同的道德標准，那麼世上是否存在一個具有普遍性質的道德準則？唐君毅因此提出「道德自我」與「現實自我」這一對範疇。

唐君毅認為「現實自我即指陷溺於現實時空中之現實對象之自我，為某一定時間空間之事物所限制、所範圍之自我，亦即形而下之自我。」〔註 81〕

〔註 78〕參閱《人文精神之重建》，頁 27。

〔註 79〕《人文精神之重建》，頁 29 頁。

〔註 80〕原文：「立彼人極，方顯太極」。《人生之體驗》，頁 321。

〔註 81〕《文化意識與道德理性》，頁 29。

生活在具體空間與抽象時間之內，具有肉體、感覺、思想的「我」就是「現實自我」，這個「我」是形而下的、非永恒的、受限制的，因此不能是道德主體。道德之所以具有共性，就在於它能超越這個受限制的、不自由的「現實自我」，意即「道德價值表現於現實自我解放之際」〔註 82〕。而超越「現實自我」的原動力，恰恰就在於「道德自我」，由此道德自我，而完成真實的自己，以盡立人倫之極，是為人類價值的準則。

> 人在事實上，亦只有在其哲學成有德之哲學時，此有德之哲學之現有，乃為真實有。至當人之哲學只為無德之哲學時，此無德之哲學之現有，則不能為真實有，以其雖現有而後可無故。〔註 83〕

真實的自己正是由於存在著一種超越現實事物的理想，此自己因而便具有了普遍性，具有本體論的意涵。故人極與太極銜接與溝通的方式，乃是不假外求，直接訴諸哲學中心性的實踐。「心性，不是由啟示得來，它是在盡性與踐仁的實際哲學過程中由人心內省、體會與契悟而得。」〔註 84〕這種通貫的觀念，使人與人有機地融合在一起。真實的自我與人人的生活世界的連繫，哲學也因此可在自我真實的盡性中由心契悟與體會。連貫與會通內涵於自我真實的人性之中；因此由自我的「盡性」是含攝於他人的真實自我，立人極與顯太極可在道德中得到合體。

徐復觀說：「倫理是以身心家國天下之所當然者為其內容；所以理之本身即涵有身心家國天下之『實事』此身心家國天下之實事，乃理之內容，亦即心之內容，是與人的哲學連結在一起，所以自然對之而負起行的責任，以成其為『實行』」。〔註 85〕徐先生此一分析，除了點出倫理乃是應然之「理」，並進一步以身心家國天下之所當然者為倫理之內容，且倫理本身即涵有實踐之義。質言之，倫理與哲學是不可分的；自我的實現，即在於將心中以身心家國天下為內容的「實事」，負起「實踐」的責任—亦即為一種哲學倫理踐履的展現。唐君毅說：

> 吾人如知吾人自盡其心之事，可兼盡他心，則知吾之居仁由義，乃既自盡我心，亦上酬千百世與東西南北海之聖賢之心，以及古

〔註 82〕《文化意識與道德理性》，頁 29。

〔註 83〕《生命存在與心靈境界》上冊，頁 672。

〔註 84〕李明輝引林毓生之語，《唐君毅思想國際會議論文集》〈儒學如何開出民主與科學——與林毓生先生商榷〉，香港：法住出版社。1992 年，130 頁。

〔註 85〕徐復觀，《中國思想史論集．先秦篇》台北，台灣學生書局，1979 年，頁 20。

往今來一切人之樂交天下之善士之心。聖賢之心願無疆，一切人之樂交天下善士之心願亦無疆。無疆則無所不覆，無所不載，無所不貫，而凡我之生心動念，真足以自盡我心，亦同時兼盡聖賢之心與一切人之心，心光相照，往古來今，上下四方，渾成一片，更無人我內外之隔。肫肫其仁，淵淵其淵，浩浩其天。是見天心，是見天理。〔註 86〕

此一詮釋，可以說把哲人踐仁既成己又成物之內涵，和盤托出，深符孔子「仁者己欲立而立人，己欲達而達人」〔註 87〕的論旨。孔子此一論旨，實際上是把仁的實踐，推向「修己以安人」、「修己以安百姓」〔註 88〕的進路，確立了往後兩千多年儒者不只獨善其身，還要兼善天下之經世性格。這種由個人通向群體的實踐精神，以現代的術語來說，乃是充分展現公民德行的實踐與公共精神。

在儒家此一論旨之下，一己與群體，亦即個人與社群，可以說關係密切。哲學道德實踐宗旨之下，落實在社會脈絡中的實踐，乃是由一己推向家國天下。在此一意義之下，儒家的個人，卻非社群主義者所批評之無擔負的自我，當然更不是自利的原子，而是在社群文化脈絡中努力成己、成物，凸顯人性尊嚴，並被視為目的加以尊重的主體。

人是活在社會系統、並有著分位等級的結構，以及各式各樣對應而來的工作，比如士農工商等不同的分工名分與生存責任，這些名分與責任在現實情境中是相對的，但唐君毅則提昇到「絕對價值」上，視「工作」為哲學存有的神聖事業，人格就在工作中實現，這種實現都是唯一無二。儒家哲人是贊同社會各種文化體系的運作，這是人必然要承續的工作，或者說人性的本位在於工作的價值實現，每個人一生的唐君毅肯定在世俗生活中工作的重要性，強調人在現實社會中要工作，但工作不只是為了謀生而已，而是要成己成物，每一份工作對個體來說都是唯一無二的。

唐君毅云：

在不同的價值理想中，各方面的生活與趣中，你有時免不了衝突同矛盾，這將如何解決？唯一的解決法，是反省當下時間空間中，所

〔註 86〕《續篇》，頁 109。

〔註 87〕《論語・雍也》。

〔註 88〕二語見，《論語・憲問》，頁 159。

容許你實現的最好的理想，可滿足的最好的生活興趣。當下的時間空間中，一定有他唯一能容許的，你所欲實現的比較最好的理想，或欲滿足的最好的生活興趣的，只要你耐心去發現它。〔註 89〕

在具體的生活環境中，哲學是要不斷地自我反省與抉擇，時時面對存在的價值選擇，儒家的這種選擇是心性主體的人極挺立，配合「當下的時間空間」，作價值的抉擇，發現出「唯一能容許的」實踐之路。人生中經常要面對各種生存的選擇或決定，儒家哲人認為現實與理想之間有著相即不離的關係。

當心性本體能夠「耐心去發現」，在現實層面一定有較好的解決方法，即「實現的比較最好的理想」與「滿足的最好的生活興趣」。如果一個人長期處在矛盾衝突中，是自我哲學的能量過於薄弱，無法進行自身的價值實現。「儒家認為人類各種文化的發明與傳承，都是哲學的價值開顯，展開了豁然的文化心靈與暢通的文化哲學，肯定人類各種文化領域價值實現的原則與分際，承認心性的一本性，但也無礙於各個價值領域的獨立性。」〔註 90〕

唐君毅認為，道德不僅是主宰人生理想與方向的要素，而且也是挺立人極能夠成立的根據。他知道一切人文之弊害都是由於人文與其本原所自之人之德性或道德理性性相離，由於人之道德自我、精神自我之不能主宰文化。「這一意思，是我全部承受的。」〔註 91〕人在身上中，身在天地太極之中，人的每一文化活動、文化意識，份依吾人之理性而生，由吾人之真實哲學發出。故知人極乃立基於道德理性，是一種感悟而又自覺的價值。宇宙哲學的流行衍，民族哲學的發皇，乃至心靈哲學的感悟，是離不開立此人極之認肯而為理念，來給予開展，對宇宙哲學、民族哲學與心靈哲學的實存之看法，皆認為道德是成己成物最至要關鍵。

「本於一種價值實現之要求，是源自於哲學本性的普遍性原理，轉化為現實生活的基本法則。」〔註 92〕唐君毅認為多元的文化價值系統，從真、美、善、愛、神聖、和諧、公平等價值來定位序，建立出各種文化綜攝融通的基準。這是從文化會通的立場，來看待哲學、科學、藝術、文學、道德、教育、政治、經濟等生活體制，認為這都揆人類各種文明的開展，都是一太極的呈

〔註 89〕《人生之體驗續篇》，頁 44。
〔註 90〕李明輝，《儒學與現代意識》，台北，文津出版社，1991 年，頁 121。
〔註 91〕《文化意識與道德理性》，頁 5。
〔註 92〕鄭志明，《宗教的醫療觀與生命教育》，台北：大元書局，2004 年，頁 172。

顯，以實現心性的價值，唐君毅從「實現一種價值」〔註 93〕，肯定各種文化的精神內涵，超越形式的局，會通其內在超越的價值，依著文化本質來順位明分，展現其陰陽諧和、整全康泰的太極哲學。

唐君毅的哲學治療，在過知識洪流的檢索、歷史的驗證之後，其哲學性情的切實體驗，與及困心衡慮的工夫體證，已達到有所信仰，有所確立的思想方向，而這可信可立者並不離儒家傳統的心性之教。由此讓後人更肯定儒學文化中有堅確不容否認的治療價值，在醫療體系中讓人得以儒家哲學更加深層的認識與肯定，進而貢獻於人類世界。

〔註 93〕《人生之體驗》，頁 62。

第四章　唐君毅的哲學治療與現代學術的對話

中華文化以哲學為中心，此「哲學」並非僅是繫屬理性的某種機能下對哲學之理解，更重在通過實踐與覺悟的相依互進上，實際創造與完成哲學的種種內容與意義。中國思想主流的儒家、道家、佛教，皆有豐富的哲學探討。故有關「哲學治療」的關注與討論，早在古老的智慧之中流傳，且更深入哲學核心。古聖先賢們以「道」為共同的源點，親身體驗「道」所經歷過的心路歷程，以一種「體驗之學」，將哲學經驗傳之於後來者。其以人的實存性這項特質之上，生活在具體的歷史情境之中，而為時空條件所決定，祂忠於自己的職責，以不同方式體現了人性最原初的可能性；而道創生的無邊奧蘊，早流注祂的人格事功之中來呈現，後人承先啟後必須去繼承與彰顯。

唐君毅以體驗式的哲學，重新回到人性的超越面，不斷地對天予我的命做回應，同時也是人哲學道體的完成，其要求自我，以人能弘道、非道弘人的奮發精神，來實現自我哲學的轉化，提昇到天地同參的至善境界。人唯有在哲學中經歷磨煉，才能成就德業，明白自己與天同明的德性，這樣的哲學形態，與弗蘭克「人是追求意義的存在」相同，也與西方哲學實踐，重視檢視自我的生活，可謂同樣模式。本章試以唐君毅的哲學治療，與「意義治療」、「哲學諮商」、「敘事治療」、「生死學」等西方的學術對話，做為中西文化匯通的一種討探。

第一節　唐君毅哲學治療與意義治療

一、當代意義治療探討

無論心理或宗教已經無法回答我們現代人所有的問題，哲學心理治療學家維克多·弗蘭克（Viktor E. Frank）〔註1〕認為，這將導致人們進入一個「存在的虛無（existential bsvuum）狀態，人得需要找到一條新的出路。他接受恩澤斯瑪（Aaron Ungersma）的建議，以及實存主義與實存分析〈existential analysis〉理論的影響，提出「尋求意義的意志」說法，而創構「意義治療」（Logotherapy）一門學科，以使心理學的兩種中心觀點得到平衡，這兩種觀點，其一是阿德勒（Adler）「追求權力的意志」及其二是佛洛伊德「追求歡愉的意志」。

弗蘭克在第二次世界大戰中因為猶太人的身分而被納粹黨人抓進了集中營，在其中他經歷了家人失去的痛苦以及身心接受折磨、恐懼與死亡的環境中，卻因此體悟人生的意義，而提出了「意義治療學」的理論，弗蘭克把自己的取向稱為心理治療的「維也納第三學派」。他認為無論是佛洛伊德的快樂原則或阿德勒的權力意志（或成就意志），都無法真正解決人存在的本質問題，不足以充分完成治療學所賦予的任務，此兩學說只是追求意義意志的結果或手段，根本無能面對人存在的根本事實。弗蘭克說：

> 根據意義治療，努力尋找意義是人一生的基本動機力。所以我說「尋找意義的意志，而不是快樂原則（我們也可稱之為「尋找快樂的意志」），後者是佛洛伊德精神分析的核心，也相對於阿德勒心理學強調的「尋找權力的意志」。
>
> 佛洛伊德的快樂原則是小孩子的指導原則，阿德勒的權力原則是青少年原則，而尋找意義的意志是成熟大人的指導原則。〔註2〕

〔註1〕維克多·弗蘭克（Viktor E. Frank），是奧地利之猶太人，曾擔任維也納大學的神經暨精神病學教授。於納粹時期全家都陸續進了奧茲維茲集中營，他的父母、妻子、哥哥，全都死於毒氣室中，只有他和妹妹存活。但弗蘭克不但讓自己超越了這種苦難，更將自身經驗與學術結合，讓他提出「意義治療」的理論，並使其有了更大的縱深與生命制高點；而弗蘭克從這種絕境般的情景裡，替人們找到絕處再生的意義。參考，維克多·弗蘭克著，鄭納無譯，《意義的呼喚》，台北：心靈工坊，2010年。

〔註2〕參閱，歐文·亞隆（Irvin D. Yalom）著，易之新譯，《存在心理治療》下冊，張老師文化，2011年，頁599～600。

他主張意義對哲學是不可或缺的，對集中營求生存是必要的，對所有時候的所有人是必要的。戰後不久，他在維也納繼續發展「意義治療學」的學說，通過著作與全球性的演講旅行，奠定他的學術地位與國際聲望。〔註 3〕

弗蘭克說：「每一個人都被哲學詢問，而他只有用自己的哲學才能回答此問題；只有藉著『負責』來答覆哲學。因此，意義治療學認為『能夠負責』（Responbleness）是人類存在最重要的本質」。〔註 4〕故人存在是一種實存的意義觀，意義治療學因尊重人的自由意志，因此並不是向人提示所需要的生活意義究竟是什麼？而是以實存的意義分析，點醒他人去了解人生是一種課題任務，每一單獨實存都應依據自己的生活、思想、教育、文化等等不同背景，去尋找適當的特定意義，以便完成個別不同的人生任務。在人生旅程上，特定的生活意義，隨著自我成長與環境變化，可有改變；認定人生乃是一種任務的基本態度本身，卻不能改變。

是以人生乃是一種任務的體認，尚須建立在超越各種現實生活意義的「終極意義」上面。肯定人生的終極意義，等於承認在人的哲學高層次，有超越的精神性或宗教性。那是一種任務、使命最高而可貴的價值，此價值不外是實存的態度本身。每一個人對於生問題所採取的實存本然性態度，乃是決定做為萬物之靈何適何從、超越生死的根本關鍵。

弗蘭克在集中營體會的「意義」，實是一種心靈上的態度，即承受苦難的姿態，人們於受苦中能對命運負起責任，即可提升其哲學的境界與價值。弗蘭克進一步認為：

> 人生乃是一種任務的體認，尚須建立在超越各種現實生活意義的「終極意義」上面。肯定人生的終極意義，等於承認在人的哲學高層次，有超越的精神性或宗教性。這個終極的意義，必超越並凌駕於人類有限的智能之上；在意義治療學中，我們就稱之為「超越的意義」（The Supra-meaning）。人所要求的，並非如同某些存在主義哲學家所言，是去忍受哲學的無意義；而是要忍受自身無能力以理性抓住哲學的絕對意義。「意義」比「邏輯」更加幽深。

故人是追求意義的存在，意義治療學的重心不能放在心理層面或社會層

〔註 3〕弗蘭克著，趙可式、沈錦惠譯，《活出意義——從集中營說到存在主義》，台北：光啟文化事業，2010 年。

〔註 4〕《活出意義——從集中營說到存在主義》，頁 134。

面，而必須放在人存在的意義層面，唯有個人存在的意義問題得到真正的解決，人才有真正正常健康活著的可能。人雖有命運的痛苦，但那是一種機會與挑戰，而人能決定放棄而喪失哲學的尊嚴，或是掌握接受這機會，負起自己的十字架，加深哲學的意義。他強調對命運的抉擇之自由，乃對人生負起責任。所以，意義治療學是徹底解決人存在意義問題的治療學。

哲學的意義雖然會隨著人生的情境而改變，但永遠不失其為意義。弗蘭克提出三種不同的途徑去發現「意義」：

1. 藉著創造、工作。
2. 藉著體認價值。
3. 藉著受苦。〔註 5〕

第一種，是以人生的功績或成就之路為主。功績不是蓋棺論定的結果，成就也不是等於自我實現。一般人會將人一生所開創的成就，及其所努力的一切，來定義這個人在此生的價值或定位。然而人生不該將它視為只是一種自我實現的工具或途徑，也不是為了歷史的定位而拼命工作。創造或工作不是為了被世人所評定，而是實踐他潛在的哲學意義，哲學意義在於對良知負責、或說是對上天負責，只有用負責的態度才能詮釋自己的哲學。弗蘭克說：

> 我們無法在所謂的『自我實現』(self-actualization) 上找到人類存在的真正目標，因為人類的存在，本質上是要『自我超越』(self-transcendence)。事實上，自我實現也不可能作為存在的目標，理由很簡單，因為一個人愈是拼命追求它，愈是得不到它。一個人為實踐其哲學意義而投注了多少心血，他就會有多少程度的自我實現。〔註 6〕

故自我實現不是人生的目的，我們不是為了達到什麼目的而努力活在人世間，而是因為努力活在人世間，為了生活的一切而開創與工作，從而不斷超越現況的侷限，我因此能體現哲學在我身上的無限意義。故當我在做自我超越時，就已經不斷地完成自我實現了。

第二種途徑，以體認價值為主。指「經由體驗某事物，如工作的本質或

〔註 5〕《活出意義——從集中營說到存在主義》，頁 137。
〔註 6〕《活出意義——從集中營說到存在主義》，頁 136。

文化；或經由體驗某個人，如愛情，來發現哲學的意義」。〔註 7〕價值的體認是包括了全部三種途徑，也就是三種途徑，都是為了讓人瞭解哲學的意義。在弗蘭克的理論中曾提及人生的三種價值。一是「創造的價值」，指在創造活動中所實現的價值，如吾人能給予世界的各種創造活動或工作呈現，通過實現創造的價值，以體會人生的意義，這也是前述第一種的途徑。二是「經驗的價值」，指價值在經驗中被實現，而被人所肯定或認同，如在地獄般集中營的生活，發現到人與物互動的純真與美善，也因此而有了對哲學的深化度。三是「態度的價值」，指面對人生的命限時，所決定採取的態度，如面對絕望的環境，弗蘭克決定將此把握這樣的機會，在苦難中與命運共舞的態度，以成就自己對人生意義的體現。〔註 8〕

第三種，藉著受苦經驗達到成就。他認為人必須在苦難中成就自己，自己哲學的意義在平常的環境中很難體會其中深層的奧義，只有從面對困境、苦難、挫敗、甚至是死死的威脅，人才能悟出那哲學意義的深層展現，以讓自己的哲學達成「最高的意義」（super-meaning）的境界。他說：

> 他們的絕望乃是源於對受難意義的懷疑，只要人能從其中發現任何意義，則他們願意並且隨時準備好去承受苦難。歸結說來，這意義不能以理智的方法來把捉，因為他在本質上，或者更專門地說在層次上，超越了人之為「有限存有」的能力所想像，所能把握的，我於是稱它為「最高意義」。〔註 9〕

人類需要意義，若人活著沒有意義，將引發極大的痛苦，嚴重時會使人決定結束自己的哲學。法蘭克發現集中營裡缺乏意義感的人甚多，也因此常常無法生活下去。故他強調面對痛苦、磨難與死亡情境的人，若能擁有意義感的話，就能活出更好的、充實熱切的生活，不管在哪一種情境下。故這種最高意義也是一種終極的意義，那必然是超越世間的理解，也必然是凌駕於人類有限的智能之上，故無法依人的知性感覺來思考，它並非忍受哲學的無

〔註 7〕《活出意義——從集中營說到存在主義》，頁 137。

〔註 8〕參閱，陳佳銘，〈從孔、孟的命論談儒家意義治療學的建構〉，桃園：中央大學，生死學研究，第九期，頁 52～53。

〔註 9〕維克多．弗蘭克（Viktor E. Frank）著，黄宗仁譯，《從存在主義到精神分析》，台北：杏文出版社，1978 年，頁 56。在《活出意義——從集中營說到存在主義》一書中，弗蘭克又把它稱為「超越的意義」。頁 145。

意義〔註 10〕，而是要忍受自身受到命運的限制時，無能力以理性抓住其哲學的絕對意義，意義不是邏輯，它比邏輯更加幽深。

基於上述的論述，可以把弗蘭克的意義分為「創造、態度、經驗三種體系」。〔註 11〕這三種都說明，每一個人都有無法實現的意義，但可以都有找到其中對自己獨特的意義，即使最後沒有脫離痛苦和死亡的威脅，他認為這也是可以有意義，可以向他人、向上帝、向自己，顯示自己能尊嚴地承受痛苦與死亡的哲學意義。弗蘭克對意義的分類為他提供治療的策略，幫助世人找回哲學的價值，也對為無法面臨意義危機的病人提供了治療之道。

人的哲學現象是短暫的、有限的，而且必會終止，然而這樣的現象正可催促人的哲學悟性，在有限的哲學中要接洽到那無限的哲學，自己必須在這人生中去完成職責，而且責無旁貸必須負起那責任，即使是面對死亡時，也必須活出哲學的價值，這也是弗蘭克的意義探索，以價值去展現自我哲學的深度。

二、唐君毅哲學意義治療

唐君毅於孔孟思想上倡「義命合一」、「即心言性」、「盡性立命」等哲學觀，實是對孔孟心性主體的傳承。又於《中庸》、《易傳》則說明了道德與宇宙實存乃通而為一，天道性命貫通為一的宇宙觀。則唐先生依先秦儒學心性體系是直承這一脈絡之說而有所發明。至宋明儒的心學一系，無不強調道德的內在性，陽明的「致良知之靈明」、近溪「即生即身言仁」之義，到船山的「即器明道，即事見理，即用見體」等內聖外王的合一釋義，都以心性為先而求仁為宗旨，而仁是必須透過哲學主體上之人顯發在日用倫常之中，皆為不學不慮的良知良能所自然表現，則可以說，唐君毅是集先秦以來儒學之大成矣。

唐君毅又提出「道德自我之根源，即形上的心之本體。」〔註 12〕以此心

〔註 10〕無意義，即因生命缺乏意義。歐文．亞隆（Irvin D. Yalom）說：「法蘭克一生致力於研究存在取向的治療，他顯然認為意義的缺乏是最主要的存在壓力。對他而言，存在性精神官能症既意思就是缺乏意義造成的危機。」歐文．亞隆（Irvin D. Yalom）著，易之新譯，《存在心理治療》下冊，張老師文化，2011 年，頁 569。

〔註 11〕參閱，《存在心理治療》下冊，頁 601。

〔註 12〕《道德自我之建立》，頁 33。

的本體的存在說明道德心的形上基礎，對於這超越的根源必然是超越這世界的，但它不是外在於人，而是與人自身等同，他稱這根源為「心之本體」〔註 13〕。依此心的本體說人是自由的，是超越現實自我的本能或欲望的自由，人性相協調的自由，唯有自由，道德生活才成為可能；人也因道德生活而為之而活的自由，故道德行動主體的自由，使人須肩負其責任，好好地過活。

當人做為有限的存在，生理機能必有其限制，並且亦由此限制而有種種煩惱、病痛以及生死。但對與道德相貫通的心之主體而言，它是純然至善、無限圓滿與完美者，治療只是生滅的過程，因為心之主體是沒煩惱與病痛之可能。可是人的機能哲學有限是一既有之事實，則人相應而有的煩惱、病痛與生死命限也是一存在現象，是以存在現象的病加以治療就成為一承擔的責任內容。

唐君毅的詮釋，強調內在性可以感通於外，這詮釋不但沒有減弱儒學廣大的生活實踐性，反而更加強了其外王事功。這種心之主體的肯定，特別把天道、神性與人的德性相貫通，把聖與凡相聯繫，根本上使得君子的生活世界與道德勇氣，有了天命、天道等超越理據的支撐，尤其是此超越神性意義的天，就在心之本體之中，此無疑就是唐先生所承繼與發明的意義所在。

故唐君毅強調，天人之間的呼應，天人是體現為統一，也體現為和諧。天人之間不是上下、外內的關係，消除差異的現象，才是解決哲學的歧出，才能發揮對哲學的救治功能。以道德實踐為治療方式，幫助人建立根本的自信與自尊，以徹底安頓人心，避免哲學形成病痛而有持續墮落的危險；而在哲學升揚時，道德工夫具有對哲學的貞定作用，當哲學經由內聖修養而完全恢復健旺之時，即可凝聚哲學、開發哲學的創造力，哲學主體因此能充分自由、自主、自律的做道德創造，以實現哲學的價值意義。因此，儒家型治療學即重在工夫的修為，透過內聖修養工夫以涵養哲學，引領哲學逐漸上遂於道。

鄭順佳先生說：

唐氏的儒家倫理學是既形上又是經驗的。沒有經驗性，人不能驗證諸如人性性善的形上論述。儒家倫理學由具體道德生活的反省開始，倘若缺乏經驗層面，儒家倫理學便會失去了起始點，也算不上是哲學倫理學，亦不能立足於現實，以道德實踐及人格形塑為首要

〔註 13〕《道德自我之建立》，頁 102。

> 佳點的倫理學。另一方面，沒有形上層面的心之本體，儒家倫理學會失去穩妥的基礎與支點，不能開出內在的超越。再者，超越的心與道德理性的普遍性也會失去了基礎，道德實現的希望也會落空，人與天就不能彼此緊扣。〔註 14〕

唐君毅儒學的哲學落在整個意義治療裡面加以開創，通過具體的經驗事物的理解，然後朝向一個理論性的考察，並且經由這個考察往上成為一個立體建構性的追溯。這個追溯是上通於道，上通於存有之源，上通於宇宙造化之源，讓信息之場通過這樣的過程疏理之後，續連那終極的信息之場，仁義禮智四端之心人皆有之，這就是立體人生的意義，這種「是謂至善，是謂至真，是謂至美，與完全之境地。」〔註 15〕是從哲學實踐的過程中而達到其價值。唐君毅云：

> 人生之目的，唯在作你所認為該作者，這是指導你生活之最高原理。至於什麼是你該作的內容，我們卻並不需規定。只要是你真認為該作的，便都是該作的；以至我們以前所否定之一切出於要作而作之活動，只要真通過係應該的意識，而被認為該作，便都可重新在另一意義下加以肯定。它們本身是盲目的，然而只要真通過應該的意識，它們便完全變質而成為自覺的。問題只在你們是否真相信它們該作。〔註 16〕

這裡透過一種行為的應該做或不應該做的應然意識，來確定該行為的意義與價值，也是道德的意義與價值。表面的意思是對於一種行為的該或不該做、該存不該存在的考慮，是一種道德的抉擇，這是自己自身便可作決定的。至於該如何作，或以什麼方式去做，則是具體的內容的問題，即是要配合行為的性質來決定，它是第二序的，唐君毅的意思是，對於作出某種行為，只要我們真的認為應該做，它的意義與價值，是一名哲人應該去省思的，做了之後，問心無愧便成了。

但人必須是對此存在之命限有所省察，其次，則是對此命限有所不安與不忍，由是才會對限制加以價值之判斷，進而才有病痛與治療的觀念產生。人對限制有價值之自覺，而後才會由限制中解讀出不完美，由不完美而有煩

〔註 14〕《唐君毅與巴特——一個倫理學的比較》，頁 50。
〔註 15〕《人生之體驗》，頁 162。
〔註 16〕《道德自我之建立》，頁 92。

惱病痛，由此而要有去消除煩惱病痛之治療。因此，省察與治療是一體二面，因為人的不完美性在哲學的反省下，必然形成不安以及對此不安之排除與治療，於是形成哲學治療的修養與探索。

生活，作為道德修練的一種形式，是以道德自我創造來通達天的形上根據。唐君毅認為自己有責任通過修身，來實踐對天的無限之體悟，又同時完成參贊天地化育的道德力量，「天生人成」精確表達了這天人一體觀。在此意義上，天是無所不在，無所不知的，但不是無所不能的，通過教化，人類能夠積極地參與天的創造活動；但人同時也可能違逆天的好生之德，犯下嚴重錯誤，傷害自己，亦毀壞他們所處的環境。因為人存在的價值展現就在於，人有責任承擔自己的志業與使命，而以畢生的精神來努力參贊天地的事業。

因此唐君毅的意義的追求，可以從其道德自我所架構的道德意識與道德理性中看出。道德自我乃指不受時空限制的精神、形上及超越的自我。道德理性，是超越性、及其所帶來的普遍性。藉著道德意識，人能自覺地知善、善善及行善；並知惡、惡惡和遠惡。

唐君毅云：

> 我如對我之覺我有不善，作一超越的反省，則我可反省到我對此不善之覺中，即有『惡此不善之良知』之存在。
>
> 此是由超越的反省，而由一事實、一價值，以知有另一事實、另一價值。〔註17〕

人有此超越的反省，因人的哲學自有一條道德理性的出口，祂量度人的行為，並管理人哲學的道德標準，人因為它而能調適自我，使自身的活動得以配合與協調，當自身所受的病痛與苦難也會因而適應與化解，哲學的價值不斷地被建立、持續及完成。

三、唐君毅哲學與當代意義治療的比較

儒學本質上即哲學之學，是通過哲學之體驗與實踐來安頓哲學，以成就圓滿的人格，實現人的意義價值。因此，儒家型的治療學，不只是消極的對哲學病痛的救治，也是積極的讓哲學能自覺的明善與復位，進而凝聚哲學、開發哲學的創造力。故儒學的意義治療學是環繞著人存在的意義而開顯，為幫助人建立根本的自信與自尊，以徹底安頓人心，滿足人的價值需求。

〔註17〕唐君毅著，《哲學概論》上冊，台北：台灣學生書局，1985 年，頁 205。

基於上節所述，弗蘭克強調創作成就或經驗，會著重於過去的永恆性——成就和經驗都會儲存起來，永遠存在。當所有的意義都因當前的苦難而失色時，弗蘭克強調人仍然可以在面對命運時採取英雄姿態，從這種態度中找到意義。弗蘭克對意義分為「創造、態度、經驗三種體系」，順此三種體系關係，本章試以唐君毅儒學的意義治療與弗蘭克的意義治療的理論，就創作成就、經驗、受苦態度等，追求意義的途徑類似，但唐君毅的儒學治療有不同於佛蘭克的說法：

其一：唐君毅的學說，認為一切哲學不應成為堡壘山嶽以成封閉系統互相阻隔，而應都是橋樑道路，「哲學目的是所以成教，人走過橋樑道路到達目的地，橋樑道路亦可以隱沒而似歸於無」〔註 18〕。其精神秉持孔子「有教無類」的作為，以弘揚儒學之教為己任，他教學並無刻意要培養自己的學生，要學生專做自己的門徒弟子，發揚自己的哲學，以建立門派。這與弗蘭克則自創學派，不滿於前哲的理論而有不同的看法，有意創立自己的學術之路不同。

其二：儒學傳統的「意義」是一體之仁，是無私無為的當擔，儒學論「道」，道就是那意義的根源，那不是判斷，不是理論，不是一種詮釋系統，不是特由受苦所展現的哲學，與弗蘭克要成就意義而承受哲學「受苦」的態度不同。如孟子說：「今人乍見孺子將入於井，皆有怵惕惻隱之心」〔註 19〕，如果我們譬喻為「將入於井」，就是人心的駁雜，可能將會步步踏入一場困難的方向，其中病痛、苦難、挫折…等負面情境不難理解，將會到來，人處此情境，除了弗蘭克所述那英雄式的坦然面對之外，儒家更認為凡是人都將會生起讓他人，不「入於井」的心，即「皆有怵惕惻隱之心」，此心的呈現無關判斷、理論與詮釋，是不容自已的本心良知之呈現，人的心有責任與義務去面對那現象與希望予以救治，從這裡看出儒家的一體之仁是人人本具，而仁的境界是共同的創造，不是個體受苦所創造的成就。心作為一個意義的根源，展延成一個無遠弗屆的世界面，然後超越的無限心能向上翻轉，成為一人天通貫的立體縱橫境界，於是唐先生這樣的儒者知道，儒者良知本心，不只是個體的身心安頓，因為那是不保險、不究竟的，只有天下人都得到身心安頓，吾人個體才能得終極的安頓，所以將天下安放在此心中，依這樣的價值取向，個人並

〔註 18〕《生命存在與心靈境界》上冊，序言，頁 12。
〔註 19〕《孟子．公孫丑》上，頁 237。

沒有所謂「受苦」可言。

其三：弗蘭克的意義治療是放在「希望」上，把意義放在一個「明日」的希望，現在的困境已然接受，但因為未來有會更好，所以撐過這一個黑暗的晚夜，美好的黎明將要來到，上帝的救贖總要來臨，這也與儒學所說的「當下」承擔的觀念不同。儒者的當下承是應時應幾、天人共感，如孔子言「我欲仁，斯仁至矣」。孟子言：「不學而知、不慮而能」〔註20〕。陽明云：「良知本體無時無刻不在日常生活中，發現流行，當下具足」〔註21〕。羅近溪云：「抬頭舉目，渾全是知體著見；啟口容聲，纖悉盡是知體發揮，更無幫湊，更無假借。」〔註22〕、唐君毅的「義命合一」、「天命自命」、「道德自我」等言，則知儒家「當下」是本心的存在狀態，〔註23〕唐君毅直言這個當下的心是與天地、鬼神與萬物感通的心，如實面對命的來到，儒者是以體道的態度和立場，確切把握工夫與本體的當下合一的道德實踐，並沒有把未來當做一種寄託，與弗蘭克的「希望」之意義不同。

其四：觀弗蘭克所承繼的是猶太一神論的傳統，其最終的依據是「上帝」。而唐君毅所承繼的天道性命相貫通的歷史傳統，其最終的依據是「道德本心」，認為「心」是一種動態的，以不斷從自身站出來的方式，迎向各種可能性，從而敞開了一個開放的領域，讓真理得以顯現。他雖然也有儒學的宗教意識，但他不重在信仰，認為要作自己的神，此神是本心，是道德的本心天理，祂不能只是空掛，停在抽象的狀態中，也必須在存有的律動中，而為分殊的表現。唯有在不同的情境中，成就不同的道德行為，始有真實的道德行為可言。一一差別的情境是具體的，道德心性是普遍的；唯有普遍性落實在具體情境中，才是真實的道德行為，這與弗蘭克的終歸相信上帝一外在實體不同。

以上論述弗蘭克與唐君毅儒家型的哲學治療，兩者都將意義都作一超越

〔註20〕以上兩句出自《論語．述而》、《孟子．盡心上》。

〔註21〕王守仁著，《王陽明全集》下冊，卷二十六〈大學問〉，上海古籍出版社1992年，頁967。

〔註22〕羅近溪著，李慶龍彙集，《羅近溪先生語錄彙集》，韓國：新星出版，2006年，214條。

〔註23〕林安梧先生說：「這個當下的本心就是放在一個非常長遠、非常深廣的一個性情文化的系統裡面說。這樣的意義治療，也就是歷史文化傳統，是就與人的性情德行相關的文化傳統，就當下的觸動而說的。林安梧，《儒學轉向：從「新儒學」到「後新儒學」的過渡》，台北，臺灣學生書局，2006年，頁74。

的反省，都是要是探求哲學意義的最高層次，依於東西思想的差異，兩者對於意義的說明，仍有定義與境界的不同。

人們雖然可能在命限的生活中，但人們都能找到支撐哲學的勇氣與源頭。那麼，在一般人平淡的日常生活中，或是痛苦與快樂交織的人生中，我們當然能夠以自身的勇氣與努力來超越種種煩惱與焦慮，以積極的態度去賦予哲學意義與價值，並在人生旅程中完成我們所承擔的各種使命。

對於哲學意義的呈現並非只是個人主觀意願的想法與實現，人都不能在封閉的內心世界中去發掘哲學的意義，哲學的意義不只是追求自我超越而且要自我實現，實現即是儒家的體證，人們都必須在現實世界中去發掘與體證哲學的意義，儒家型意義治療的建構是對現代人哲學治療的良方，意義追求的生活不再是為了自己所相關的生活，而應該是為了整全的意義，追求大同的理想，就是哲學意義最好的展現。

第二節　唐君毅哲學治療與敘事治療

一、當代敘事治療探討

西方心理學諮商的發展，在一九五〇年代之前，一直由兩個主要意識型態度的學派所主導，第一個是科學的實證行為主義，第二個則是弗洛伊的精神分析。一九五〇年之後，一些人格理論家，「如艾波特（Gordon Allport）、穆瑞（Henry-Murray）墨菲（Gardner Murphy）、後來的凱利（George Kelly）、馬斯洛（Abrahoam Maslow）、羅傑斯（Carl Rogers）和羅洛梅（Rollo May），這些人不願受行為主義和精神分析學派的局限範疇，認為這兩個關於人類的思想體系，都把人之所以為人的要重特質排除在外，如選擇、價值、愛、創造力、自我覺察、人類潛能等」〔註24〕，於他們建立一個新的學派，稱之為「人本心理學」，又被再為心理學的「第三勢力」。

歐文・亞隆（Irvin D. Yalom）mbr，在七、八〇年代提倡存在精神動力、精神病理學以及存在取向心理治療，以實務取向為主，以為臨床工作者提供解釋體系，他以本真的、徹底的、終極的關懷，將哲學的底線拉到非常基本

〔註24〕歐文・亞隆（Irvin D. Yalom）著，易之新譯，《存在心理治療》上冊，張老師文化，2011年，頁49。

的層面，讓人們得以用比較本真的視野廣闊的可能，在這意義下，存在心理治療是「朝向無蔽的狀態的心理治療」。〔註 25〕他確認了人類必須要我自我的意志，以及自由的空間，要與他者相應答，彼此承擔責任，這些都在存在的底層構成「活著」的必要性。

在第三勢力之後，馬斯洛（Abrahoam Maslow）是有創造性的學者，他創立了第三勢力心理學之後，又勾畫「第四勢力心理學」，並把它命名為「超越心理學或超個人心理學」（transpersonal psychology）。他不僅期望在其人本主義心理學基礎上繼續發展，而且從中實現溝通東西方心理學的意願。所謂「超越」是要在以身體與心理的傳統心理學意義上，增加對靈性層面的追求，融合是要超越學派的門戶之見以及心理學的學科界限而求其通貫，故其理論力求能貫通古今、包括溝東西方心理學的聯繫。但是「第四勢力心理學」目前學者並沒有很一致的說法。有人相信是家庭取向的治療模式；有人相信是超個人（transpersonal）的取向；有人相信是多元文化的諮商模式，縱有不同的想法與觀念，但如果從家庭與多元文化的角度而言，強調系統對於一個人的影響，顯然病理化的觀點，已經從過去強調個人的因素，轉向而為從系統的觀點出發。傳統典型的心理治療透過診斷，提供解釋、處方的治療，改善個案的認知與行為；而後現代主義的諮商模式，認為系統影響個人的適應；要去除病理化的標籤，朝向問題外化的方法，改善當事人的困擾。

以系統與社會文化的觀點為主軸的心理諮商理論，主要是後現代的治療模式，治療觀點主要有敘事治療（narrative therapy）及焦點解決短期治療（solution-focused brief theapy）兩個主要治療學派。其中敘事治療的哲學觀點，主要是社會建構的概念，敘事的理論源自後現代世界觀與社會建構觀，分享知識權力的合作的諮商關係，讓當事人覺察主流文化對其生活的影響及操縱，治療者擴展當事人的視野，促使當事人對於哲學能有新的發現或創造，而且是獨一無二的經驗。

「敘事治療」（Narrative Therapy），是一種重視語言、文化脈絡和態度取向的心理治療。敘事這概念來自於後現代主義，目前並沒有較為公認的定義，故一般被稱為訴說故事或敘述事件。以敘事作為治療是一個對「現代主義」

〔註 25〕《存在心理治療》上冊，余德慧序，頁 24。

〔註 26〕的反思下的產物，敘事治療所要談的，就是簡單的「態度」兩個字；一個治療者對「事件」的態度、對自己和「哲學」的態度。

人們生活中的故事、所連結的意義主題，大都是建構的概念。社會建構（social constructionist）的觀點，視現實是主觀的建構。個人主觀的看法，來自於個人所經驗的世界脈絡，所創造個人建構的架構，個人所建構的觀點僅是主觀知覺的現實（perceiv dreality），現實的觀點是個人在情境、與文化脈絡中的解釋。現實的觀點往往與個人所存在的社會文化、價值、與偏見有關。人類不可避免的暴露於外在環境，人也被逼著去調整與平衡自身與環境的差距；即社會文化的環境與個人的所建構的世界間的落差。所以，家庭環境與外在社會文化價值的相似度愈近，子女適應能力也就愈好。

故敘事治療認為現實是基於互為主觀與語言所建構的。其不以病理的角度解釋人類行為，而以解構主流價值的方式；以外化問題取代在當事人身上尋找問題；找尋操控言論力量的分析治療著重於教導人們找到他們遺忘的力量，發展一個對於心理困擾的新概念，運用新策略，視問題為一種改變的，由社會建構的故事，並不是固著不變的，治療師的工作是去幫助人們重新編寫新故事的方式，使用各種輔助治療的方法，以增加說話理論敘說的影響力。

敘事治療重視文化的影響，個人的故事受到文化內化而成為習慣類型。懷特認為：「文化故事會決定我們個人生活敘事的形態，人的生活藉著故事而有意義，經由他們生長文化的敘事和個人敘事，他們的建構與文化敘事有關」。〔註 27〕所以治療的改變在於創造有關於問題與生活的故事，治療諮商師在歷程可以使用其他相融的理論與技術，協助當事人。敘事治療基於當事人所帶來的故事，透過敘說的經驗，檢查並使用其意義的結果，對於敘述基本技巧的了解，與應用於泛文化的諮商的趨勢；是從事諮商工作不可忽略的，多元文化的技巧通常需要諮商師具備調整傳統技巧與增進文化的能力，方能勝任。敘事治療提供治療師一種途徑，以信念當基礎，信念來自於社會脈絡甚於人

〔註 26〕現代主義，重視因果、實證與客觀的真理。此想法下的「人」是病態、充滿疾病，並且可以被切割成一個個器官、或被歸類在不同的範疇來討論。而敘事治療是目前漸受重視的療法，是後現代主義的產物，對於主流文化有深切的反省與批判，目前在亞洲地區已漸漸深入接觸。參閱，Martin Payne 著，陳增穎譯，《敘事治療入門》，台北，心理出版社，2011 年，頁 32～33。

〔註 27〕吉兒、弗瑞德門（Jiff · Freedman）、金恩、康姆斯（Gene · Combs）合著，易之新譯，《敘事治療——解構並重寫生命的故事》，台北，張老師文化，2011 年，頁 68。

本身；透過多元文化的歷程；例如種族內化的問題加諸於當事人身上，這些內化的種族壓迫性想法及社會性議題，可以經由檢視與外化而解放，獲得自由。

生活文化常常是當事人所形成的故事內容，故敘事治療提供一個架構，協助當事人看到如何受到在文化隱含假設的影響。故事是人們所創造的，人們使用在文化體系下，被接受的文字語言，除了被了解外，同時我們也被制約的語言文化所限制。治療師的工作就是使用「外化」的敘述技巧，經由「解構」與「重寫」的過程，鼓勵當事人能夠重新創造自己的故事的過程。

敘事治療受到傅科（Foucault）理念的影響，近二十年來敘事治療蓬勃的發展，拓荒者者首推澳州治療師麥克懷特（Michael · White）和大衛愛普斯頓（David · Epston）。〔註 28〕他們合作過許多工作坊，許多治療師都來跟他們學習敘事治療（如 Freedman and GeneCombs 等），他們共同出版過《Narrative Means to Therapeutic End》一書。

Michael · White（1951～2008）曾受到高夫曼（Erving · Goffman）的理念影響，將失落在主流故事之外的哲學經驗，稱之為「獨特經驗」，並重視開發案主的「獨特經驗」，藉此協助案主把淺薄的故事變得意味無窮。後來又 White 發現「敘事隱喻」結合傅科（Foucault）與 Bateson 的想法，可以鬆動主流信念系統對人們的控制。於是 White 運用「書寫、文件、信件」等為治療性文件（therapeutic documents）方式做為敘事的獨特治療方式，乃是受到 Epston 影響最深，Epston 規定自己幾乎每次晤談後都寫信給案主，這些信件的副本，就成為唯一的「會談記錄」，這種作法，十分顛覆傳統臨床「檔案」工作，也為治療師與當事人之間創造更平等的關係」。〔註 29〕

敘事治療的對話過程，外化式對話、解構、發現獨特結果及建立替代故

〔註 28〕有關敘事治療的專書繁多，可參考 Michael White 和 David Epston 合著，《故事、知識、權力——敘事治療的力量》，台北：心靈工坊出版，2001 年。麥克 · 懷特（Michael · White）著，《敘事治療的工作地圖》，台北，張老師文化，2011 年。A .morgan 著，陳阿月譯，《從故事到療癒——敘事治療入門，台北心靈工作坊，2008 年。Martin · Payne 著，陳增穎譯，《敘事治療入門》，台北，心理出版社，2011 年。吉兒、弗瑞德門（Jiff · Freedman）、金恩、康姆斯（Gene · Combs）合著，易之新譯，《敘事治療——解構並重寫生命的故事》，台北，張老師文化，2011 年。

〔註 29〕參閱，Martin Payne 著，陳增穎譯，《敘事治療入門》，台北，心理出版社，2011 年，頁 145～175。

事、重寫故事以發展個人動能。這樣的治療是一種歷程取向（process-oriented），它是採取折衷的策略，能夠融合現代與後現代的學派的精華，在應用敘事治療的過程，使用各種不同的態度、理論與技巧，以協助當事人。茲將其重要過程與方法概述如下：

1. 外化（externalization）。將問題「外化」，就是人不等於其問題，問題只是問題，人必須與問題分開。問題會運作、衝擊或滲透人的生活，是與人分開而不同的概念，所以外化就是這種信念的實踐。White 說明「外化」的觀念：

> 藉由將問題客觀化，為原本問題視為內化的相法解套，將問題客觀化，使個案能將自己和問題切割；問題就是問題，問題不等於人。在外化對話的脈絡中，問頭不再代表人的本質，從困境中脫身也不再是遙不可及的事。〔註 30〕

治療師在傾聽案主的故事時，必須自問「此處有什麼問題？這個問題的本質是什麼？這個問題是如何表現的？生活中有這種問題的人會有什麼感受？他受到什麼影響？才會以這個方式思考、感受、行動？是什麼使他體驗不到自己之所欲？」〔註 31〕等等，當治療師自覺到這種態度時，那就是跨出把問題與人分開的第一步。

> White 說：
>
> 外化對話促使這些關於憎恨的結論得以被擺脫，也開闢了發展重寫對話（re-authoring）的空間。…這種解放過程，普遍顯示出讓個案前來諮商的「問題」長久以來用哪種「策略」。這些故事包含種種人們所臣服的權力關係。以及在他們的生活與自我認同中形成的負面結論。這種解放使「事實」失去地位，種種負面結論被畫上問號。結果個案發現生活不再受制於這些負面結論，並演變為能夠探索哲學領域的狀態〔註 32〕。

2. 解構（deconstruct）。治療師以敘事／外化的角度來了解案主的生活時，必然地會附帶解構的作用。「當我們以傾聽並了解人的敘事，並不是要以任何

〔註 30〕麥克．懷特（Michael．White）著，《敘事治療的工作地圖》，台北，張老師文化，2011 年，頁 12。

〔註 31〕《敘事治療——解構並重寫生命的故事》，台北，張老師文化，2011 年，頁 89。

〔註 32〕《敘事治療的工作地圖》，頁 26。

重要的方法改變他們。…使他們發現敘事建立的假設基礎，或是發現敘事中的空白或模糊之處，就為故事開啟了轉移的空間」。〔註 33〕由於案主的困擾，常帶來壓力、痛苦與威脅，人為免於焦慮，可能使用消極的方式，或不接觸的方式，過著沒有感覺的生活。案主的問題常與生活關連在一起，治療師幫助案主覺察這些現象，使用敘說故事的方式，解構這些充滿問題的生活，引導個案將問題具體或生活化，這種外化的技巧是解構有權力的主要介入方式，使個人與問題分開。個案將主流價值內化成為自己的問題之後，諮商師協助當事人解構，還原原來的狀態；在解構之後，逐一重組，成為新的、有意義的經驗；並賦予有開展性的意義，重新開始生活。

敘事治療主張用豐富的「替代性故事」取代「充滿問題的描述」，其特有的技巧讓人耳目一新。敘事治療思索主流論述對當事人的故事產生的影響，也挑戰傳統治療法的假設。在敘述治療的過程中，常被使用的技術主要有獨特經驗、外化、不同時空的對話、隱喻（metaphors）、想像、未來導向、重新入會所相對影響等方式做為介入的方法。

故事影響著個體的生活及對生活的詮釋，個人經常述說的主要故事，是連結哲學中許多不同事件而成，人會過濾生活事件，選擇部份進入其主要故事。特定的事，成為圍繞某個主軸的故事。但個人敘事無法完全呈現其整體的生活經驗，經由解構主要故事，組織遺漏或不被注意的事件，往往可以成為有意義的替代故事。White 在〈突顯特殊意義事件的對話〉中認為，敘事治療所用的方式，會讓當事人發現哲學中各個事件與其他人的聯繫，無論成功、或失敗，個人的哲學經驗不是個人獨善其身可以完成的，因此，這樣的連結反而會讓自我中心的人變得開始關注他人對哲學的影響與造就。面對「特殊意義事件」（unique outcomes）或「例外」（exceptions）〔註 34〕的個案，治療師須離開治療的中心位置，將作者身分還給案主，幫助個案找回那些獨特卻被淘汰的經驗，協助他們反思這些經驗並予以具象化，使個案有機會為自目標發聲，在發展自我意識時，也認可他人的聲音，這種新的定義，支持自己與他人更有關聯的認同感。〔註 35〕

3. 重新書寫（re-write）。在治療師與案主的合作過程（collaborative

〔註 33〕《敘事治療——解構並重寫生命的故事》，頁 103。

〔註 34〕《敘事治療的工作地圖》，頁 192。

〔註 35〕參閱，《敘事治療的工作地圖》，頁 191～226。

process)，治療師幫助案主探討對當事人有的情節與主題，也被鼓勵使用自己的語言，呈現對案主有意義的內容。透過對話關係的建立，認同案主的故事與問題，幫助案主釐清故事的意義，並試著外化問題、解構、再重寫故事的過程，增進當事人的能力(empowerment)。

「說故事」是治療過程中重要的媒介，藉由這個過程，可以看到當事人的哲學、生活或者是價值觀，甚至透過故事去了解被討論者生存的背後因素。討論者是自己哲學故事的專家、哲學的主人、是面對個人哲學挑戰與難題的實際操盤者，而在後現代敘事觀點中，強調的是要把人與問題分開，將事情外化，人不是問題，問題才是需要解決的，而問題也不是一成不變的，問題的產生往往是社會或文化所建構出來的，也因此人們常常會被主流意識所壓迫，為了在大眾中尋求自我認同進而放棄、疏遠或忽略自己的渴望。

故只是敘述是不夠的，為了有所不同，新的故事必須在治療師辦公室以外的生活中得到體驗，形諸生活之中，所以藉著重新表現或重新述說，故事的表達才有改造的作用。吉兒說：「我們治療的方式是誘導人為自己的與眾不同慶賀，並根據其生活的特殊性發展敘事，並表現出來。」〔註 36〕

人生就是一場故事，故事中的角色與環境是多樣化的，人的七情六欲都會在其中展現，但是在這場故事之中，可以是因為你而有其顯著性，這樣的顯著性就成了你可以與人述說的故事，只有通過自己的哲學歷程，才能將這故事發展獨特的樣貌，才能將那故事性說得完整，因為不斷地可以顯著地述說，你的哲學就被自己重新創，你的哲學經驗就成了創造哲學故事的材料。通過故事可以找出自己哲學的美感，可以看到別人的哲學藝術。敘事治療認為，儘管故事被你認為是痛苦與扭曲，但是你的不斷敘事會將裡面的獨特性浮現出來，在過濾與汰洗之後，那是哲學中意義的閃光，從閃光中你會發現哲學在此時此刻所展現的價值，你值得為那價值繼續披荊斬棘，從而不斷挖掘得到哲學的可能。

二、唐君毅哲學敘事治療

唐先生的「人生之路」本來是為自我哲學的煩惱苦悶，尤其是過失屢屢犯起而不能徹底解決，為了這樣的煩惱，他透過靜觀、反省、書寫，得以讓自己精神從而奮起。所以他是為自己而寫的，殊不知真做到了解救他的煩惱，

〔註 36〕《敘事治療——解構並重寫生命的故事》，頁 70。

也起了幫助別人的作用。

在唐先生撰寫第一步作用，常常就有外化的功能，但也不純粹是敘事治療式的問題外化，他同時也在內化中找到外化的可能依據，也就是問題外化的具象，並不能只靠治療師的「希望」想像，直接可以將問題與人徹底分開，人的問題也不能只靠外來的救治，問題與人是一體兩面，意志成了治療的關鍵，唐先生很善於觀察各個理論的優缺點，所以他不可以侷限於一端，「他的哲學重視『歷程』，是一種『歷程哲學』」〔註37〕。唐君毅說：

> 你當認識你自己。對你自己，負有絕對的責任。你不能把你的任何行為之產生，只溯其原因於你之遺傳與環境。你必須把你的一切行為，都視為你自己作的自己的決定。不論是你有意識的行為或無意識的行為，常態的行為或偶然的行為，你一概要承認是你自己決定的。〔註38〕

1. 以「外化」即反求諸己

外化是一種治療方法，用以鼓勵當事人客觀面對事情，有時並能把有壓迫性的問題經驗擬人化。這是將人與問題分開來看，當提到帶入治療中的問題時，用一種特別的態度和口語來形容它是影響當事人的事情，而非當事人本身的個性或特質。透過隱喻來外化是敘事治療的一大特色，當事人要回應的是問題情境，而非問題，因此，問題是當事人可以排除在生活之外的，或者用某種方式控制住的，外化是去病態化（de-pa-thologizing），且是暗喻著希望與鼓舞的語言。外化將人與問題分開來看，被訪談者可以描述問題對自己的影響，它和自己的關係是什麼，可以具體的事物（如顏色、某物等）描述自己的感受與情緒，被訪談者可以體會到自己不等於問題，問題也不能代表自己。

外化與內化恰好相反。內化的觀念是認為自我是問題的根源，故事主人翁認為自己有問題，自己就是問題，外化的好處，主角不須承擔問題根源的責任，容易釋放受困擾的哲學能動性，主突不是被解決的對象，可與敘事同行者聯盟，共同對付問題。

外化對話的整體要點在協助當事人破除問題是他本身的一部分，或問題出在他身上這樣的迷思，問題不是他天生固定的特質，或是病態的表現。故

〔註37〕廖俊裕、王雪卿著，〈唐君毅判教理論的初步考察〉，《研究與動態》，第八期，2003年6月。

〔註38〕《道德自我之建立》，頁37。

在問題外化的同時，必須把問頭對人的影響過程具體化、情境化，把外化問題和社會情境連接起來，人才能突顯出來，知人人如何讓那個外在的問題跑進來影響自己，而成為故事主角，得以解決問題。

唐先生在「人生之路」系列著作中，他的第一步作用，常常就有外化的功能，「其外化是透過靜心觀照書寫而得」。〔註 39〕

> 我雖是出於解救過失之動機，而寫此書各部，在寫作時，卻無與煩惱過失掙紮奮鬥之情調。此時，我心靈是平靜的超脫的，我是站在我自己煩惱過失之外，來靜觀我自己。這居於靜觀地位的我，好似一上下無依，迥然獨在的幽靈。這幽靈，一方面上開天門，使理境下降；一方俯瞰塵寰，對我自己與一切現實存在的人，時而不勝其同情惻憫，時又不勝其虔敬禮讚。所以寫作時常常感觸一種柔情之忐忑，忍不住流感動之淚。
>
> 我之寫此書，便可謂常是在此種有所感慨的心境情調之下寫的。即在此心境情調下，我便自然超拔於一切煩惱過失之外，而感到一種精神的上升。〔註 40〕

在傳統敘事治療中，透過「外化」來造成人與問題的分離，而達成某種故事主角從問題泥淖中掙脫出來，而恢復解決煩惱的能力，並降其其罪惡感、失敗感。當接觸到敘事所傳達的「態度」，不只是面對個案時所用的方式與報持的態度，還須要知道站在什麼位置來觀照哲學與自我。唐君毅從「站在我自己煩惱過失之外，來靜觀我自己」，那是一個對哲學故事「好奇」的態度，抱持「欣賞」的角度去和自我個案討論那些「例外經驗」，於是「這幽靈，一方面上開天門，使理境下降」，他發覺那不被問題所干擾的獨特經驗，發覺我與人的病痛其實都一樣，對待哲學的態度，因為我的外化而發生了意義，它不是一再被強調的「多數」偏差行為，於是「自己與一切現實存在的人，時而不勝其同情惻憫，時又不勝其虔敬禮讚」。從敘事事的角度來看，「態度」遠比要治療的「技術」來得重要。

唐先生的第一步，是不要和問題對抗。這即是外化的手法，表現出他的辯證思維特色，即反省的超越法，面對問題不是急著逃離，而是不和煩惱抗

〔註 39〕廖俊裕、王雪卿著，〈唐君毅先生的工夫論——敘事治療的一種形式〉，台北，鵝湖月刊。第三五卷第五期總號第四一三，頁 46。

〔註 40〕《人生之體驗》，導言，頁 3。

爭，好好把問題看清楚，從頭到腳、從上到下、從正到反、從裡到外等，認真地省察觀照、徹頭徹底的瞭解清楚，這種態度使其產生「上開天門」，人能領悟道理的能力就出現，於是「理境下降」，他便能看出煩惱困擾的理由所在。此時他便進入「有所感慨的心境情調之下」，他一方面，同情惻憫自己及世間之人，這種悲憫可以帶來超越產生外化的作用，降低人的罪惡感與失敗感；另一方面，他還出現虔敬之心，對自己或現實的人生發尊敬感，於是煩惱被超越了，「我便自然超拔於一切煩惱過失之外，而感到一種精神的上升」，他看到了一種精神的上升，煩惱成了一種治療的依據。

所有的問題的產生是我自己引起的，所以我自己必須去承擔、去解決，這裡表面看來是內化的偏向，但是反觀人之所以有問題，是因為當事人還沒學會以更好的方式，來體認自己的責任。人不能找到適當的方法去追求自己的意志，這是一種「不負責的行為」，其內心是一種怯懦的人格狀態，這都是由於缺乏過程的經驗所致，因此唐君毅敘事儒學扮演了像「教師、教育者」的角色，它比其他學派有更多教育的功能與意向，教師不是治療師，他只是個「引導者」，在前面引領個個往正確的方向去，這對的方向，不對當事人做評斷，而是讓當事人自己做評斷，可使當事人為自己的行為負責，知道自己所做的事，如何影響自己。〔註 41〕

2. 自我的敘事與自行解構

解構是首先不把事情視為理所當然不可改變，藉由故事的發展找出故事的主軸與分枝，在解構中從分枝中尋找新的意義與發展的可能性，所以敘事裡面即含解構的動作，在解構中又不斷敘事出故事中的新的故事，新的故事又隱喻著新的見解與意義。

在傳統敘事治療中，並沒有一定的模式或方法，教人按圖索驥、如法泡製，甚至沒有人將其做定義。〔註 42〕但是無可否認的，「敘事」與「解構」，

〔註 41〕參閱，〈唐君毅先生的工夫論——敘事治療的一種形式〉，頁 45。廖俊裕說：「傳統儒家似乎是肯定主體、肯定真的本質存在，這些好像和後現代主義相衝突。但在唐先生的觀念之中，他的主體都是互相隸屬於其他主體的，這和後現代主義的說法一致」。如〈意味的世界〉一文，收入於《唐君毅論集》，頁 99。

〔註 42〕如《故事、知識、權力——敘事治療的力量》、《敘事治療的工作地圖》、《從故事到療癒——敘事治療入門》、《敘事治療入門》、《敘事治療——解構並重寫生命的故事》等書，都不對「敘事治療」作定義。

必是這治療方法中很重要的一個步驟。

唐先生的敘事治療所帶來敘事的方式，基本上是屬於「自我敘事」的手法，他的敘事過程因為沒有敘事同行者的參與，所以展開的風貌與一般敘事治療便為不同。透過描述現象或自我描述，而使自我發現層層昇進擴大，以達到煩惱的解除。這種自我敘事的「解構」的過程，透過敘事重新發現自我，重新省察哲學意義而達治療的作用。

在《病裏乾坤》一文中其敘事的特色最為濃厚具體，也最能說明他正在發生什麼事情，及其不安的心理現象，而他的自我書寫之敘寫又如何疏導這樣的不安？書中提到，唐先生在年輕時病痛特多，他在敘事時自我解構其中的意義，進而發現治療的功能。

> 唐先生云：
>
> 此出自吾一己之私之煩惱之減輕，乃始于吾父之逝世，而吾自知對吾母及妹弟之有責。吾由此而知一切人皆惟賴其具體之行事上，自為其義之所當為者，乃能自拔於個人之孤獨以外，否則人雖存希聖希賢之念、悲天憫人之懷，而不能自絕其一念反緣而生之自命不凡之傲慢，則人終為小人之歸。此則為吾自二十餘歲後，所逐漸悟得之義，而唯感行之未力，復時感舊習難奪，亦感有種種思想上之葛藤，尚難斬斷。〔註43〕

唐君毅的自我敘事中，發現真實地面對一己之私之煩惱，從己私超拔出來，體悟到哲學存有的自為其義之所當為的意義。將身體疾病的對應問題，擺在「當」與「不當」的價值之辨上心自己的行為，是否能思其所當然與行其所當然。所謂「當然」，涉及到大人與小人之分判。甚麼是大人，要有「希聖希賢之念，悲天憫人之懷」，但是不能僅停留在心念上，還要具體地落實於行為的實踐上，這種行為實踐是哲學的真實的體驗與完成，對治了己私的妄念，產生了高尚的道德品質，如果「自絕其一念反緣而生之自命不凡之傲慢」，終究還是小人。

當他開始描述其患目疾的態度時，因為自認為可以痊癒，因而有「虛憍慢易」之情。他的憍慢之情是來自於早年有些超越的經驗，如讀象山悟「宇宙即吾心」之理，所生的憤悱之經驗；又舉了與眾人觀看孫中山先生紀錄片和月食事件等，由此超越意識、超越世界之呈露，談及天與天命的永存，因

〔註43〕《病裏乾坤》，頁20。

此面對目疾，之所以超脫的原因。一時感受到「有命在天」，這些「多少具有一超越而自謂大公普遍之宇宙性的心情，而自覺其哲學之在世間，負有某一種使命，自謂當完成，不得不求其完成，而亦為必完成者」。〔註44〕這其中可能是傲慢心的呈現，所以應該了所當為、如理作意，進而敘述孔子、曾子、王陽明、高攀龍、劉蕺山、蘇格拉底等人面對死亡憂患的態度，所以當了無法了的人生任務，和人自認為須等待自我之為當了、當作間之任，便有一矛盾，進而又討論理與事、習氣與病、痛苦與神佛、當與不當之辨、覺與無覺、盡生死之道與超生死、痛苦之究極的價值意義，最後結穴於痛苦與大悲心、崇敬心及感概祈願心而解決目疾所帶來的不安。〔註45〕

唐先生的這種自我敘事法療方法的特色，即是一種「層層昇進的辯證歷程」。〔註46〕他從超越世界的宇宙情懷，再進而發現有傲慢心的存在可能，進而發現憂患與死生之道，每個階段都是發現更多的自我經驗，前面的階段被作用的保存到後面的階段，每個歷程都是全自我的發現，也因而帶來身心安定，與哲學治療的作用。

唐先生的敘事治療，由於是自我敘事，而且他的敘事因為沒有敘事同行者的參與，所以展開的風貌也與一般敘事治療不同。「他比較偏向描述的手法，而描述本來就是唐先生哲學很重要的方法，透過描述現象知知，而使自我發現層層昇進擴大，以達到煩惱的解除」。〔註47〕如《病裏乾坤》在描寫目疾時，因為前面經歷了種種人生的苦痛，此時靜觀有了勘驗印證，所以描述出他所經歷的心情曲折，其對病痛的意義探討，展現出他所體現的生活的智慧，並能逐漸消解他的苦痛。又如《人生之體驗》中，〈自我哲學之途程〉，我的喃喃細語，童話般的〈人生之旅行〉，詩情般的〈生活之肯定〉…等等，無不說明唐先生在敘事上用心，而且似乎故意要用這樣的描述，才有辦法表達他想「說故事」的用意。他說

> 本書何以不用最確切的語言表達？今藉歌德二語解嘲曰：「真理似乎把光不但放射于一方面，而且也放射于多方面的金剛石般的東西」、「只有不確的，才是富于創生性的」。

〔註44〕《病裏乾坤》，頁15。

〔註45〕以上參閱，《病裏乾坤》，頁1～15。

〔註46〕廖俊裕、王雪卿著，〈唐君毅先生的工夫論——敘事治療的一種形式〉，台北，鵝湖月刊。第三五卷第五期總號第四一三，頁49。

〔註47〕〈唐君毅先生的工夫論——敘事治療的一種形式〉，頁48。

> 本書何以說許多話有意的不說到盡頭處？今藉歌德一語，省略數字變其原意解嘲曰：「我們對高級的原理，只應該有益于世間的範圍內說出，其餘的我們應該藏在心裡。但是他們會和隱藏了的太陽之柔和的光明一樣…廣佈它們的光輝吧！」〔註48〕

在傳統敘治療中案主所需要的支援，唐先生恰巧是不需要的，而「他發現只要存在即可，因為存在自身即是一種價值，而且正是因為是自己的重新發現，更有其不可替代的價值」。〔註49〕在其自我敘事中，其實已融入了他「過程哲學」的解構，他以實踐的歷程中，所體證種種方法，為他的病相「自我解構」了其中原因，並且如理作意地層層轉進，天下實在沒有病態的聖賢，而人人也能達到聖賢的境界，因為聖賢無病而人人本也是無病，於是自己的病疾因而得解，一切人生的負向病態都因此而消弭，所以唐先生的描述，早已在不斷的反省中重新書寫〔註50〕，他所展現的書寫情境已經超越了受病時的情境，哲學在此間產生的共敘共解、共生共融的理境。

3. 重寫的效果——自癒與療人

唐君毅敘事治療最大的特色就是，他是自癒的方式，也是療人的方式。唐先生提供的治療管道，一是直接閱讀「人生之路」系列，而起一種閱讀治療、讀書治療。儒學強調人性善端之自愛與愛人，從個人的反省之至善，也因而肯定人人的至善，故各種歷程的經驗，都是為了引發對那至善的瞭解。故他鼓勵個人透過行動產生實踐的道德經驗，治療的核心就是道德實踐，從實踐中產生勇氣，產生改變哲學的力量，如同是一種「行動治療」（doing therapy）〔註51〕。

> 吾自反省吾之此類經驗中之心情，復見此諸心情，亦多原是依于吾之不自覺的或超越自覺的，嘗如理作意而生。
>
> 然吾能如理作意，以有此經驗，亦當有如理作意，以知凡為人者，

〔註48〕《人生之體驗》，自序，頁7。

〔註49〕《道德自我之建立》，頁4。

〔註50〕敘事治療基本上是以口述為主，但也肯定書寫。懷特說到：「有時候，有些人需要協力，但是卻不想和任何人談，甚至不想見任何人時，我們就會用書寫方法處理。」參閱，Michael White 和 David Epston 合著，《故事、知識、權力——敘事治療的力量》，台北：心靈工坊出版，2001年，頁42。

〔註51〕行動治療，見於現實療法之中，強調立即行動的治療能力。參閱，周志建，〈敘事治療與行動治療之比較〉，《諮商與輔導》第200期，2002年，8月。

> 同能如理作意，以有此經驗。…此中如理作意，雖有種種之層次，然實亦為同一之理性之自然轉進而有之表現。
>
> 蓋彼至聖，亦必依理而知其能為聖，他人亦同能如彼之聖。而天下亦實無傲慢之聖賢也。吾亦可自謂至在理上，能知其為顛撲不破，吾之所以漸能自知其少年時之傲慢狂妄之心靈之非者，正半由于此。〔註52〕

重新書寫是從新的意義與發展的可能性中，案主選擇自己要走的方向與影響問題的方法，使得故事改寫或有新的發展。在敘事治療中「重寫」就是從新的意義與發展的可能性中，主角選擇自己要走的方向與影響問題的方法，使得故事改寫或有新的發展。

唐君毅的敘事治療，「從形式上看，唐先生在《人生之路系列》著作上，如果可以起安頓身心的治療作用，應該叫「書寫治療」（writing therapy）」。〔註53〕他在書寫中又重新發現自我而產生新的意義，提供新的治療，故本文將之名為「重新發現自我」。

> 雖然自己時時都在激勵自己，責備自己，但是犯了過失，總是再犯，過去的煩惱，總會再來。於是在自己對自己失去主宰力時，便把我由純粹的思辨中，所瞭解的一些道理，與偶然所悟會到的一些意境，自靈臺中拖出來，寫成文字，為的使我再看時，它們可更沉入內在之自我，使我精神更能向上，自過失煩惱中解救。一部不能解救我，便寫第二部。在寫時，或以後再看時，我精神上總可感到一種憤發，便這樣一部一部的寫下去了。在寫任一部時，可說都是心中先有一朦朧的理境，任其自然的展開，但我並不想把此理境，展開表露至最高的清晰程度。我有意的使餘意未伸；我不在文字中，窮竭那降臨於我的理境之一切意義，也不走到此理境之邊緣。我在文字中，讓輕霧籠罩著此理境之邊緣，為的使寫出的文字，更富於暗示性、誘導性，使我自己再看時，精神更易升入此理境中去。這是表示我之寫此書，是為己而非為人。〔註54〕

〔註52〕《病裏乾坤》，頁12～14。

〔註53〕書寫治療的文獻論述較少，故這個定義稍做保留。參閱，廖俊裕、王雪卿著，〈唐君毅先生的工夫論——敘事治療的一種形式〉，台北，鵝湖月刊。第三五卷第五期總號第四一三，頁43。

〔註54〕《人生之體驗》，頁2。

生活的過程總會不斷的犯錯，但是對於錯誤的反省，便是一種覺察的工夫。西方的敘事治療中，這是治療師的責任，由於治療師能以外化的角度來看待事情，所以總會清楚的看出問題的本質，而能是供相對的療法。但是在這裡唐先生卻能自任治療師的角色，他可以隨時在重新書寫中將整個過程再次的省察，而對哲學加以調整，這樣不只為人開啟空間，可以體認、評估、重新協調自己與問題的關係，這種覺知的立場便是治療功用的開啟，當人能進行這種考量，並使之成為治療過程的一部分時，我們對人和問題的觀點就出現恆久的改變，哲學也就有了質量的上升。

「一部不能解救我，便寫第二部。在寫時，或以後再看時，我精神上總可感到一種憤發，便這樣一部一部的寫下去了」。就在這樣不斷外化、解構、重新書寫的過程，「使寫出的文字，更富於暗示性、誘導性，使我自己再看時，精神更易升入此理境中去」。由於人生活之中的主流故事，常會壓抑人的生活，而人也不自覺在有關文化、種族、宗教、性別、年齡等觀念下，未經了解就深陷其意識中，敘事必須把偏見和成見隱藏，在不斷重新書寫中，我在與人天的互動組成意義，於是我的敘事會愈來愈清晰，我會活得越來越明白，「我的書寫不是為己，而是為人」，在不斷地運用過程中，卻也越來越能領會人文精髓與儒家精神，而知敘事就是人的生活，敘事就是人哲學意義的展現。

> 曾昭旭自述：
>
> 唐先生著作中對我曾發生最重大影響的，都是不那些大部頭的學術論著，而只是兩本小書，《人生之體驗續編》與《愛情的福音》，也可以加上後來出版的《致廷光書》。
>
> 我不解為什麼我要救天下世人，而世人何以不要我救？我真覺得高處不勝寒。…我的心情正陷在極度孤苦的狀態中，覺得道德理想距我如此遙壞，而世間觸目所見又是如此不堪。…忽然被一本薄薄的書脊的書名所觸動，就是唐先生的《人生之體驗續編》。我取下，才讀了序言，便不由得感激流淚，雙手顫抖。好像他每一句話都是為我而說，深深地撫慰了我在求道途中，蹭跌受創的靈魂。
>
> 唐先生引領我將自己的哲學重整一遍。…我可說我半生的為人，是轉折奠基在這時期，而唐先生則是在這段時期，唯一引領我哲

學的明師。〔註 55〕

這一段文也可以說敘事治療的迴響。曾先生哲學中的痛苦，有感於世人皆醉而我獨醒，自己一生的努力，只是受到世間人的不屑一顧，理想是如此的遙遠，希望不再叩門，哲學苦痛之絕望環繞在眼前，身為一名哲學的堅持者，他如何在各種打擊之中自命自療？已經之打壓到無力站起，從唐先生的重新中得到啟示，他得到撫慰與引領，得以重將哲學重整，而達到身心安頓的迴響作用。

曾先生看到《人生之體驗續編》，它從哲學的負面來肯定哲學的價值，涵有創新儒學的成分與儒歸本於身心性命之源的至情。只有當行有不得，人我不能通之時，反求諸己，去疏通自家哲學的內部鬱結，照亮心中的幽暗角落，治癒打擊殘留的創傷，讓哲學恢復健康統整、光明和暢，才有可能秉其真誠自信去開放自己，也歡迎並相信對方也會秉其真誠良善來進入我心。

從《致廷光書》，讓他瞭解唐先生與夫人的愛情修行，是如此地和諧包容。他自覺到人生之路所以難通、所以易於傷人，都是因至少一方的哲學受傷未癒；由此凝成愈形嚴密的自我防衛機構，以阻絕人情之交流所致。由此看來，不只人生之路如此，愛情之路也是如此，想要得到暢通，需要做好整套的身心修養工夫，也完全可以接上己立立人、己達達人的忠恕之道，完全為道所涵容。〔註 56〕

在《愛情之福音》〔註 57〕一書中，唐君毅強調所有愛都是宇宙靈魂的分化，男女的愛須從道義結合到哲學結合，且求彼此精神人格不斷進步上昇到最純粹，以幾於宇宙靈魂之永恆。這即是一種「以性貞情」或「以道貞情」的路數。

此後曾昭旭先生面對更多變的世代，處理的導向是現代社會中，青年男女或夫婦的感情問題，也是儒家心性論的再開發。但唐先生或許未能有意識的發展出愛情學的本體論與工夫論，甚至也根本沒有建立以心性論為內涵的愛情學之想。到了曾昭旭，他認為傳統儒學是通過忠道（君臣倫）、孝道（父子倫兼及兄弟倫）、友誼（朋友倫）以行仁顯道。但三者卻都是有距離或媒介

〔註 55〕曾昭旭，《存在感與歷史感——論儒學的實踐面相》，台北：臺灣商務書局，2003 年，頁 153～165。

〔註 56〕參考曾昭旭，《因為愛所以我存在》，台北：健行文化出版社，2009 年。

〔註 57〕參見，唐君毅（化名克爾羅斯基），《愛情之福音》，台北：臺灣商務印書館，2003 年。

的人際關係；君臣間有法律制度，朋友間有道義信諾，親子間雖有互不責善，但仍有禮為介質，而且有不宜責善之消極限隔，這三者都不似「愛情關係」作為哲學實存的現象，其間全無媒介與距離，當然也全無保護與緩衝，而只能訴諸哲學感情之純以為保證。〔註 58〕

人倫關係有外在——禮、義、法的支持與保護，愛情之愛與自由，則超越了情、理、法三分，既不需要法律道義的保障，法律道義實也無能保障，而只能直訴諸仁，亦即獨立自由、真誠之人格。所以，以仁道之實踐而言，愛情關係其實才是位居最核心或最高階的型態，曾先生要以愛情學決了人生的病痛，但因其他學者未能洞見或支持，他須獨立自證，所以這樣的型態也是最難以圓成。因為這須要男女夫婦都有真誠懇摯且自強不息的工夫修養，故愛情學相比於忠道、孝道、友道可說是一種雙修互證的型態，也可以說是儒學兩端一致的另一種呈現。

三、唐君毅哲學敘事治療與當代敘事治療的比較

唐君毅先生是由一己的人生體驗所引發的哲理，以文字的方式更流傳於後世，更容易推擴到一切現實存在的人，因為他是一種思想，從其自己的哲學流露，一種解決人類病痛，誠懇實在的真理，那也是一種哲學工夫的實踐，使人能從負面的人生中超拔出生，這是唐先生的敘事治療〔註 59〕的特色所在。

比較唐君毅敘事治療與西方敘事治的不同，分述如下

1. 敘事的方式的不同。敘事治療，從外化、解構、到重寫，有不同於傳統諮商的問話方式，但更認為『問題』才是問題，人不是問題，人與問題是分開的。人的一生中，總有幾次不被問題影響的例外經驗，因為這個「相信」，因此治療師會把焦點放在「獨特結果」的問話上，所以人與問題分開是獨特的。但是唐君毅並沒刻意分開人與問題，問題因人而起，解鈴還須繫鈴人，問題還是要人來解決，於是外化與內外雖有不同的分別，他在唐先生的思想

〔註 58〕李澤厚認為當代儒學的主題就是「情欲」。見李澤厚，〈儒學第三期的三十年〉，《開放的時代》，2008 年，頁 47。這一看法，不可不謂真知灼見，的確有一針見血的提點。就此點而言，當代新儒學家唐君毅「愛情學」之論見，也給當代人提供安神鎮定的妙方。

〔註 59〕廖俊裕說：「唐先生這『人生之路』系列著作的書寫治療所呈現的工夫，筆者將其名為——敘事治療的一種形式」。見氏著，〈唐君毅先生的工夫論——敘事治療的一種形式〉，頁 43。

是可是圓融共生的，而這也說明中西傳統的思維不一樣的地方。

2. 諮商的對象不同。敘事治療並須要有治療師跟案主的相對關係。強調尊重、瞭解個案的哲學故事，治療師與個案之間是一種合作的治療關係，治療師不是一個高高在上的專家，而是去塑造尊重、透明與好奇的諮商環境，治療師進入個案哲學，與個案一起「共構」(co-author) 新的哲學故事。唐先生在「人生系列」著作中，不斷以自我敘事的方式，重新發現他自己、解構他自己，以消除他原本對自我的疑慮、否定及其煩惱與苦痛，進而超越其精神境界，以達到我與我心共構的諮商環境，讓自我重新探整理哲學而發覺其清明的本貌，因說達到自療與治療的目的。

3. 問問題的方式不同。強調背後的精神與世界觀，沒有一定的步驟或模式，每個人可依照自己的理解，做不同的實踐，它是透過一種問話，來刺激當事人的自癒能力。唐君毅則是通過他的敘事治療讓人意外的是他不是要治療別人，他只是想表達自己，他透過暗示性、誘導性的方式，一步一步讓自己慢慢升入理境中去，任自己的精神自然展開與理境的交融。所以唐先生正是自己的治療師，符合他「自命自療」一貫的哲學學說，然而藉由文字間的對話，而且更符合敘事治療的特色，每個人都是自己哲學的專家，自己可以治療自己，而不必然通過治療師或某團隊。

4. 運用技巧的不同。敘事治療的後現代的治療師更強調成功經驗，並運用隱喻 (metaphor)、象徵、筆記、文件、書信、證書等技巧，以言辭、文字、圖畫、舞蹈戲劇等加以流傳，透過這樣的『儀式化』使個案更能自我肯定，使個案不但可以理解人的哲學，同時可以開啟個案哲學的新經驗。〔註 60〕唐先生的技巧，可以說沒有技巧，他只是靜觀、只是書寫、只是呈現，將自己的哲學經驗如實的表達出來，他的形式好像是跳躍式的而不相統屬，但他引蘇東坡的詩云：「橫看成嶺側成峰，遠近高低各不同。不見廬山真面目，只緣身在此山中」。〔註 61〕他提供一個確實有效的面對煩惱的方法，也成為吾人道德實踐的具體途徑。

5. 去病態的觀念不同。敘事治療反對將人分類、制式化、標籤化，因此其目的在「解構」當事人帶來諮商室的病理敘說、或讓充滿問題的故事，

〔註 60〕參閱，Martin Payne 著，陳增穎譯，《敘事治療入門》，台北，心理出版社，2011 年，頁 145。

〔註 61〕《人生之體驗》，自序，頁 7。

經由外化的對話，將個體與內化的病理文化故事分開，以還原當事人哲學的本然面貌。透過這種「去病態化」(de-pathologization)的方式，可以幫助當事人找回自主力量，重新對自己的哲學有「行使權」(agency)，進而產生內在力量去對付困擾的問題。然而唐君毅的治療觀念是，人根本沒有病！所以也沒有去病態化的問題，而人生的負向環境不是被否定，「而是被作用的保存到後面的階段，每個歷程都是全新自我的發現」〔註 62〕。這個程之中人不斷發現自我哲學，找到那最為初衷的自我，終而充滿了「自命天命」的終極理想。

以上，我們借用了敘事治療的概念作為對比發展出「唐君毅的敘事治療」，試圖種過敘事治療的一些主要原理，作為唐先生敘事治療的形式能得以有效的背景知識。經過對於本身煩惱問題的接受、靜觀、敘事、重新發現與書寫，讓一個人在面對他的煩惱疾病時，可以提供一個確實有效的修養工夫，這正是唐先生留給後人的針砭，唐君毅的新哲學，不但有理性的學理為背景，也有感性的故事為經驗，儒家的倫理道德更上昇為一進程的發展，為後人提供充滿無限內蘊的遠景，讓人不斷產生期待與希望，對於哲學的意義與價值得到了落實的肯定，這是一條具體的治療之路。

劉小楓先生說：

> 倫理學自古有兩種：理性的和敘事的。理性倫理學探哲學感覺的一般法則和人的生活應尊循的基本道德觀念，進而製造出一些理則，讓個人隨緣而來的性情通過教育符合這些理則。亞理斯多德和康德懷稱理性倫理學的大師，有德性的哲學感覺，就等於思辨的才能。敘事倫理學不探求哲學感覺的一般法則和人的生活應尊循的基本道德觀念，也不製造關於哲學的理則，而是講述個人經歷的哲學故事，通過個人經歷的敘事提出關於哲學感覺的問題，營構具體的道德意識和倫理訴求。…理性倫理學關心道德的普遍狀況，敘事倫理學關心道德的特殊狀況，而真實的倫理問題從來就只是在道德的特殊狀況中出現的。〔註 63〕

依劉先生的區分，倫理常基本上是理性和敘事的，而理性的倫理學一直

〔註 62〕〈唐君毅先生的工夫論——敘事治療的一種形式〉，頁 49。
〔註 63〕劉小楓著，《沉重的肉身——現代性倫理的敘事緯語》，北京，華夏出版社，2004 年，頁 7。

就是理性的思辨來探討普遍的理則，這樣的方法探究下來的儒學，當然就如龔鵬程先生所說的抽離掛空、不知疾苦。但在新儒家中唐先生的「人生之路」系列著作之敘事治療形式，恰巧正是敘事的倫理學類別，從此發揚光大不但可以防止「異化」的可能，並且發展出儒學的敘事面向。〔註 64〕筆者反觀現代的儒學，常有斤斤於學術的客觀性，以及學術至上的觀念，而先賢內聖外王的工夫，難以在敘事與理論中結合，的確有儒學異化的危機。然而今學者如曾昭旭先生，卻又孤軍獨起，具《性情與文化》、《從電影看人生》、乃至其「愛情學」，可以做為敘事的倫理學類別，在防止異化的功能，也可以達到一定的效果。果真如此，後來的學者承先啟後，也必有學者相繼而起，呼應這個效果，這就是儒學化育功效再次的開展。

唐先生雖無意識發展治療之學，但他的敘事成了哲學治療的典範，讓敘事哲學在後現代主義的觀念下，展開自我的生活意義，並著重人與人看事情，以及與他人的對話上。敘事哲學不是扮演解決問題或是無所不知的專家與指導者，而是與人天開展對話空間，開啟心靈對話的專家，故唐先生的敘事治療，讓人深刻體會敘事的精神一定要先驗證在自身之上，人才會更比較容易運用在自命天命的生活之中，以及和人的相處、和上天回應的理事對話之中。

第三節　唐君毅哲學治療與哲學諮商

一、當代哲學諮商探討

哲學是由人類生活之必需而生，哲學問題也起於人生問題，哲學必須以解除或人類生活苦痛為職志才有意義，因此重探哲學之傳統根源，更能有助明瞭哲學於人生之真正意義，進而促發良善美滿的生活。「哲學（Philosophy），源於希臘文（philosophia），是由希臘文的 Philo 和 Sophia 所組成，Philo 的意思是「愛」，Sophia 的意思是「智慧」。因此哲學在希臘文中原意是「愛智慧」，哲學是「愛智之道」。古往今來的哲學家，以愛智的哲學視野，同樣關注著對人類的苦難原由，提出安慰或實際的智慧，這些人構成一群智慧的象徵，他們正是人類想要求助的人，也是人類精神的希望。

哲學的目標，一指向追求真理、建構知識；一指向實踐與應用，希望能

〔註 64〕參閱，〈唐君毅先生的工夫論——敘事治療的一種形式〉，頁 50～51。

夠有助於追求幸福人生。統合言之，Philosophy 所指的，「便是那要得到真相的精神及由此精神所衍生的一切求知活動」〔註 65〕。

在追求真理、建構知識方面，哲學提供身而為人的主體性，哲學能幫助我們建立自己的理想，能引導我們認清現實，能給我們對更高境界的一種仰望之情。哲學所揭示的理想，並非在對「現實」提出批評，不是盲目的反對「現實」，而是在超越「現實」，讓我們養成一種「觀看現實」的能力，它教我們看清真相、追根究底、窮本溯源，而不是把「哲學」淪為現實社會的操作工具。所以，「哲學」沒有現實世界的「現實」目的，但是它有能力去處理「現實」中的種種問題。

在實踐與應用上，哲學也是一門建立基礎的學問。哲學處理的問題，都是「基礎」或「根本」的問題。它培養我們「提出問題」的能力，或「思考的能力」、「判斷的能力」、「分析的能力」、「綜合的能力」……，甚至能幫助我們對真理探索能力的訓練。哲學這門探討「基礎」或「根本」的學科，在愛智之道上，哲學幫人找到生活的定位，建立自己面對人生的一套「基礎學問」，如「形上學」能幫助我們探討現象發生的背後根本的原因，了解人生活在天地之間的事實，找到「人」與「大自然」之間最和諧的關係。哲學又嘗試修補表現在靈魂的滋養上，類似於身體的治療，「因此，有些哲學家將之譬喻為靈魂的治療」〔註 66〕。無論是蘇格拉底（Socrates）、斯多葛學派（Stoics）、伊比鳩魯學派（Epicurians）……等，都曾經提到哲學對於精神或靈魂具有某種治療的效果。

到了現代，人們發現任何理智的求知方式，均必須通過理性的檢驗才行，「如今學界對「哲學」的理解可以表述為：對有關宇宙及人生的根本問題，做理性及系統的探索」〔註 67〕。

什麼是哲學諮商，顧名思義是採用哲學觀念進行「諮商」的工作，但其實還包括哲學實務（Philosophical）、哲學諮詢（Philosophical consultation）哲學心理分析（Philosophical psychoanalysis）、哲學的實踐（Philosophical practice）、實務哲學（Philosophy practice），所有這些表述的形式只是特定場

〔註 65〕溫帶維，《正視困擾——哲學輔導的實踐》，香港：三聯書局，2010 年，頁 5。

〔註 66〕尤淑如〈作為倫理實踐的哲學諮商〉，台北：輔仁大學天主教學術研究院，哲學與文化第卅七卷，第一期，2010.01，頁 87。

〔註 67〕《正視困擾——哲學輔導的實踐》，頁 5。

合哲學活動的用語，而不是適當的用語，沒有取得商標，也沒有獲得名稱的保護。〔註 68〕哲學諮商，除了從哲學的歷史溯源去尋找理論的依據之外，尚可以透過諮商現場的檢視，探究哲學諮商可以發用的對象和範疇、由此分析哲學諮商的適用性以及相關的特質。

哲學諮商〔Philosophical Counseling〕是一種將哲學付諸生活指導的活動，當人們對生活、心靈、情感、作抉擇……等問題，處於為難的情境時，哲學諮商師（philosophical counsclor）以其專業的哲學諮商訓練，與當事人（client）一起循哲學的探問來釐清問題，並討論可行的方針，讓當事人得以解決難題，最後，希望在哲學諮商的過程中，使當事人學到哲學思考的方法，並透過有系統的觀點改變其人生觀，以達到獨立自主的能力。〔註 69〕

諮商（counseling）之原意為「忠告」，是當人們面對問題無所適從時，給予中肯、有效的建議，而哲學諮商強調哲學方法，便是從不同的角度表達對自身及世界的觀感，因此哲學諮商可以說是世界觀的再詮釋，是將哲學付諸實踐的途徑，屬應用的哲學，可以透過與哲學家的對談，瞭解自己的世界觀、預設及偏見，在哲學對話的過程中澄清思慮，找尋適合解決問題的哲學思考方式，並培養哲學探究的精神，使哲學成為心靈及行動的指導，保持心靈的平衡。

黎建球先生說：

> 就（諮商）字義來說，是以哲學的專業，加以諮商技巧為工具的助人工作。就實義說，是如何使用哲學的語言、智慧、成語、甚至邏輯來助人，由於由許多哲學家在其哲學的歷練及生活的反省中，體悟出的一些語句或格言。而嚴格的定義乃是如何使用哲學系統來助人，進行一個完整的哲學論述，指由形上學而知識論而價值哲學的系統論述。〔註 70〕

總括而言，哲學諮商是在哲學系統的架構上，協助自己與他人進行哲學

〔註 68〕以上觀念參考，Shlomit C.Schuster 著，張紹乾譯，《哲學診治》，台北：五南出版社，2003 年，頁 33。

〔註 69〕潘小慧認為：「一個受過訓練的哲人藉由哲學的方式，如借助哲學經典／文本、哲學概論、哲學理論、哲學家或哲學方法，幫助個體克服他／她個人所可能面臨成長障礙，以達個人能力的最適當發展的過程。」潘小慧：〈哲學諮商的意義與價值——以「對話」為核心的探討〉，《哲學與文化》第卅一卷第一期，頁 23。

〔註 70〕黎建球，《哲學諮商導論》哲學諮商講義，台北：輔仁大學哲學系，頁 37。

的思考，從中獲得解決困難與負面的能力。哲學諮商不是心理諮商派下的一支，哲學諮商是哲學系統下的一種哲學的實踐。

哲學諮商可探源到古希臘哲學，蘇格拉底透過對話、反省與思辨的討論過程，與雅典居民一同檢視人生，為居民在人生上所遭遇的各種困頓難題提供許多慰藉。艾倫云：

> 他（蘇格拉底）的信心並非來自急躁一愚蠢的匹夫之勇，而是一個較具深度的根源，這個根源就是來自於哲學。哲學提供蘇格拉底的信念，足以讓他成為一個有理智、而非歇斯底里的人，並且讓他在面對不被認同的處境時，仍深具信心。〔註 71〕

兩千四百餘年前的蘇格拉底天天在市集與人辯論重要的議題，他曾說：「沒有經過檢驗的生活是不值得過」。〔註 72〕他協助人們檢視自己的人生，認為清明的思想是正確生活的最重要條件，在他的一生中奮力不懈追尋智慧，承認自己的無知，希望透過對他人的層層詰問，尋找真正有知之人。

伊比鳩魯（Epicurus，341～270BC）也指出，對於心靈上的疾病，哲學擁有治療的方法。曾說

> 當大多數人承受同一疾病之苦，譬如一場瘟疫中，由於他們對事情的錯誤看法，以及患病的人數增加（因為相互模仿，他們彼此傳染這種疾病，如同羊群一般）⋯我希望由這個廊柱公開傳遞能夠帶來救贖的醫術。〔註 73〕

這救贖的醫術，就是伊比鳩魯哲學中的快樂秘密，在帶來救贖的治療，其實依照哲學的方法，讓人解決痛苦達到快樂。

十九世紀時，尼采（Friedrich Wilhelm Nietzsche，1844～1900）曾在他的筆記中擬定了一部著作的寫作大綱，書名是《作為文化醫生的哲學家》〔註 74〕。尼采認為，唯有前蘇格拉底時期的希臘人才是典型的健康人，那時的哲學真正具有維護健康的功用。他從文化的觀點探討哲學的作用和貢獻，認為哲學

〔註 71〕艾倫．狄波頓（Alain de bootton）著，《哲學的慰藉》，台北：圓神出版社，2010 年，頁 12。

〔註 72〕引述 Shlomit C.Schuster 著，張紹乾譯，《哲學診治》，台北：五南出版社，2003 年，頁 30。

〔註 73〕《哲學的慰藉》，頁 80～81。

〔註 74〕尼采著，田立年譯，《哲學與真理——尼采 1872～1876 年筆記選》，上海：上海社科院，1997 年，頁 89。

家的作用在於為民族文化提供診斷與治療。對尼采而言，「哲學家是一種解讀民族疾病與健康的文化符號徵候學家，同時也是文化的治療師，能夠為生活提供各種可能性」。〔註 75〕哲學家的思想不應該被視為是學術象牙塔的思想產物，他們的思想要能夠為整個西方文化情境的提供診斷和治療。

尼采看到時代性所產生的危機，因此對世人發出警訊。他是當時時代的先知，並預知現代性的危機，以其各種強烈的意識語言，不斷的反覆告訴人們，應該從社會的禁錮中解脫出來，找出自己存在的意義與價值。希望人們走出現代性及虛無主義的危機，而提出很多劃時代的創新思想觀，因此被喻為是後現代的開端者，可算是現代中的先知型思想家，現代社會的暮鼓晨鐘者。

二十世紀哲學家維根斯坦（Ludwig Wittgenstein，1889～1951）也從語言的觀點主張哲學是一種治療的工具。他受到分析哲學創始人穆爾的影響，認為哲學家的首要任務不是要去解決前面哲學家所遺留下來的問題，而是要去消解哲學問題。哲學問題通常是因為誤用語言。在《邏輯哲學論》中，維根斯坦提出對語言作邏輯分析來消解問題，但在《哲學探究》中，他卻明顯放棄了語言批判的進路，而是以治療「哲學病」作為新的方向。他提出「哲學療法」：

> 對於什麼是哲學諮商，除了從哲學的歷史溯源去尋找理論的依據之外，尚可以透過諮商現場的檢視，探究哲學諮商可以發用的對象和範疇、由此分析哲學諮商的適用性以及相關的特質。〔註 76〕

哲學作為一種治療方法，任務在於釐清語言的混淆，治療傳統哲學因誤用語言而產生的「哲學問題」。維根斯坦用類比於醫學的方式，認為「哲學療法」也和醫學一樣，有診斷和治療的部分。而對於診斷與治療的部分觀點，他受到佛洛伊德的影響。不過，不同於佛洛伊德的心理學，維根斯坦所關切的哲學治療不是要去治療特定的一群人，而是要透過轉換一種思維模式或生活方式來達到治療整體人類的目的：

> 一個時代的疾病是由另一種人類生活方式來治療的，而哲學難題之病，唯有通過轉換一種思維或生活方式才能治療，而非透過某人所

〔註 75〕尤淑如，〈作為倫理實踐的哲學諮商〉，台北：輔仁大學天主教學術研究院，哲學與文化第卅七卷，第一期，2010.01，頁 87。

〔註 76〕參閱，〈作為倫理實踐的哲學諮商〉，頁 89。

發明出來的藥品。〔註 77〕

維根斯坦的「哲學治療」認為治療的對象都不是個人，而是整體時代或文化的思想或生活方式。他所主張的哲學治療或哲學應用作為一種理論的建構，對象是抽象、普遍、整體的文化或語言，而非個別的人；也因此，這類的治療觀點並沒有企圖發展至具體的、個別的對話情境中。

十九世紀後的心理學興起，其中臨床心理學或心理諮商等學科開始蓬勃發展，哲學治療的作用仍然無被取代。哲學的治療意涵，與諮商輔導所意指的治療意涵，甚至與醫學上所意指的治療意涵，都不一樣。醫學上所意指的治療，是指生理機能上的醫治，心理治療從事的是身心疾病的診斷與治療，哲學諮商的對象是精神思維、哲學意義與價值的治療。

哲學諮商是將更多的關注放在人的靈魂上，特別是那能夠思慮、追求智慧與真理的理智活動；也因此，哲學諮商重視人的理智、自主性以及思維能力，相對地，對於人的情感或情緒狀態比較沒有那麼重視，雖然哲學諮商也探討人的心理、情緒與情感等問題，但是哲學諮商並不是以心理學為基礎或者以精神病學為基礎。哲學諮商所依據的是哲學的探究、哲學的技巧、哲學的觀念、哲學的看待方式為核心的；換言之，哲學諮商無論在理論與實務方面都是以哲學為基礎。

> 哲學輔導不打算處理，卻可能是一些心理治療學認為需要有處理的，如行為認知治療（CBT）和理性情緒行為治療（REBT），便會認為這個人的沮喪本身就來自一些不合理的信念，比如「努力了就應該獲得升職」，為了要消除這些負面情緒，當事人該改變這種信念。當然哲學輔導也會協助當事人，檢視自己的一些信念，摒除不合理的部分，但這並不是為了消除負面情緒，而是要助人更接近問題的真面，希望最終能解進問題。〔註 78〕

哲學與其他類別的諮商者的差異，在哲學之道與理性思維，從宇宙世界到一個人的內心，都在哲學的掌握中，透過理性的思考，再複雜的事件都將有簡易的解決辦法。諮商與會談的目的在助人、照護人的靈魂，其消極的目的是助人度過人生矛盾、挫折及困境，而其積極的目的就在幫助人在生活世

〔註 77〕John M. Heaton 著，蔡偉鼎譯，《維根斯坦與心理分析》，台北：城邦文化，2002，頁 18。

〔註 78〕溫帶維，《正視困擾——哲學輔導的實踐》，香港：三聯書局，2010 年，頁 17。

界中的定位及安身立命的方法，提升人性尊嚴及價值。馬瑞諾夫（Lou Marinoff）雖然嘗試從批判心理治療的方式，來區分哲學諮商與心理諮商。但他認為哲學諮商，可以同時是一種職業，也是一門專業。馬瑞諾夫指出過去2500 多年來，無論是西方或東方的哲學文本，都有許多內容可供日常生活去應用，只要在適當的時間用對觀念，便可以幫助人們解決他們的問題。〔註 79〕

哲學諮商對現代主流心理治療的批評，在某些觀點上幾乎和後現代心理治療的觀點是一致的。哲學諮商同樣也反對病理化的診斷與醫學化的治療模式，並且不太關注於諮商技巧的發展，而只是從理念的觀點來加以探討。

> 當代哲學諮商的創立者阿肯巴赫（G. Achenbach），甚至認為哲學諮商不應有固定的方法，應該隨機制宜；他認為哲學諮商師在實務上只能透過『原則』式的觀點和理念，自行思考如何在當下的諮商現場上做出符合原則的種種活動。〔註 80〕

哲學家相信過度強調諮商技巧會阻礙哲學諮商對當下現場的權變處理，其更重視個案的獨特性，因為哲學諮商的目的是協助當事人透過困境來了解自己，看見自己與環境的真實樣貌。

阿肯巴赫在《哲學實踐》所說：「哲學的具體形象是哲學家，就如詞一種特定的哲學教育，就是哲學實踐。」〔註 81〕他認為哲學只有透過其實踐，透過個人的同理的經驗，以及思考主習的知性鍊，才能真正被了解。故哲學諮商是一種哲學實務，它不同於心理治療，也不是科學，它是根據每一個人特有的方式進行。每一個人的活動，都是受到細微且息息相關的行動所牽連，彼影響著，這種影響力往往要經年累月才完全展現出來。身為全人類中的一小部份，置身其中而想要看清楚整體變化，如果只是透過心理的治療，將焦點放在一個片段中，會發現解決了一個部份又發現了另一個部份，東修西補永遠無法有個問題存在那裡，為了應付這些問題，人們疲於奔命在生活之中，但是不知道問題的來源是出於一個內在因素，這個因素的探究必須靠「哲學」。

現代哲學諮商成為一種專業的起源，一般普遍的認知是由德國哲學家阿肯巴赫（Gerd B. Achenbach）在 1981 年開始其哲學實踐，並於 1982 年成立

〔註 79〕參閱，馬瑞諾夫著，吳四明譯，《柏拉圖靈丹——日常問題的哲學指南》，台北：方智出版社，2009 年。

〔註 80〕尤淑如，《作為倫理實踐的哲學諮商》，頁 97～98。

〔註 81〕馬瑞諾夫引阿肯巴赫的話。見馬瑞諾夫著，吳四明譯，《柏拉圖靈丹——日常問題的哲學指南》，台北：方智出版社，2009 年，頁 37。

「德國哲學實踐協會」(German Association for philosophicalpractice),出版第一本哲學諮商刊物。在德國之後荷蘭由 Hoogendijk 在 1987 年開始推動,荷蘭阿姆斯特丹大學的學生鑑於社會變遷,哲學家角色的轉變以及大學的壓力,開始探索哲學諮商的領域,在經過數年哲學諮商的探究及訓練後,開始進行實踐、諮商的工作,並於 1989 年成立「荷蘭哲學實踐協會」(Dutch Associationfor philosophical Practice)〔註 82〕。法國在巴黎組成哲學討論的組織,於週日在咖啡館進行實踐哲學的討論,並出版相關的通訊。美國則有「美國哲學、諮商、心理治療協會」聚焦於哲學諮商,其他在以色列、挪威、南非、加拿大等國家,均有類似的組織。在臺灣,則有天主教輔仁大學哲學系、東華大學心理系、佛光大學宗教系、南華大學生死系…等有也系列的規劃與發展,成績可期。〔註 83〕

哲學諮商重要的角色便是諮商者,由於整件工作都由他全權負責,故諮商者程度的良窳決定諮商工作品質的好壞,一般而言,諮商者應該具有以下的特質:

1. 實務的主軸不是理論性,而是實際的哲學知識。
2. 被諮商一諮商者都是哲學的實踐者。
3. 諮商者的效率在於對自我認識的歷程有極深的洞察與經驗。
4. 這是一個共同的歷程,在諮商的過程中,雙方都會發展出自我認識。〔註 84〕

傳統上把諮商者與學者、名人畫上等號,不是一個正確的設定,因為他們經常沒有能力判斷形勢與人性,也不見得有良好的表達能力,因此出現失誤在所難免。阿肯巴赫認為,哲學諮商是超越方法的,也就是沒有特定的方法。「但如馬瑞諾夫(Lou · Marinoff)及加拿大的瑞彼(Peter · Raabe),則各

〔註 82〕德國哲學實踐協會發行之刊物原稱「Agora」,現稱為「Zeitschrift fur philosophische Praxis」。

〔註 83〕黎建球先生說:「哲學諮商自 2003 年在輔大哲學系推展以來,即將邁入第七個年頭。回想 2004 年一月,哲學諮商研究團隊以「哲學諮商專題」為名《哲學與文化》月刊,探討哲學諮商的意涵。2007 年以,藉由對哲學內在應用性的關注,建構哲學實踐方法的相關知識」。參閱,黎建球,《哲學與文化》,〈哲學諮商方法論〉,台北,輔仁大學哲學系,2007 年。

〔註 84〕以上四點,Shlomit C.Schuster 引述蘇格拉底談話的十個特徵及阿亨巴赫哲學實務的相關類型。參閱,Shlomit C.Schuster 著,張紹乾譯,《哲學診治》,台北:五南出版社,2003 年,頁 41。

自提出具體方法和步驟，只是在實踐上，沒有特定的方法，也是有一定的法則可尋。」〔註85〕故哲學諮商者所採用的是透過實踐進行價值引領時，可以幫助人理解什麼是真理？如何達到真理成為一個仁者？達到目標是否符合其自身的個人生涯發展或人生目標？幫助人我在各種人際關係中，思考如何發展真的意義與價值；並且由此構成人我的之間的自我認識，以解除苦痛，達到幸福或快樂的目的。

從以上就哲學諮商的定義、發展、理論等試作分析，於是我們知道哲學是具體化的詮釋學。從哲學才能告訴人們，哲學的存在是為什麼？哲學的目標是什麼？人生快樂源泉之路？哲學的存在，終成為一種被肯定的認知。哲學諮商的進行式，是必須透過實踐的一種自由對話及自由反省。哲學實踐者必須全心全意，積極努力地生活，一個剎那接著一個剎那去生活，毫無保留原去生活，一如這是最後的一秒鐘，除非你掌握到這一秒的真實，否則下一秒也將不知道何去何從。在實踐的哲學裡，沒有任何複雜情節，沒有行為規跡，沒有預設立場，讓人能在那電光石火中通貫中，猛然穿越宇宙時空，那一剎那變成哲學的全部，瞭解到生活就是哲學恆常的樣子，那種不可須臾離的實踐之道。

二、唐君毅儒學哲學諮商

唐君毅一生處於「羈旅異城」、「家國之痛」、「悲情逼惱」之中，所以可以傷痛的事，對他而言幾是無處不在。他也有感於西方文化之入侵，對中國人文精神傳統之破壞，使傳統中國人之優點喪失殆盡，故新民之路，不單只是學習西方，引頸西望，而是需要重建傳統中之優良品質。中國傳統文化之可貴，是自古來的樸厚老實，事事反求諸己，有諸己然後求諸人，見自己的過失與不足，由此冒出超越精神與風度，包涵他人。肯定教育、經濟、政治、社會等改造的重要性，理想的生活是建立在合理的社會組織上，以哲學的精神體驗，來安頓現實文化的世俗權益。

我們發現在新儒家除了承受先秦與宋明儒的精華之外，更可以為當代提供一套道德實踐，以及積極面對的治療管道，其中唐君毅先生的思想顯然是

〔註85〕溫帶維說：「哲學諮商定的方法，扼要言之，重要的元素不外三項：1 確定當事人的難題、2 檢視當事人的難題、3 重新思考如何面對難題」。《正視困擾——哲學輔導的實踐》，頁17。

最有特色的，他提供後人一套治療的方向，尤在他的「人生之路」系列作品上，可看出他呈現出他的人生苦痛，及他如何透過自我對話、書寫敘事、與心對話等方法來達到清明至善的境界。

本文試以馬瑞諾夫提供的「寧靜療法」：問題—情緒—分析—沈思—平衡〔註 86〕等五個方法來分析，將唐君毅的眼疾事件，做為一個案，作全面性哲學的方式來探討。

1. 問題。明確指出問題意識，人必須去掌握根源，去觀察它，這時所看到的是哲學的現象，這種現象「也就是在你外部發生的事件，獨立存在於你的信仰對外的事實以及對於這些東西的感覺或渴求。」〔註 87〕大多數人不知道「問題」是什麼？人生有什麼是問題？我出了什麼狀況？如何解脫幻噩之境？請問我又是誰？如果我就是身份證上叫某某姓名的人，那麼當這個姓名、或這個人死亡時，這個人又是誰？我們知一大堆雜七雜八的訊息，我們知一切關於宇宙、自然、地球的事，在知識領域裡人們總是上知天文下知地理，但人卻對自己的問題不能真正認識，而且人們常對於那「問頭」一無意識，在這之中也產生了各式各樣人生艱難的病狀，而滯泥於哲學困局無法拔脫。

唐君毅的個案中，其生病的種種過程產生，及其問題的反省等來分析。他的問題可以追溯到他父親的時期，也就是他們父子之間必有一段深刻的哲學互動，父親的意志可能留給唐君毅很大的延續動力。〔註 88〕又在其求學期間，羈旅異域，懷著家國之痛，這樣的苦痛出於悲情之不容自已，這並不是逼惱之苦臨，是不得不忍，人所不能的身當下之苦難。後來唐先生力圖會通中西文化之爭中的「中學為體、西學為用」與「全盤西化」之兩極論調，讓有志之士對此文化不同調深感惶恐，於是在 1958 年元旦，臺灣香港地區的現代新儒學代表人物牟宗三、徐復觀、唐君毅、張君勱四位大師共同署名的《為

〔註 86〕馬瑞諾夫著，吳四明譯，《柏拉圖靈丹——日常問題的哲學指南》，台北：方智出版社，2009 年。馬瑞諾夫提出五個階段的「寧靜方法」：問題（problem）、情緒（emotion）、分析（analysis）、沉思（contemplation）、平衡（equilibrium）。這些步驟正是維持心靈寧靜最可靠的方法。

〔註 87〕《柏拉圖靈丹——日常問題的哲學指南》，頁 56。

〔註 88〕有關唐君毅與父親的事蹟，參閱沈清松、李杜、蔡仁厚等著，《中國歷代思想家——馮友蘭、方東美、唐君毅、牟宗三》台北：臺灣商務書局，2004 年。

中國文化敬告世界人士宣言》〔註 89〕可見其對整個中華文化哲學復原與重建的願心。到了自己六十歲（1966 年）時，罹患眼疾，躺臥病榻，「在此一年中，吾乃更于吾之一生，試顧往而瞻來，于人生之事，較有一真覺悟，而于昔年所讀之書，亦頗有勘驗印證，其中亦有足資吾今後與他人之警惕者」。他思索一生經歷的人生苦難，因此也對人生有了真切的覺悟，更對往年所學之理有勘驗印證。

> 吾自念吾一生所經歷，其中固亦多可傷痛之事。如吾父之歿於鄉中時，家人無一在側，吾母病逝蘇州，而吾亦不得奔喪。十七年來，羈旅異城，更時懷家國之痛。然此可傷痛之事，皆出于悲情之不容已，非同逼惱之苦難，使人不得不忍所不能忍，亦使人難于更發大心，以求向上之覺悟。〔註 90〕

這或許可以用來說明新儒家反省人類各種問題是會是如何的面對的一種表態，唐君毅因為有希聖希賢的志向，心懷家國之痛，其固有悲情而不容自已，一是憂慮是否得內聖的成就，一是憂慮能否行外王的理想。在歐美民主科學的強力主導下，儒者的憂患一是表達出「生於憂患，死於安樂」的見解；二是樹立「終生之憂」的君子品性；三是主張與生民之憂，注入了民本思想的新因素，以「治療」生民疾苦的心念。唐先生的憂患，一方面是對自己哲學的責任感，另一方面是對中國文化憂樂的考慮，而得產生一種使命感。今此切身之痛更難受而得受，也由此一路而悲感不斷，難以轉化而產了病狀，也由此受中而有所深沈的證悟。

2. 情緒。唐先生所面對的問題，顯然不只是眼疾而已，它是個引子，引發他內在憂國憂民的悲感，這是個「大哉問」〔註 91〕！這個問題同時是，文化、國家、個人的憂患，任何醫生也無法治療這問題，必須經由哲學的眼光來看待它。

> 吾病目時談笑自若之態度，實皆貌似超脫。而別有虛憍慢易之情，

〔註 89〕本文又名〈中國文化與世界〉。文中即強調「須肯定承認中國文化之活的生命之存在」，「須對中國文化看作客觀上的歷史文化，是人類之客觀精神生命之表現。」，收入氏著，《中國人文與當今世界》下冊，台北：學生書局，1995 年 3。

〔註 90〕《病裏乾坤》，頁 4。

〔註 91〕林放問禮之本。子曰：大哉問！禮，與其奢也，寧儉。喪，與其易也！寧戚。《論語・八佾》，頁 62。

> 隱約存于吾之心底；意謂此疾必可經醫治而霍然。此匪特由于吾于隱約中，信現代醫學之功效，更由吾于隱約中，先對此疾有預感；又于隱約中，意謂此中應有天意，使我之目暗而復明。凡此存于隱約中之意念，實則吾之貌似超脫，而談笑自若之態度之憑仗，以為足恃，而不知其實不足恃者。以不足恃者為足恃，而更高舉其心，故為超脫之言，即實出乎虛憍慢易之情也。〔註 92〕

看唐君毅對目疾的情緒反應似乎是「貌似超脫」，產生了天意必幫我的「虛憍慢易」態度，於是孤獨的感受一直從他少年到老年，他的煩悶也與日俱增。這是一種對己人哲學的不信認感，對於意志產生了不安的情緒，此時辨識出情緒是項很珍貴的資訊，但是辨識出來，卻不一定可以控制住這種感覺，所以哲學諮商教人要進入第三個層次——分析。

3. 分析。在這裡應該要評估並解決問題的數種選擇。「一個理想的解決方法，應該可以處理外在（問題）及內在（因為問題而引發的情緒）的議題，但是往往最理想的解決對策未必是可以實行的。」〔註 93〕

> 吾昔年之多學于子夏之「日知其所無」者，今當更多學于曾子之「反求諸己」矣。然子夏不喪明，則亦無緣受曾子之面責，以自見其過；則吾今之目疾，蓋正所以使吾得由反省，而自見己過，更從事于默證之功者。此非天意而何？天欲吾有此反省默證之功，吾目自當復明。此則吾隱約中所懷之自信，而初不知其亦為一虛憍慢易之情之又一端也。〔註 94〕

為什麼唐先生會有「貌似超脫」、「虛憍慢易」、「有命在天」的狹窄心態？他雖然知反求諸己的道理，但是沒有事情的考驗，仍無法顯示他的工夫作為，從此事反省自己的目疾的原因，認為這就是老天的意思，要讓他「看清」更多的事情，但在這當下，這時他又興起了一種虛憍慢易的心態了。看似有解決了問題，但是不知道這又是另一個問題的開始，所以整體問題始終未能探及，於是要退後一步來沉思。

4. 沉思。在這個階段，要向後退一步，能得到比較透徹的觀點，然後將你面對的整個狀沿仔細地思考。「你面對問題，你對這個問題的情緒的反應以

〔註 92〕《病裏乾坤》，頁 6。

〔註 93〕《柏拉圖靈丹——日常問題的哲學指南》，頁 53。

〔註 94〕《病裏乾坤》，頁 7。

及經過分析的選擇。在這個時候，你就可以完整的角度來考慮哲學的見解、體系以及處理你面對情況的方法」〔註 95〕。

> 此出自吾一己之私之煩惱之減輕，乃始于吾父之逝世，而吾自知對吾母及妹弟之有責。吾由此而知一切人皆惟賴其具體之行事上，自為其義之所當為者，乃能自拔於個人之孤獨以外，否則人雖存希聖希賢之念、悲天憫人之懷，而不能自絕其一念反緣而生之自命不凡之傲慢，則人終為小人之歸。此則為吾自二十餘歲後，所逐漸悟得之義，而唯感行之未力，復時感舊習難奪，亦感有種種思想上之葛藤，尚難斬斷。〔註 96〕

一己之私的煩惱減輕了，也漸漸體驗到對家庭責任的承擔，這種承擔跨越了狹窄心態，獲得了意志的超越的作用，意志是指確立了主體性的天命自命的自由，掌握到哲學存有的使命感，而使命在是我對天命的呼應，於是有一定的奮鬥目標，超越了煩惱的障礙，有著確定的人生追求方向。但是事件不斷的掩襲而來，自己那一種反思的力量，也會有所間斷，於是他自認為「行之未力、舊習難奪」，他的思想又攀上了葛藤的糾纏。

> 憶二十歲時，嘗夜夢一人獨經地下，岩石層層，隨身而破；更獨上登於天，天門戶戶，隨步而開；醒時嘗為詩以紀之，有「穿迴地壁層層破，叩擊天門步步開」之句。而吾初不知其皆出於吾之自負能超凡絕俗之傲慢心也。吾更不知此傲慢心之正可與個人之好勝、好名之私欲煩惱，互為因緣；而使吾之心之發自天理者，終亦為濟我之私欲之資，乃使吾之煩惱亦重於吾之同儕之上。然吾其時，則固不能自覺其故，而亦未知所以自救之道也。

在六十歲的回憶中，固能有如此切身之反省，這種反省從一能「叩擊天門」而相信，吾心乃「發自天理」，所以老天必然會幫我，這一自信對儒家的實踐者而言，當有「天將大任」的感覺，一種對哲學存有終極意義的體認，為追求整體人類理想生活之開闢，承認世間的種種實存，以為吾人生價值的探尋。但這樣的價值是否就是為人人哲學的價值？還是自己的好勝、好名的煩惱再起呢？如果不能放諸四海，他還是停留在一種想念，這也是一種煩惱的根源。

〔註 95〕《柏拉圖靈丹——日常問題的哲學指南》，頁 54。
〔註 96〕《病裏乾坤》，頁 12。

5. 平衡。平衡是一種身心、群己、天人調和的狀態。「在諮商過問題，表達出你的情緒，分析你可以有的選擇，以及思考哲學的立場之後，你會達到平衡的境界。你瞭解自己問題的本質，同時也做好採取適切且正當的行動的準備。」〔註97〕平衡是一種根本（essential）階段，當人達到這一階段，就已經瞭解了自己清況的本質，而且一切相關的情況的掌握，也都能得心順手，以致於自己已有能力解決自己的問題。

> 唐氏以其獨特超強之內在反省辯證能力，又迴返於『具體之行事』上，正因迴返於此，故能將那向上契慕，轉而為一超越的『我在這裡』的思維，從一超越、抽象、空洞的境域再迴轉返向內在，具體而實存的境域。〔註98〕

唐先生的平衡之道，就是我與這裡的平衡。道德不單是本心本性的自我體認，並要求通向外在諸客觀事物，尋求哲學的互動，這就是他「同能如理作意，以有此經驗」〔註99〕。同時是社會人文化成的主導力量，肯定一切實際生活的體察的重要，不僅追求人格的圓滿，也追求人倫社會的圓善，由內聖邁向外王，使各種生活世界能繼續地展現高度精神的成長。

唐先生哲學的工夫必須落到生活的實踐而說起。也就是生活的每一個當下，你必須好好面對自己的心，並對心做涵養省察的工夫。心是己與群，人與天交流的媒介，或作為一個信息場的接收點。這是一個儒家之所以為儒家的根本問題，所以心是宇宙造化的動源，也天地萬物生生不息的依據。所以己必須與群有一個恰當的關係，那就是交流；己與天地之間的恰當關係就是參贊，這樣的關係才是一個儒者「仁」的實踐意義。

> 吾所意想之具最高道德心情之超越的行事，應一充量的悲憫心，與崇敬心之結合所成之對世界之一「感慨、祈願心」所成之超越的行事。此所謂悲憫之充量，乃指此悲憫心，能求深廣，以成大悲心言。此所謂崇敬心之充量、則指崇敬心之能對一切英雄豪傑聖賢之能忍受擔負痛苦之人格而發，亦對一切愚夫愚婦偶有之一可崇敬之行而發。又此崇敬心，亦當不只及於現在存在之人，並當及於一切超越

〔註97〕《柏拉圖靈丹——日常問題的哲學指南》，頁54～55。

〔註98〕林安梧〈再論「儒家型的意義治療學——以唐君毅先生的《病裏乾坤》為例〉，台北：鵝湖出版社，二十八卷，四期，總號328，2002年，10月，頁12。

〔註99〕《病裏乾坤》，頁13。

之神靈。合此二者所成之感慨祈願心，則由此人之有種種可敬之行者，何以生於此痛苦之世界而生，亦由此痛苦之世界之何以仍有具此種種可敬之行者而生。

此中之祈願，則對彼只感痛苦而不知其他之哲學存在願有以拔其苦而濟其生，亦祈願一切聖賢之神靈之共助成此拔苦濟生之事，更祈願一切只知感痛苦之哲學存在，由其哲學存在之開拓更一朝自覺其痛苦之意義，而能超轉　具崇高可貴之人格價值，而成聖成賢之哲學存在。〔註100〕

唐先生的仁心——大悲心、崇敬心及感慨祈願心，是以他自己的哲學存在的形式本質，以此嚴肅反覆辯證思考推演來「逼顯」出有一獨一而超越的仁心。此仁心從一「『超越理想性』轉而為『內在的實存性』，這是治療一切虛憍慢易最為有效的藥方。尤有進者，再推而為一『客觀法則性』，並將此上客觀的法則性上遂於『總體的根源性』」。〔註101〕此即唐先生對仁所賦予的最高存在的本質，將自己的哲學透過兩端思考不斷地反，最終省察出與體證出來的必然實體。這時仁本質上就是伴同與生活一起所同時充量，最終又能「合一」以達更充極於無窮無疆之仁境。明顯地這是將仁心透過一再地轉進，重重超越達致仁境中，人我皆得共療之境。

三、唐君毅哲學諮商與西方哲學諮商的比較

從上述唐君毅的哲學諮商案例中，我們也可以分析出，唐先生除了承繼儒學的精神歷史，以及他在哲學諮商的哲學治療之特色，並以黎建球先生所提出，沒有病人、價值引領、互為主體的關係，三項要點做一比較：

黎建球先生說：

哲學諮商自一九八〇年發展以來，一直秉持着一些基本的原則：

1. 沒有「病人」的觀念。
2. 價值引領。
3. 互為主體的關係。〔註102〕

〔註100〕《病裏乾坤》，頁71。

〔註101〕林安梧，〈再論「儒家型的意義治療學——以唐君毅先生的《病裏乾坤》為例〉，台北：鵝湖出版社，二十八卷四期，總號328，2002年，10月，頁12。

〔註102〕黎建球，《哲學與文化》，第卅七卷，第一期，2010年1月，台北：輔仁大學哲學系，頁3。

哲學諮商主張「沒有病人」的基本原則在於強調，人的受苦或困擾來自觀念的混淆，藉由哲學觀念的釐清，有助於解除人的受苦或困擾。

再者，觀念的混淆往往是因為價值觀的模糊，因此，哲學諮商幫助當事人藉由釐清觀念，進而發展出價值觀的引領。哲學諮商要發展價值引領，首先要確立所要引領的價值哲學為何？進而引導當事人瞭解其處境，由此進行某種價值哲學的思考。在價值引領的過程中，透過價值的定位，知道自己的處境，以正向的觀點檢視自己可以改變或發展的方向，並以積極的態度規劃自己未來可行的方法或方向。

互為主體的日常討論，是要使雙方都能在一個平台上共同討論，哲學諮商師要盡量不要影響對方的判斷使其失去自我。互為主體的模式，乃基於雙方主體的平等性，討論的主題可以是當事人的困擾，也可以是當事人引起話題後所產生新的話題。也可因當事人的對話中，引起諮商者的反觀而有所超越，進而提供當事人解決根本的煩惱。

以下依黎先生指出的原則，將唐君毅儒學的哲學諮商做一比較：

1. 沒有病人 vs.病命同依

唐君毅以心真實地面對「一己之私之煩惱」，從己私處超拔出來，體悟到哲學存有的「自為其義之所當為」的文化境界。將身體疾病的對應問題，擺在當與不當的價值之辨上自己心的行為，是否能思其所當然與行其所當然。所謂「當然」，涉及到大人與小人之分判。甚麼是大人，儒者必求有「希聖希賢之念，悲天憫人之懷」，但是不能僅停留在心念上，還要具體地落實於行為的實踐上，這種行為實踐是哲學的真實的體驗與完成，對治了己私的妄念，產生了高尚的道德品質，如果「自絕其一念反緣而生之自命不凡之傲慢」，終究還是不能成其大。所以他能因此調適而上遂，成為哲學實踐的儒者，進而將病症一一轉化。

唐君毅對於這些身心疾病，他從中體悟到對話的自我心靈的調適與轉化。唐君毅謂「一身之病，乃自此而逐漸消失」，不是標舉無醫自癒，唐君毅是有進行醫療的，其中哲學諮商中的與心對話，產生了很大的自療療人的效果。

再者，「生病」可以讓自己更冷靜回顧此一生的日子，所過何來？所失何從？如何及時補正缺失。再提升一級，「生病」可以讓自己更能起「悲情」於那些周遭許多人物，讓自己更能「感同身受」，他者也在承受更大更深受苦的心靈。更高一級地說，「生病」甚至也才可以讓自己更「專注」於某一個核心觀念。甚或必須要勇敢「放棄」或「改革」某一個核心觀念的好時機。最後，「生病」甚至是極適合做人生最重要「決斷」的時刻。此即一種「除舊佈新」。試想人生在順境之中時，又如何會去思考真正的「除舊佈新」呢？

我們當然不能期待「生病」之必至，但時常並訓練自己保持這種兩端一致的思考（「健康」與「生病」）是很重要的。因為哲學的必然規律與本質本就如此。如此前述「健康」與「生病」兩端並舉反可使人體悟到一種性情之「正」，並有超乎健康與生病之「上」者。

推而遠之，如子曰：「用之則行，捨之則藏。」〔註 103〕君子修己、待人、持世，必貴能同時知有「道」亦有「命」焉之必然。

於是他不必求病癒的觀念，既是說明疾病反而可以讓自己去接近平日所無法經驗的苦痛、死亡的時刻，而知道自己哲學的畢竟有限，與人生價值的實存感。此即「生病」期間平日一切知能力都會顯得鈍化，然而向上一翻，卻也可以銳化自己內心對自己的理性思維，故病痛反而可以提煉出最高的人生智慧與最高純度的學問境界。

2. 價值引領 vs.自命自療

唐先生在理想的治療觀上嚮往著一個「乾坤並建」、「天人合德」的境界，也就是一個「既超越又內在」的自療之道。在這個治療觀當中，天命既超越於人性之上，又內在於人性之中。這在天人關係的闡發上無疑具備了高度的價值，啟發了現代人融合宗教精神與人文價值的超越向度。但唐先生常常表現出其「自命即天命」、「人德即天德」的觀念；也就是天命的超越性與內在性之所以能呈現出天地乾坤之道的「高明」、「博厚」與「悠久」的德性，最後是由人的仁心本性的呈現而來直接證明的。唐先生亦承認天命天德的獨立存在，但天命的意義要從人心的道德堅持來看待。

> 孔子之謂「天生德于予，桓魋其如予何？」此非謂桓魋之必不能困厄孔子，而是即在此困厄之境，孔子固自知所以處此困厄之境，而無所憂懼。故桓魋終不能奈孔子何。

人的道德理性的呈現，及良知仁心的發用，有其天命、天道的形上根源，這是「天生德」。人能自覺的深入地發現這個道德理性，也能憤悱向善地發揮這個道德理性，這是「天生德于予」，所以不論其順逆，皆能安之、

〔註 103〕《論語・述而》，頁 95。

畏之，而無所憂懼，這是人的對於道德理性的自覺和發用，都是立基於天命之上。

積極的安頓是此哲學就是一永恆的實存，經歷哲學就是做一超越工夫，以孝道成就這一哲學存在的世界。人只要能在人倫日用上自盡其心，如命運的限制或身心的困頓，在自盡其心的自命生活上，當下即自見其天命的無限性。此無限性超越了人們對生死的畏懼，因此當下活在道中，就消解命限、生死的問題。

林安梧認為：

> 唐先生這套儒學哲學當可說是紹述陸王而下的結晶，是可以籠納在所謂『本體詮釋學』這個名目之下的。…他通過一種體驗的方式來省察陷溺的哲學，並逐步超昇轉化，得到完整的治療。〔註 104〕。

是以儒學的治療觀念與語詞，在西方「實踐哲學」上檢視生活當下每一個心境上，故「哲學諮商」一詞的本質，不再只是對治有形體的生理與心理的疾病，而人對於意義的追求，就是一種哲學的關懷，以及最根源意義的之探究。

3. 互為主體 vs.仁者的關懷

唐君毅哲學實踐的建構其實是要建立在道理自我、道德理性、惻惻然之仁的工夫之上，道德非只空虛懸掛於主體的目標，而是在己立己達的思想上，以成為一種可貴的治療學思維，經由終極關懷的實現與實踐，指向於治療的儒學傳統。

唐君毅認為，天命是對「為吾人之一動態的命令呼召」。所以人見到父親自然知孝順，見子女自然知慈愛，就是直接面對與此天命此遭遇，感受其呼召，且對此命令有所回應，並知此回應即吾人所當善之義，這樣一種「呼召—回應」的關係來詮釋「天人關係」。

天做為儒家心靈所稱引的概念，主要是以人為首要關懷的脈絡裡。故「天命即自命」，對於「天命」的客觀現象，儒者更為關懷「自命」的意義。因此通過素位而行的實踐，原只是當下之當為，盡力以了之而已，盡力治療而不能治療，如，伯牛有疾。子問之，自牖執其手曰：「亡之！命矣夫！斯人也，而有斯疾也！斯人也，而有斯疾也！」〔註 105〕哲學的斷裂謂其為死亡，但是

〔註 104〕林安梧，《中國宗教與意義治療》，台北，文海基金會，1996 年，頁 118。
〔註 105〕《論語・雍也》，頁 87。

死亡雖有命的表現，可是在「斯人也」的慨嘆中，人才是哲學中被關注的對象，斷裂可以縫合，「斯人」從「亡之，命矣」中得到道德的肯定，也得到了天的肯定，天命密時可以永灌注於人心中，人時時得到於宇宙的源能，也就有自命自醫、自新其命的無限可能。

在唐君毅經驗的帶頭下，他把人物與之間，接連了一條「道」，道總是那樣密不可分，有本有源的相續不絕，是一個深層的、廣大的、牽一髮而動全身的整體關照，所有的問題都能從裡面找到答案，答案早就存在，人必須去把他解讀出來。

> 吾養病之事而言，則為求康復，而求所以治病養生之道，是義，而必求病癒，則是利。然養病不必求病愈，又一非易事。此中人自會有種種之轉念以求其必。此則惟待于更一一思此種種之所求之「必」，皆實不可必，否則，利心終不可斷也，以此例，人生一切義利之辨，莫不同于此。人能無往而不辨此義利之皆，則人生覺悟之道，于乎在矣。〔註106〕

以知人要求療效，並不能只是依賴醫學，病的康復更待於心的掌握，心是透由仁義而能通貫達天，而能達治療的目標，所以求病癒之心態，不是在求治療之利，而是求心貫通之治療。儒學的治療觀就是道德觀，這個觀念要求不算太高，因為見父知孝，見師知敬，就是道德的實踐，只要開發此至善之「道德」立刻就可獲得治療的效應。可證知超越實體的客觀存在，但對「治療」的問題，有著更深遠的詮釋，即在天命的體認中，認知天之所以為天，及其與人之間的意義，是互相融攝的。

哲學治療乃儒家所最為關注的主題之一，唐君毅以本心開出以哲學價值為核心的治療觀，也就是每一個人的心就是最好的對治方式，你要為自己思考，利用批判性及分析性的技巧，發揮你自己的見解，並在沒有意識下，自己正在嘗試作哲學的思維，在每個當下的情境，你可跟心進行對話，你自己會妥善協助你自己，並處理自己路上的障礙，你最終達到平衡，是一種最自然的和諧狀態，是天人合一的狀態。所以儒家的哲學治療學是一套預防（未病）的、實踐的、整體的哲學治療，是一套包含天地人範疇的醫療系統。

〔註106〕《病裏乾坤》，頁35。

第四節　唐君毅哲學治療與生死學

一、當代生死學探討

史賓諾沙（B．Spinoza）說：「萬物都極力延續自己的哲學」。〔註 107〕哲學的過程是會老會病而死，所以了解死亡的不避免，以及想要長生的心願，兩者之間成了一種存在的衝突。故死亡始終是治療的終極面對，也是最容易了解的終極關懷。這並不是說人們可以去治療死亡，讓人永遠擺脫死亡的威脅。而是指引人們面對死亡的態度，以達成治療的效果。這個態度成為人們生活和成長的方式，也是讓人衰老和生病的方式，是態度產生了現象，為了不讓死亡成為恐懼之威脅，要使這種態度不會成為一種病態模式，於是生死學也成了現傳人的重要的顯學。

死亡是人類共同關心的事，從古時就開始被研究再研究，這些研究中有些是研究死亡本質的，但大多是一些習俗的記錄，正因為死亡是這麼一個寬廣的題目，死亡學依賴的是全面性的研究。「研究死亡的規律，從生物的、心理的、社會的、經濟的、醫學的、哲學的、宗教的、環境的、倫理的、道德的、法律的、價值的……等等角度來討論死亡的相關問題」，〔註 108〕死亡學可說是一種哲學之學。

在西方哲學中，開始以文字表達思想以來，就強調哲學和死亡是交織在一起的。哲學之中病痛及死亡會讓人感到害怕，解脫病痛及死亡是人們追求的目標，那麼病痛及死亡必然是人們遠離的目標。人們想要解脫的念頭總是因為人生活在痛苦裡面，所以人要離苦得樂。但是病痛及死亡的情況並每每因人而異！西塞羅（Cicero）曾說：「思考哲學就是為死亡做好準備」。塞內加（Seneca）說：「只有願意並準備好結束哲學的人，才能享受真正的人生滋味」。〔註 109〕唐君毅「不求病癒」、明儒的「刀鋸鼎鑊」，在在說明病痛及死亡也可以成就人生。生理上生死界限雖可分別，但在精神上哲學與死亡是交織為一個體。可知，形體的死亡會使人毀壞，可是對死亡的態度卻能拯救人。

〔註 107〕參閱，歐文．亞隆（Irvin D.Yalom）著，易之新譯，《存在心理治療學》上冊，台北：張老師文化，2011 年，頁 37。

〔註 108〕參閱，鈕則誠、趙可式、胡文郁《生死學》，二版。台北：空中大學，2008 年。

〔註 109〕歐文．亞隆（Irvin D.Yalom）著，易之新譯，《存在心理治療學》上冊，台北：張老師文化，2011 年，頁 64。

蒙田說：「在出生時，我們就開始面臨死；從起點就開了終點」、「你為什麼要害怕自己的最後一天呢？那一天對死亡的貢獻並不比其他日子要來得多。最後一步並不會造成疲累，只是顯露出疲累罷了」。〔註 110〕那麼害怕傷口是我必須去補滿它的，否則哲學的就沒有足的力道去破關。死亡是哲學的存在現象，人就要試著去愛它，愛自己的老去、愛自己的病痛，愛自己的死亡，只有愛才能圓滿一切哲學的作用，這也是處在這個生活世界，人可以運用最為和諧、最具智慧、最有力量的哲學，從此人終於也可以看到那個最圓滿的實存——哲學與死亡相存相依〔註 111〕。

有一天我們自己會死，親愛的人、家人、友朋…等，我們所重視的人都會死亡，更不知何時和以什麼方式死去……？臨終的時候，人們在心理上、生理上、認知上、信念上會是如何度過的？要如何照護所愛的人安詳地走完人生最後一段呢？我們自己與所愛的人既然無法避免死亡，但都希望至少能善終吧！可是，如果自己不善生，平時不與所愛的人善處，並瞭解他者的需求，又如何讓自己或幫助所愛的人善終呢？而死別之後的失落與悲傷反應又是如何呢？是正常的或複雜的呢？要如何哀悼我們的悲慟、如何度過生離死別之後的喪慟呢？如何讓我們早日走出悲傷的陰霾，讓「悲不再傷」呢？既有生，何須死？死亡和哲學的意義、關係和價值為何呢？

人們對於死亡的觀念，影響了人們的行為與想法。具體來說，死亡分成幾個階段去影響人：第一，是具體的死亡帶來的恐懼；第二，是人們在恐懼或是巨大的情緒旋渦中，對於死亡的想像；第三，是以具體的方式呈現死亡，以具體的方式使得死亡具有形象，而成為一個可被認知的事物，從而減弱它的恐怖。〔註 112〕面對這樣的情況，治療師何需再提醒人們哲學無情可怕的一面呢？為什麼要把焦點放在令人痛苦而亙古不變的事實呢？如何治療是注入

〔註 110〕蒙田（Michel de Montaigne）著，麗珍、王論躍、丁步洲譯《蒙田隨筆全集》，上卷，臺灣商務，1997 年，頁 65、67。

〔註 111〕存在心理治療大師歐文．亞隆，曾提出兩項對心理治療實務有重大意義的論點：一、生命和死亡是相依相存的，它們同時存在，而不是接續發生的。死亡不斷在生命表層之下騷動，而且對經驗和行為有巨大的影響。二、死亡是焦慮的原始來源，所以也是精病理的基本來源。歐文．亞隆（Irvin D.Yalom）著，易之新譯，《存在心理治療學》上冊，台北：張老師文化，2011 年，頁 63。

〔註 112〕鈕則誠、趙可式、胡文郁《生死學》，二版。台北：空中大學，2008 年，頁 58。

希望，為什麼要喚起毫無希望的死亡呢？治療的目標是幫助人學習如何生活，為什麼要把死亡留給活人煩惱，而不隨死人而去呢？從上述一些切入死亡相關的角度與主題之思考，讓人發現不是對每個人都簡單去面對的，它是一體周遍的學問，因此「死亡學」應時而起，也為現代人更加看重。〔註 113〕

西方人主要是探討悲傷、哀慟、悼念等與死亡相關反應的心理和社會議題，是經驗科學與社會學科。故西方「死亡學」是一門整合型的社會科學學科。社會科學是十八、九世紀間，模仿自然科學而生成的知識領域。之前，人類知識只有自然與人文之分，也就是對宇宙與人生的關注。科學知識要求客觀精確，傾向數量化；人文學問較主觀自我。十六、七世紀，發展出的「社會」概念，指向群體的活動，學者希望找出其中的規律，使得社會科學應運而生。

「死亡學」（Thanatology）的濫觴，可溯源至二十世紀初，1908 年之諾貝爾生物化學獎的共同得主之一，俄國生物學家 Elie Metchnikoff（1845～1916），他在其 1903 年所出版的書「The Nature of Man」中，首先提出「Thanatology」（死亡學）的概念，該書特別論及死亡學所涵蓋與整合的科際領域，包括有：心理學、哲學、社會學、護理學、醫學、倫理學、法律學、政治學、神學、教育學、自殺學（Suicidology）、歷史學、人類學、藝術史、以及老年學（Gerontology）等等。其後，1948 年之諾貝爾文學獎得主，著名的詩人與文學批評家艾略特（T.S.Eliot，1888～1965）率先於 1955 年倡導：「Death Education」（死亡教育）與性教育是同等地重要與必要。1959 年，美國南加州大學醫學院教授，Herman Feifel 出版了他所主編的一本書「The Meaning of Death（死亡的意義）」，引起社會各階層熱烈的迴響，因此而開啟了美國教育界推動「死亡教育」（Death Education）的契機。1963 年，Minnesota 大學首先開設了正式的死亡教育課程，之後全美各大學相繼跟進。〔註 114〕

國內生死學的研究，則是由已故知名學者傅偉勳教授自美國引進而肇其端，在其於 1993 年出版的著作《死亡的尊嚴與哲學的尊嚴——從臨終精神醫學到現代生死學》〔註 115〕一書中，他首先引介美國「死亡學」的研究與「死

〔註 113〕參閱，張淑美《死亡學與死亡教育》，高雄：復文出版社，1996 年。

〔註 114〕以上參閱，南華大學、生死系網頁，http://www.lifeanddeath.net/introduction/intro/。

〔註 115〕傅偉勳，《死亡的尊嚴與生命的尊嚴——從臨終精神醫學到現代生死學》，台北：正中書局，1993 年。

亡教育」的發展，並且更進一步結合「生」與「死」的探索課題，而提出「生死學」（Life-and-Death Studies）一詞，作為新的學科名稱，不但掀起國內各界探討生死學的熱潮，更促使各大學校院相繼開設生死學相關的通識教育課程。他是根據美國「死亡學」研究成果，配合中國哲學生死智慧，以「生死是一體兩面」，把死亡問題擴充為生死問題。他後來把死亡學定位「狹義生死學」，開創以「愛」的表現貫穿生與死，從死亡學轉到「哲學學」的「廣義生死學」探索。

根據傅偉勳教授「現代生死學」的構想，又可分為「廣義」與「義狹」兩個層次：

1. 「狹義」之現代生死學，係指單就每一個有情個體所面臨的個別生死問題，予以探索參究，並提供哲理性的啟發與導引，旨在幫助每一個人培養更為健全成熟的生死智慧，建立積極正面的人生態度，以展現哲學的尊嚴。而且，即使到了個人哲學成長的最後階段，也能夠自在安然地面對與接受死亡，維持死亡的尊嚴，為哲學畫下完美的句點。

2. 「廣義」之現代生死學，其所關注的生死問題則是整體而全面性的，超越了每一實存個體在單獨面對其個別生死問題時，所衍生出的價值取向、意義抉擇、自我實現…等問題。它必須建立在科際整合的現代學科理論基礎上面，很有系統地綜合哲學、宗教學、社會學、心理學、精神醫學、精神治療、死亡學、文化人類學，以及其他一般科學乃至文學、藝術…等等領域之探索成果，是一項跨越時空的巨大任務，實非單靠極少數專家學者在短時間內可以完成的理論與實務整合工作。〔註 116〕

人類的生死大事，不但關乎個人層面的心性體認、生死自覺與生死超克，更加牽涉到整個社會與政府層面的文化傳統、倫理道德、禮儀制度、風俗習慣、醫療保險、公共安全、社會福祉、教育、法律、經濟……等領域，交織成錯綜複雜的網路結構。因此，欲全面討論現代生死學的各項課題，必須兼顧廣狹兩個層面的生死學。所以在研究過程之後，才會真正感到，它是最為深刻、最難瞭解的一門「哲學之學」。

學者余德慧先生說：「生死學不是死亡學」。他認為，生死學有雙重目的：

第一，讓我們瞭解自己的活著是如何被分析、被觀看、被瞭解。亦

〔註 116〕參閱，《死亡的尊嚴與生命的尊嚴——從臨終精神醫學到現代生死學》，頁 227～237。

> 即我們用什麼方式活著；
>
> 第二，引導我們瞭解另一種活著的方式，而使得哲學獲得更大的觀念，亦即讓「我的死亡」也成為一種存在。〔註117〕

我們自己的哲學該是要如何地去看待、去理解，因此生死學之中必定包含著對於哲學的思考，以及如何履行哲學的責任與意義之實踐；再則，生死學也引導我們了解另一種活著的方式——死亡，目的就是希望讓死亡也成為哲學的問題，成為我存有的一部份，在將死亡納入哲學的前提之下來檢視存有的本質與現世作為，藉由時間性的概念分析人的存有是如何地在時間流動之中變動與規劃。

余德慧所提出的生死學內涵所體現的精神，乃就海德格在《存有與時間》〔註118〕中雖是對死亡進行分析，視死亡不再只是死亡事件，而是嚴肅的生存問題。因此，認識死亡只是一種途徑，當我們去思考死亡其實是思考哲學，因為哲學裡離不開死亡，死亡讓哲學變得有限，因為有限，所以要珍惜；再者，體認死亡就是體認哲學的意義，而接受死亡同時也讓我們開始承擔哲學的責任，藉由認識死亡，讓我們思考存在；最後我們想要達成的，仍是對自我存在的肯定以及哲學意義的獲得。

魏書娥在《生／死建構的社會考察》中提到

> 進行死亡事件的學術研究，應該同時以「生／死」差異的並舉觀點進行哲學事件的相關學術研究。在 Austin H.Kutscher，Arthur C.Carr and Lilian G.Kutscher 共著《死亡學原則》一書針對當代死亡學者的安樂死迷思與醫師否定對病患對的告知態度，提出十二項發展死學的理想原則，其中第一項原則，哲學的健全必須包括死亡」。其後，任序推展與死亡教育、瀕死者的人權、死亡尊嚴、悲傷與喪親者的權利及臨終照顧…等。〔註119〕

凡是有哲學之物，必有生死，這是無可違逆的自然規律。然而人之異於其他生物者，就在於人會去探討「生」與「死」的問題。正是由於是人在發問，也是人在回答，所以無論是發問的方向，或是回答的內涵，都是以「人」

〔註117〕余德慧《生死學十四講》，台北：心靈工坊，2003 年，頁 12～26。

〔註118〕參閱，陳榮華著，《海德格《存有與時間》闡釋》，台北：國立臺灣大學出版中心：2003 年。

〔註119〕魏書娥，〈生／死建構的社會考察〉，《生死學研究》創刊號，嘉義，南華大學，2003 年 12 月，頁 48～49。

為核心，也都反映了人為尋求其存在意義與建構其存在價值的強烈企圖心。而死亡教育適合被重新命名為「哲學與失落的教育」(life and loss education)，因為唯有透過察覺到「哲學中的遺憾」(lifelong losses) 和領悟到「人的必死性」(mortality)，我們才可能自在地活在當下〔註 120〕。可以知道現代的死亡學焦點應當不只在死亡本身，因為生死本是一體二面，因此，探討死亡學更應當要重視哲學、生存的問題。

從探討人類生、老、病、死，包括生死學理以及下列議題之整合，如哲學倫理、宗教哲理、生死教育、衛生保健、安寧療顧、臨終關懷、悲傷輔導、老年安養、自殺防治、心理諮商與輔導、意義治療、生死禮俗、風水研究、殯葬管理…….等學科領域。故生死學也存在著其學科主體性以及其領域範疇應如何定位的問題，這不單是「現代生死學」的探討、研究與教學所必須要面對的問題，也是作為現代生死學研究，所必須承擔的學術責任與使命。

二、唐君毅哲學生死學

唐君毅認為生存與死亡是一體的。宴席會散場、身命會結束，這是自古以來人人都知道的實情，但是僅管歷史消漲的情景為人們所熟知，但人難免仍害怕現象的消逝、始終還是要面對哲學死亡的恐慌，可是儘管如此，在這樣默默承受的生活情境中，人們還是必須想辦法活下去，中國諺語：「好死不如歹活」，這種不向命運低頭而活下去的意志，就是唐君毅「義命合一」最基本核心的真理之一。

唐君毅一生在這方面的努力從未間斷，以其哲學真實的體驗，來開顯出人類安身立命的相繫慧命，豐富華人文化精神內涵，及存有價值世界的永續經營。唐君毅的生死觀提供儒學的面對生死的基本方向，以（一）求生即求道、（二）生死皆是道、（三）哲學永恆的存在。等三點論述之：

（一）求生即求道

常人活在這個世界中，為了生活的可能，追逐三餐的暫飽，以致讓人的哲學分散其心力，心逐漸在日常的瑣事之中沉淪，人的哲學因而降低價值，專注於生活的瑣碎事物，向日常生活委屈求全。特別是面對死亡的威脅時，為了擺脫對死亡的恐懼，人會更降低自我的價值而對病魔俯首稱臣，特別是

〔註 120〕Lynne Ann DeSpelder, & Albert Lee Strickland 著，黃雅文等譯，《死亡教育》，台北：五南出版社，2006 年，頁 34～37。

今人接受科學知識的洗禮，必然也深信科學醫療的預期療效，因而面對疾病時，唯一的標準似乎只有多與醫生溝通、定期檢查、按時服藥…等等方式，尤有進者，或是多運動、接近大自然、吃生機飲食、健康食品，但這些都是儒家認為機能的要件，是人與動物的一樣，生存必備的身體構造機能，尚未進入道德的範疇。而在儒家屬於人的那一種瞭解哲學的意義與價值的生存方式，則是要進入「求道」的過程。

哲人的求道，不是一種儀式，更不是一種宗教，他是人生活的每一個當下。常人順本人的習性將恐懼的焦點放在死亡上，那只是預想的現象，並非真實！因為人生的世界永遠不在死亡之外，也就是我們無法了解死後的狀況，因為沒有人經驗過死亡。雖然有些人曾經有死後復活的例子，但是那也是一種神秘的個人經歷，並無法成為普遍的原理原則。死亡既然是人類不可知的，即使是死亡前一刻，都是處於生的狀態，而真正死之後，其實人已不可得知，對於這種全無經驗的事，我們為什麼要恐懼呢？唐君毅云：

> 人之自覺之事，乃念念凝聚，亦即念念超升，而念念開發者。但舍此心體之大用或自覺之本身不說，則此凝聚開發之二用，恒由所對治之心靈病患之不同而分別呈露。閉塞之病患見，則要在開發；流蕩之病患見，則要在凝聚。〔註121〕

當人失去哲學自覺的能力，將會形成閉塞與流蕩的病象。人在青年時，其人生經驗不多，知識不富，相對人事的糾纏也比較少，所以成見不多，私欲不雜，其精神還能向上開發，朝氣勃勃，比較沒有心靈閉塞之問題；然而青年容易受誘惑，不持力不足，易感易動而向外馳求，所以其心靈之患在於無法凝聚、收斂。反之人年老之時，則經驗漸漸累積，知識與日俱增，自制力足以收斂，更能讓心靈凝聚；然而世故漸深，成見也就愈來愈堅固，所以其毛病就在於心靈之閉塞。閉塞與流蕩造成哲學的頹喪、精神的耗弱、以及社會種種病態叢生，最後積重難返，唯有走向死亡一途。此生的問題既無法面對，如何能面對死的問題？故求生之道在於對哲學的此時此刻，念念自覺反省，開始對心的凝聚與開發下工夫。

唐君毅云：

> 其重在心靈之開發而去閉塞者謂之狂，而其重在由心靈之凝聚而制流蕩者謂之狷。人能狂而後有風，人能狷而後有骨。風骨者，依心

〔註121〕《人生之體驗續篇》，頁46。

靈之開發凝聚而後有者也。〔註 122〕

唐先生以狂、狷、風、骨四者，乃儒家哲學現象的四種代表。人能以其自覺，漸漸能開發心靈，而又能將哲學的能量凝聚充實，通貫微理細節，故能去其對人事物糾葛的執持；慎於起心動念，故能制其欲望、想要掌控一切的放蕩，然後能發不忍仁之心，從而正己以成人；體證希聖希賢之道而大而化之，終能挺立道德主體，成就為人文之化成。故狂、狷、風、骨的哲學型態，都是從吾心之自覺而啟發，故對心的修養正是儒者此生成就的關鍵，而此生的成就都在於都在於哲學存在的現象上達成，而哲學人格的完成也是此生之上，於是我們知道死是用來證明生的完成。

「人之有生之日，皆生于死之上之直接的證明。」〔註 123〕生存在死亡之上，這即是如實的哲學觀，生死從來是一體而兩面，唐君毅對生與死的貫通都有清晰的概念，而此貫通死生無限之心，得能瞭解哲學的整全性作用。死亡觀念的整合，正可以發揮心的工夫，它能為哲學重新注入新的希望和目的，當人知道將會失去哲學，所面對的人事物與所經驗過的人事物得以密切的接合，讓自己有與他們合為一體的感覺，從此我們也能感受到每個人的痛苦，每件事都變得如此清晰鮮明，像催化劑一樣，把我們投入更真誠的生活方式，並能增加哲學存在的自由。

只有在有生之日，我們才可以有這樣的覺察，這一覺察是哲學的整全作用的發揮，它貫通了哲學、身體與天道，是一連貫的、永續發展，故「死非人生之消滅，而只是人生之暫終。終只是一線之線頭，用以突顯整個線段之存在者」。〔註 124〕儒學不會特意去在意生死現象，因為知道生死皆在道上，生死都是天命之道，對於道的體悟是建立在「求生」的關鍵，故求生與道是永恆普遍的存有，死亡只一種暫時停止的休息，它是線的一頭，這頭連接了另一個生，體現整段的存在就是道。

人在此生必是念念此求生之道，亦即活下去才有一切意義的發生，探討死亡也是在活下去的當下，所以「此求生之道自永恆而普遍。此道乃終無死期者。則人之心唯與此道合，即超生死，而有以自慰其懷生畏死之情矣」。〔註 125〕故

〔註 122〕《人生之體驗續編》，頁 46。
〔註 123〕《人生之體驗續編》，頁 102。
〔註 124〕《人生之體驗續編》，頁 102。
〔註 125〕《病裏乾坤》，頁 43。

哲學的意義是建立在求生與道的一致，同是永恆而普遍，而知死也是永恆而普遍。

生對死而言，說實踐及體會的優先性其實是無意義的，唐君毅說：「死於求生之道。」因此所有超克死亡的可能都不會落到死後世界的探討之上，必是在生的世界中去完成其最終的關懷，以此來展現哲學的永恆價值，藉以超克生死的困限。生是當下的掌握，人可以把握並昇華的是此生的存在，從這樣的觀點論之，道是超生死，超越了一萬人懷生畏死之情，突破了人之常情，建立了「儒家心性體認本位的生死學」〔註126〕。

唐君毅云：「由于吾以吾之哲學之有限性，或其罪業苦之難以化除，要為吾之哲學之自身之事，而最切近之超凡入聖之道，仍不離人倫日用。」〔註127〕哲學之有限乃在於，哲學寄宿在身體的狀況，各種隨著生活而來的病痛與煩惱，不是一般人想要排除就可以排除，為此安頓哲學之事，以達超凡入聖之功，故而心求此道，必須安放在「人倫日用」。此正印證了道在日常生活中「道也者，不可須臾離也；可離，非道也。」〔註128〕生活之時時檢視當下之所作所為，是否合於道，道在仁義忠孝，道在良知的全體發用，隨時省察吾人起心動念能否放諸四海而平，於是心安而身安，身安而人安、事亦安，這便是儒者安頓身心之道。

故儒者絕非反對求醫治病，但是人之哲學的型態，若還是停留為了三餐而活，或只在害怕疾病與死亡的生理需求上，唐君毅認為這不是真正的哲學存操。以人能與天地共列三才，不只是種差（difference of species）上的突顯而已，人卻有比動物更超越的價值存在，人具備的心性不只是存有物構成的形式（principle of form）原理，而是具體的實踐生活之本源與動力的意義。

（二）生死皆是道

死不是人生的消滅，不是一切皆亡，而只是人生之暫終。這個「終」也只是哲學現象的一線的線頭，這一條線雖然代表人，但是它是連繫整個面，面的活動因為人的哲學而以立體方式之呈用，古聖賢無法用言語來稱述它，只能用一籠統概括的字來形容，那就是「道」。

唐君毅生死觀來自於儒學道德的哲學觀，不同於現實生活的醫療知識與

〔註126〕傅偉勳，《死亡尊嚴與生命尊嚴》，台北，正中書局，1993年，頁163。
〔註127〕《病裏乾坤》，頁32。
〔註128〕《中庸》首章。

技能，不是用來處理具體的痛苦或死亡的問題，而是一種與意義治療有關的價值思想，是對人性的肯定，從而瞭解天地萬物哲學的本質。他從個人病痛時的一時感受，卻繼承與發揚了哲學治療的文化真義，發展了哲學在身心治療上的義理形態與文化責任。

在現代社會裏，理想與現實之間的差別，對於人性的理解有不少分歧的價值認知，尤其在生與死的認知上，人過分地強調身體的生理反應，忽略了人在精神上安身立命的需求，陷入到當代各種異化體系的形式牽制中，因而產生各種醫療倫理所要面對的生死問題，在現代醫療上，無法從權力與利益的糾葛中超拔出來。唐君毅從人性的自我覺醒，是哲學的保養，以其內在超越的形上理據，轉化成生死超越工夫意義，提供人們面對生死應對之道。

唐君毅認為：

> 人之求自保身養生者，固亦可已自盡保身養生之道，而死於不治之疾。然此中人之能自盡其保身養生之道者，亦固可只求自盡其道，而不問其結果如何，則亦可不問其畢竟能免死與否。則其意雖在養生保身而免死，亦仍是只見道而未嘗見生死也。〔註 129〕

此道不是機體功能的保養，而是心性的涵養，心性是不生不死在於本於天的永恆存在，吾人以哲學存在的事實，而追求此不生不死之道，是為哲學之道的真正養生。生的現象既已存在，則死的問題則必無法被掩蓋。人的心靈雖然有可以超越生死的了知，人的心靈仍必須關心身體的死亡問題，這是因為人的心靈在現實生活上，乃是恆常懷抱著理想、志願、以及目的，這些都必須憑藉著人的身體的動作，加以實現於客觀的世界。若人的身體死亡，則人將不必憑此身體而達到種種的理想與志願，所以死亡之事是吾人所關心。死亡是可悲可怕的情境，但人又知道可能隨時死亡，因為死亡何時降臨？又以何種方式來到？這都是人所無法掌握的，故人都知道最終難免一死，這就是人類內部最大的矛盾，這樣的矛盾該如何解決呢？

唐君毅認為，要解決這個問題，須先具備有二種志願：

> 一、直接自吾人之超越的心靈之本性發出之無盡的成己兼成物之涵蓋的願。
>
> 二、為吾之心靈直接望吾之身體，就其力之所及，以作其理當由吾

〔註 129〕《病裏乾坤》，頁 43。

而作之事之個人的志願。〔註130〕

從我心靈的本性出發，心性源自於天，故此心性是無始無終；又發為成己成物之志願，是公天下之志願，故此志願則是無限無量，故我可以因此而超越生死，依此有限而達到無限。這是全天下人的公願，所以當我有這樣的志願時，吾之心靈就通於天下人之公願，與天人人結為一體，以共同完成。依此志願，我不必求長生不死，當我身體的死亡之後，我可寄望於後死者，所以對於我個人身體的死亡，就不再是可悲而又可怖的事。

依此畢生的力量所及，所能作的就盡力去達成，不能達成者，也必須適道而止。凡人此心靈對身體的執著，常常使自己陷溺於身體的依賴之中，等到身體不存在時，心靈所懷抱的理想，則如游魂般而失去寄託，故常人難免抱憾而終。為了不讓自己掉入這凡人的執持裡，「此中旋乾轉坤之修養工夫，則在不視身體為心靈達其目的理想之工具，而將其一切目的理想，收歸心靈自身，以下與身體之行為相呼應」〔註131〕。所以凡成功不必在我，我即與此生而盡此一生之心力罷了。

「人之心靈與身體的關係，如一呼一應，能直下圓成者。呼是心願，應是身行，直下只是此身之行，另無外在目的。則身心之關係，才呼即應，才應即止。處處道成肉身，處處肉身成道。肉身化往，此心此道，即合為神明」。〔註132〕身心的關係即是生死的關係，即是現於此時此刻，亦即當下即是，直下圓成。所以人的肉身不可作為工具一般看待，它是道體的存在，我依此道體而格物致知，依此道體而成己成物；身之所為即是此道之所行，心之所嚮即是此道之所往；身存而道行，身往而道成，依此後人能在有生之時，不捨肉身而秉道義而活，而此肉身亦隨時而死故人生隨時可死而無遺憾缺漏矣。

一般人是「只見生死而不見道」，唐君毅則言「只見道而不見生死」。只有「自盡其心」，對於哲學要求在於盡其在我，克盡為人道德意義，開發此的心性主體，「不問其畢竟能免死與否」，將生死置之度外，無以死亡為念。

唐君毅云：

人誠只見道而不見有生死，知生死皆在道上，則人在疾病患難中，而求生竟不得時，其死亦仍死在求生之道中。道固為永恆普遍，匪

〔註130〕《人生之體驗續編》，頁126。
〔註131〕《人生之體驗續編》，頁126～127。
〔註132〕《人生之體驗續編》，頁127。

特忠考仁義之道為永恆普遍即人之求生之道亦為永恆而普遍。人果只見此道之永恆而普遍，則其縱死於求生之道上，仍將念念在此求生之道之自永恆而普遍。此道，乃終無死期者。則人之心唯與此道合，即超生死，而有以自慰其懷生畏死之情矣。〔註133〕

唐君毅認為不必特意去注意生死現象，因為「知生死皆在道上」，即生死都是源於天命之道，生時只要追求道可以不必在意死亡，哲學的意義是建立在「求生之道」，求生與道是一致的，同是永恆普遍的存在，當「死於求生之道」，死也是永恆而普遍。從這樣的觀點論之，道是「超生死」，超越了一般人「懷生畏死之情」，突破了貪生怕死的人之常情，建立了儒家心性體認本位的生死學。

追求生死一貫的境界者，縱能體驗信仰這超越世界之真理，他仍脫不了生活在現實世間俗情世間，也可以因人在現實生活得到豐裕與安定後，而世俗的事務與應酬，易使人心流蕩而外馳，而再變得世俗。所以佛道二教之寺廟常建在深山遠谷，要遠離塵俗，隔開俗世的煩囂。懷著血肉之軀真去實踐理想求改變艱難痛苦的世界，實現道德的理想，縱能見貞定之理的世界，生存在俗世的特殊環境中，也常須忍受孤獨之艱難，哲學精神越上高處，則越孤獨而高處不勝寒。而且，真美善世界隱藏的義理無窮，下焉者，若人之哲學精神不求開展，則任一層任一處之義理皆可為人心停駐而執著而成障礙，使人不見其他更多更廣闊的義理，以為真理盡在我，美善盡在我，而生我慢之心，其他人皆為我所教訓的對象。若再混合在俗情世間而有比較、爭勝等等心理，則一人一義，十人十義，義理觀念反成人與人爭勝，心靈精神貫通的最大障礙與分裂鬥爭之根源。或人也可以因遠離塵俗，不食人間煙火，慢慢變成自鳴清高，而對人世間冷漠無情，而不再求改變世界之艱難痛苦，這又是生死斷滅的艱難與陷阱。

破除哲學的痛苦，如生死的命限，只有在開拓哲學價值上做努力。儒學基本的人生理念，是經由「道德」開出人的精神方向與實踐目標，實踐道德價值的理想性，同時是哲學本質使然的具體落實。唐君毅在此提出了「消極」與「積極」的相應感受，一般民眾可從哲學的有限性，進行「價值意義」的消極安頓。即在受痛苦的生活中，體認此時此刻「人」的意義，人依此肉體而安立哲學，從哲學過程體現著生老病死、人物世界以及升落的情緒反覆，一生

〔註133〕《病裏乾坤》，頁43。

的價值被痛苦而激盪出來，人必須去面對、去體驗、升華。

（三）哲學永恆的存在

唐君毅認為，哲學是流動的真理，不斷生成、不斷超越，死亡只生成、超越的暫時隱沒，哲學一直存在，她有時候以沒有現象的方式存在，她是一個永恆的存在。對於永恆的體現，儒者是通過道德的實踐而來的肯認，是在實踐道德歷程中直接呈現本心或天道。此直接呈現之本心是超主客、是非、生死之相對，故不能成為純客觀的對象。那不是一個知識的問題，而是一個工夫、修養與實踐的問題。

唐君毅直接就自己的道德生活來呈現自己的心，來照見這個永恆存在的哲學，故永恆的定義是成就在道德生活中，在超生了死中自作主宰的心，故此心就必須在自己的道德生活中來體會。

唐君毅認為，心靈主體不可以看作是心靈活動或心靈內容的集合體。因為一物是許多物的集合體，如人體是頭、身、四肢的集合體，這些物都是並列的靜態的存在，但心靈活動與內容，都是「動而愈出，相續不窮」〔註134〕的。不但如此，我明明可以直感到我超越一切已有活動的內容，由無出的活動，我們同時即在這活動由無而有中，感到這活動出於我們的心靈主體。我們可以說此主體既超越但又內在於一切活動現象之中，既可說體即是用，也可以說體即是用。唐君毅云：

> 哲學即存在，存在即哲學，若必分其義而說，則如以哲學為主，則言哲學存在，即謂此哲學為存在的，存在的為哲學之相。如以存在為主，則言哲學存在，即謂此存在為有哲學的，而哲學為其相，至于言心靈者，則如以哲學或存在為主，則心靈為其用，即能知能行之用也。然心靈亦可說為哲學存在之主，則有哲學能存在，皆此心靈之相或用。此體、相、用三者，可相涵而說。〔註135〕

其將哲學、存在、心靈認為是體、相、用的關係，而且彼此可以互含互攝，體為主、相用為客，主客相現。心靈哲學之存在人實能到達，但主客不能如如貫通時，人的活動也常有滯礙難行，積習難化，更深藏於其自覺所不能及之處。故人能自覺時者能通，但當有自覺所不及之境中，他的哲學必有「後

〔註134〕唐君毅，《生命存在與心靈境界》下冊，台北，台灣學生書局，2006年，頁1000。

〔註135〕《生命存在與心靈境界》上冊，導論，頁10。

壁」〔註 136〕的阻隔，意指後續的障礙不斷，想要澄清後壁，必由次第之工夫而通致。只有次第工夫的相續，然後才能破除已往哲學的歷史，及資第所積成的習性，一分力道一分工夫，則心靈哲學之能通，由隱而次第至顯，此通必能達到形而上的境界。

> 此形而上者之下澈於吾人現實之心靈哲學中，亦可說為此現實之心靈哲學之超化其現實以上升。故此哲學心靈內外通達之境之形成，自其次第形成言，即為哲學心靈之前後通達；自其為形而上之能通之能下澈，或現實哲學心靈之自超化而上升言，則為上下之通達。〔註 137〕

唐君毅強調宇宙本體、天道，要把人的主體性的心無止境地向外、向上拓展，而達致客體性的天心（無限心）形而上境界的理由所在。然而從存有論而言，人心是主體性，道德也是主體之德，如何從主體性的格局擴展開來，而說有客體性或形而上方面的天心呢？唐君毅則採工夫論的推證方式，表示人自身有其相續不斷的德性哲學，這種德性哲學必有其所自來，即天地的德性在我們的哲學心靈中流行不息所致，則人心天道能上下通達。

唐君毅認為人有心靈，而作為根源天地也應有其心靈，天地創生人與萬物，是深不可測，因而天地自身的心靈哲學亦是深不可測。人只須由己心靈哲學的相續不斷地活動，生起相續不斷的道德行為，便可見到此心的表現，這樣我們便可以說，這作為人的根源的天地之心靈哲學和它所具足的德性，不斷地流行於人的心靈哲學之中，以成就人能不停地表現道德行為，以至於無窮無盡的境界。

正如唐君毅說：「心靈即超越於其已有活動之外。則此有之一切活動之相貌，皆不能窮盡的說明此主體之所以為主體，因其尚為此後之相續活動之原故。」〔註 138〕我們們無須再確定此一本源或心靈主體有何性質後才肯定它的存在。我們要知道用任何概念或性質均不足以描述心靈本體之面貌。因為心靈本體永多於用以描述它的全部性質概念。心靈本體亦不等於心靈已有的一切知識或感覺經驗之總和，因心靈永有可能超越於這一切已有的知識及經驗。

〔註 136〕《生命存在與心靈境界》下冊，頁 449。
〔註 137〕《生命存在與心靈境界》下冊，頁 450。
〔註 138〕《生命存在與心靈境界》下冊，頁 322。

從心感通於境一事之生生不息之源說，站在超越之角度，可名之為天道。站在人之角度，可名之為心體或性體。此天道、心體、性體，嚴格說，是非心非物，亦心亦物。自其生生不息言，天地是一大哲學；自其生生不息以顯價值言，天地亦可說是一大心靈，這一大心靈之意義卻不是與物相對之心靈，而是與人相對的心靈，盡此心靈是不忘人的根本。

> 吾人之所以居仁由義，孝于家而忠于國者，皆所以自盡其心，而非有他求，亦非為副古人之所望也。吾人之所以慎終追遠，致祭于祖宗忠烈聖賢，亦所以表其不忘之意，自盡其心而已。〔註139〕

相對於昔人的離去，因自盡其心，而看到了著人的哲學不斷地延續下去。也只有自其心，在慎終追遠上、祭祖祭宗上，展現出昔人的精神在吾心。故「祭如在」不在只是一種儀式，乃是哲學的傳薪作用，因而吾用真實哲學面對一切生活現象，因人哲學之中有心，只有心不斷地實踐完成，那著人的意義才能完全彰顯，人與宇宙貫通的道才能穿通，哲學的神聖性在於心的無限至上，是經由道德實踐來擴充哲學真善美的本性。所以「心」是從人的個體心，提昇到普遍心，此心對宇宙萬物無所分離，心之自覺的無限，便能體驗心之無限，真實感受人天感通的永恆性，所以心可以包羅宇宙，通過心的操存與修養，人可以自我　開發出對應天道的無限能量。

此哲學就是一永恆的實存，經歷哲學就是做一超越工夫，以道德化成這哲學存在的世界。在這個哲學存在的生活世界，只要有「道德」立刻就可獲得醫療的效應，一般民眾來只要在生活常道上自盡其心，一樣可及此的哲學境界，如見父知孝，見兄知悌一般，在自盡其心的生活上，自見其哲學的無限性。此無限性超越了人們對疾病生死的畏懼，因此當下活在道中，就沒有命限、生死的問題。

三、唐君毅哲學生死學與當代生死學的比較

究竟如何是「生」？如何是「死」？人又當如何去面對自己與他人的「生」與「死」呢？本文即中西方「生死」的分別論析中，嘗試建構唐君毅儒學生死學，分列如下：（一）體認本位的不同（二）生死的觀念不同（三）生死安頓的方式不同（四）對死後世界的看法不同。以此四論點，來比較中西方對生死學的觀點，以提供人在生死意識的參考。

〔註139〕《人生之體驗續篇》，頁109。

（一）體認本位的不同

1. 西方死亡學概念偏向以自然、社會科學的本位。認為人活在這個世界中，為了生活的可能，自然要追逐三餐的溫飽，人因此而哲學分散其心力，心逐漸在日常的瑣事之中沉淪，人的哲學因而降低價值，專注於生活的瑣碎事物，向日常生活委屈求全。特別是面對死亡的威脅時，為了擺脫對死亡的恐懼，人會更降低自我的價值而對病魔俯首稱臣，尤其今人接受科學知識的洗禮，必然也深信科學醫療的預期療效，因而面對疾病時，唯一的標準似乎只有多與醫生溝通、定期檢查、按時服藥…等等方式，尤有進者，或是多運動、接近大自然、吃有機食物、健康食品，但這些都是個體自然機能的要件，是人與動物的一樣，生存必備的身體構造機能。當代對於死亡相關的角度與主題之思考，不再是對每個人都簡單去面對的，它是一體周遍的學問。因此「死亡學」應時而起，探討悲傷、哀慟、悼念等與死亡相關反應的心理和社會議題，是經驗科學與社會學科。故西方「死亡學」是一門整合型的社會科學學科，也為現代人所重視。〔註 140〕

2. 唐君毅儒學生死學以心性體認為本位。唐君毅一生在這方面的努力從未間斷，以其哲學真實的體驗，來開顯出人類安身立命的相繫慧命，豐富華人文化精神內涵，及存有價值世界的永續經營。是要人去瞭解哲學的意義與價值的生存方式，進入求道的過程進而對道的體悟，以期超越生死。故心性體認，是人生活的每一個當下。

生死都是源於天命，生時為活著的此時此刻好好體現價值，努力地過活，則死亡的問題則是疊床架屋的多餘煩惱，儒家哲學的意義是建立在「求生」之道，而求生與道是一致的，同屬永恆普遍，則我可以掌握是透過生以化解死的疑慮，在生時超越畏死之情，而達於道的境界。心與道是一體相承的，而人是稟承天道而來的人道活動，是以道德作為終極理據而展開，故以道德實踐展現我的生活世界，則突破人之所以貪生怕死之情，入乎生死而超乎生照，這就是儒家心性本位的生死學。

（二）生死觀念的不同

1. 西方死亡的形上學。海德格認為：「人是一種向著死亡的存有（being-

〔註 140〕參閱，張淑美《死亡學與死亡教育》，高雄：復文出版社，1996 年。

toward-death)」〔註 141〕，此兼具死亡與哲學的存在，從生到死的過程中，人有可能陷溺在人們的誘惑中，同樣的，人也有可能擺脫這些假象，重新去尋找本真存有的可能性，這使得死亡的創造性，能作為死亡賦予哲學形式的功能表現，是一種死亡的形上學。傅偉勳釋云：

> 德國哲學家海德格在他的名著《存在與時間》，進行一種「實存分析」，而下定義說：「人是『向死的存在』」，實可以看成「人人終必死亡」這鐵定事實的哲理深化。我們也可以說，「人人生而平等」是死亡學的事實起點，「人人必能超克死亡」就成為死亡學的理念終點〔註 142〕

人的出生到死亡是一直在進行，所以只以肯認「向死」此種決斷的過程中，才能夠逐漸履現本真的向死存有的意義。這種人人終必死亡的鐵定事實顯示了死亡學對於每個人而言，都是需要學習的學問，而終其一生的目標，就是希望得以超克死亡；但是死亡狀態無法避免，人們希望藉由對死亡學的研究與幫助，得以了解死亡的意義及其在哲學中的角色，免除對死亡的漠然與恐懼，進而超克死亡，成就生死一如之境，這就是西方死亡學的基本意義。

2. 唐君毅只見道而不見生死。唐先生認為生死不是一種問題，能將「死」了結才是成就整體人生的哲學，才是人生最高的哲學智慧。「人不能知生，即不能知死。故孔子說『未知生、焉知死』」。〔註 143〕孔子此言，後世有很多學者的詮釋，見仁見知，亦各有其認識。死亡是哲學之所以深化的因素，若非死亡的命限，人可不會有哲學更進一步的探討，而對於死亡的理解，唐君毅卻一語指出「人不能知生，即不能知死」。人在此生必是念念此求生之道，亦即活下去才有一切意義的發生，探討死亡也是在活下去的當下，所以「此求生之道自永恆而普遍。此道乃終無死期者。則人之心唯與此道合，即超生死，而有以自慰其懷生畏死之情矣」。〔註 144〕故哲學的意義是建立在求生與道的一致，同是永恆而普遍，而知死也是永恆而普遍。唐君毅云：

〔註 141〕參閱，陳榮華著，《海德格《存有與時間》闡釋》，台北：國立臺灣大學出版中心：2003 年。

〔註 142〕傅偉勳在《死亡的尊嚴與生命的尊嚴——從臨終精神醫學到現代生死學》，台北：正中書局，1993 年，頁 19。

〔註 143〕《人生之體驗續編》，頁 102。孔子的話參閱，《論語、先進》，頁 125。

〔註 144〕《病裏乾坤》，頁 43。

人生之全體，必須包含死來了解。最高的哲學智慧，必須包含死之智慧。…孔子未知生焉知死，海氏（海德格）則另說一相反相成的道理，即人如不真知死，則亦對能知生。海氏之說，可為基督教之由死以求生，作另一註解。我們說死是人生之終結，然而每一人亦正必須走向此終結，才成一段落的人生。一段落的人生，才是整個人生。〔註 145〕

孔子從生了結死，海氏從死了結生，看來方法不同，而其實是殊途同歸，都歸向一個旨趣，就是完成整個人生。〔註 146〕唐君毅生死觀以儒學道德的哲學觀，不同於西方生死學的醫療知識與技能，不是用來處理具體的痛苦或死亡的問題，而是一種與哲學治療有關的價值思想，是對人性的肯定，從而瞭解天地萬物哲學的本質。他從個人病痛時的一時感受，卻繼承與發揚了儒學醫療的文化真義，發展了儒學在身心醫療上的義理形態與文化責任。

「人不能知生，即不能知死。故孔子說『未知生、焉知死』」。〔註 147〕孔子此言，後世有很多學者的詮釋，見仁見知，亦各有其認識。劉清久先生說：「個人只有處於生存狀態才能說承擔（死亡），才能以身為一主體的資格發揮理性能力、行使其自主性去作出抉擇並承受後果」。〔註 148〕死亡是哲學之所以深化的因素，若非死亡的命限，人可不會有哲學更進一步的探討，而對於死亡的理解，唐君毅卻一語指出「人不能知生，即不能知死」。人在此生必是念念此「生」之道，亦即活下去才有一切意義的發生，探討死亡也是在活下去的當下，故哲學的意義是建立在生的時候與道的一致，知生是永恆而普遍，而知死也是永恆而普遍。

（三）生死安頓的方式不同

1. 西方思想對死亡的安頓。西方對生死意識有「個體的死亡」和「社會死亡」的探討。研究的學者，「似乎都來自生物學與醫學等領域，視人為自然

〔註 145〕唐君毅，《哲學概論》下冊，附錄，台北：臺灣學生書局，1984 年，頁 82～83。

〔註 146〕唐先生說：「人能常置死於目前，在未死之時先期迎接死，而置死於有生之中，正人之所以得超死而永生之一道也。」是承續儒學系統所建立的生死觀。參閱《人生之體驗續編》，頁 128。

〔註 147〕《人生之體驗續編》，頁 102。

〔註 148〕劉清久，〈論自主性與生死〉，「哲學、生死與宗教」國際學術研討會，1998年，5 月。

的成員之一，因而他們認為自然界的哲學與衰現象，自然也包括人的興衰」〔註149〕。後來發展到，把「生死問題」認為是宇宙論哲學中的重要議題，其但重點並不是在談論對生死的態度，而是要談論生死現象的知識。談態度是本體論的價值問題，談現象的知識是宇宙論的問題。了解生死現象的知識，才能有對生死問題的價值態度，而這也是西方學術追究死亡現象的目的。

在「個體死亡」上，認為凡是有哲學之物，必有生死，這是無可違逆的自然規律。然而人之異於其他生物者，就在於人會去探討死亡的問題。正是由於是人在發問，也是人在回答，所以無論是發問的方向，或是回答的內涵，都是以「人」為核心，也都反映了人為尋求其存在意義與建構其存在價值的強烈企圖心。而死亡教育適合被重新命名為「哲學與失落的教育」(life and loss education)，因為唯有透過察覺到「哲學中的遺憾」(lifelong losses)和領悟到「人的必死性」(mortality)，我們才可能自在地活在當下〔註150〕。可以知道現代的死亡學焦點應當不只在死亡本身，因為生死本是一體二面，因此，探討死亡學更應當要重視哲學、生存的問題。

在當今「哲學倫理」課題的「社會死亡」方面，則包括有(1)自然生化環境的破壞、(2)社會人口結構的改變、(3)醫療護理的進步與瓶頸、(4)生物科技的發展與兩難、(5)哲學的尊嚴與死亡的尊嚴…等議題。個體的死亡方面，如(1)絕症與安樂死(2)安寧療護(3)墮胎與自殺(4)器官捐贈(5)哲學孕育(6)冷凍人(7)複製人與基因工程(8)傳染病與瘟疫(9)殯葬服務…等，都是生死探討的議題。例如「基因複製」的爭議。「基因複製」包含兩種取向，一是「複製人」，一是「複製器官」。前者反映的是人希望透過自體細胞所發育完成的另一個體來延續自己的哲學，而後者所反映的則是人希望透過自體細胞所發育完成的器官來延續自己的哲學。究實而論，兩者都反映了人類對「養生」的實質反映。

其所延伸的養生態度，重在哲學機能的協調，飲食是重要的之一因素，均衡的飲食可以促進健康，飲食不當卻是各種慢性病的來源，故每日攝取均衡的五大營養素，每週規律的運動，強調回歸自然以及樂活的心情，防病抗

〔註149〕魏書娥，〈生／死建構的社會考察〉，《生死學研究》創刊號，嘉義，南華大學，2003年12月，頁42。

〔註150〕Lynne Ann DeSpelder, & Albert Lee Strickland 著，黃雅文等譯，《死亡教育》，台北：五南出版社，2006年，頁34～37。

老的觀念，也有達到所謂「預防勝於治療」的目的。〔註 151〕

2. 唐君毅儒家的生死安頓。唐先生他認為哲學的「道」不是機體功能的保養，而是心性的涵養，心性是不生不死在於本於天的永恆存在，吾人以哲學存在的事實，而追求此不生不死之道，是為哲學之道的真正養生。生的現象既已存在，則死的問題則必無法被掩蓋。人的心靈雖然有可以超越生死的了知，人的心靈仍必須關心身體的死亡問題，這是因為人的心靈在現實生活上，乃是恆常懷抱著理想、志願、以及目的，這些都必須憑藉著人的身體的動作，加以實現於客觀的世界。

身心的關係即是生死的關係，即是現於此時此刻，亦即當下即是，直下圓成。所以人的肉身不可作為工具一般看待，它是道體的存在，我依此道體而格物致知，依此道體而成己成物；身之所為，即是此道之所行，心之所嚮往就是此道之所嚮往；身存而道行，身往而道成。依此後人能在有生之時，存此心而養此身，而秉道義生活，而此身也隨時而死，道卻可常存，故人生隨時可死而無遺憾缺漏矣。又云：

> 人之心靈與身體的關係，如一呼一應，能直下圓成者。呼是心願，應是身行，直下只是此身之行，另無外在目的。則身心之關係，才呼即應，才應即止。處處道成肉身，處處肉身成道。肉身化往，此心此道，即合為神明。〔註 152〕

心與神而相合，依肉身而可以成道，對於永恆的體現，儒者是通過道德的實踐而來的肯認，是在實踐道德歷程中直接呈現本心或天道。此直接呈現之本心是超主客、是非、生死之相對，故不能成為純客觀的對象。那不是一個知識的問題，而是一個工夫、修養與實踐的問題。

唐君毅認為人有心靈，而作為根源天地也應有其心靈，天地創生人與萬物，是深不可測，因而天地自身的心靈哲學亦是深不可測。人只須由己心靈哲學的相續不斷地活動，生起相續不斷的道德行為，便可見到此心的表現，這樣我們便可以說，這作為人的根源的天地之心靈哲學和它所具足的德性，不斷地流行於人的心靈哲學之中，以成就人能不停地表現道德行為，以至於無窮無盡的境界。唐先生對於哲學中，生與死的終極安頓曾說：

> 中國先哲之以能如此，亦非謂其真信人死之為空無所有，故於生後

〔註 151〕參閱，黃惠宇，《養生樂活概念餐》，台北：時報文化，2007 年 4 月。
〔註 152〕《人生之體驗續編》，頁 127。

之事，無所容心；而唯是其信一生之始終之事，乃表現宇宙之太極陰陽之理之一顯一隱，或一動一靜、一往一來相應成和，以生化不窮之歷程。〔註153〕

中國的先哲相信哲學是一隱一顯、一動一靜、一往一來的現象，這樣的現象說明生死是一種過程，人必須在過程中的每一個歷程中，盡心盡份地完成自我的心志，以表現在每一個當下，天的關注與人的提振，生化不窮就是在如此天人涵融之中，說明太極陰陽的道理，而這道理正是積極的安頓這個世間，讓每一個哲學堅固成就其一永恆的實存，讓每一個哲學持續其天人合一的一超越工夫，吾人是以道德化成這哲學存在的世界。

生死面對的心態必然也會影響一個人的哲學狀況，哲學的掌握依此心，故對於「心」的掌握，是儒家的工夫修養，也是唐君毅對心之主體的體驗與省察，人依此心，造就了生活的豐厚與哲學的價值，故自盡其心的哲學哲學，就是儒家最積極的生死哲學。

生死一貫的世界，其中隱藏之義理境界，可以在人哲學精神不斷上升中開悟而開展，此開展之真美善神聖世界。破除哲學的痛苦，如生死的命限，只有在開拓哲學價值上做努力。唐先生的生死理念，是經由「仁」開出人的精神方向與實踐目標，實踐道德價值的理想性，同時是哲學本質使然的具體落實。唐君毅提出了「消極」與「積極」的相應感受，一方面人可從哲學的有限性，進行「價值意義」的消極安頓，在受痛苦的生活中，體認此時此刻「人」的意義；另一方面，人依此肉體而安身立命，從哲學過程體現著生老病死、人物世界以及升落的情緒反覆，一生的價值被命限與痛苦而激盪出來，人必須去面對、去體驗、去升華它，積極地完成真善美哲學的人格，展現天命自命的生生不息之「天人合一」之道。〔註154〕

此消極積極之道是為唐君毅儒家生死觀，以心性道德作為本位，表現出人之心與此道合一，心與道是一體連貫，天道的無限內涵接得呈現人道活動之中，人必須是以道德作為終極理據而展開的。故人生死之道的對治，是以哲學的道德作為價值依據，開展出生活的道德世界，不但將個人哲學永恆延續，而且因此哲學的價值外擴，也使得世界化成一大同之境。

〔註153〕《哲學概論》下冊，頁1093。
〔註154〕《人生之體驗續篇》，頁126。

（四）對死後世界的看法不同

1. 西方學說對於死後的探討。此議題以宗教的說法是最大特色，由於「死」的處境是未知的，所以人也試圖去建構一個「死後世界」的圖像，以安撫人們對於「死亡」的恐懼，使人不僅能坦然地面對「死亡」，也能明確的安排「死者的生活」。宗教可以說很有作用的一門文化，如基督宗教雖然沒有「生死輪迴」的觀念，卻有「死後復活」的主張。基督宗教認為人在「死亡」之後，仍會「復活」，以接受上帝的「最後審判」，而上帝即是依人在世間所做的行為，來判定他是上「天堂」，享受永恆的喜樂；還是下「地獄」，承受永恆的痛苦。基督宗教所建構的「死後世界」之圖像，使人不僅能據此而知道「死亡」之後的歸向，也能據此而掌握其「死亡」之後的歸向；不僅能據此而理解「此生」的意義，也能據此而有了「來生」的希望。其特徵不在「死後世界」之圖像的本身，而是在於對個人之「現實哲學」的關懷，以使人正視他的「現實哲學」，並能妥善的規劃與掌握他的「現實哲學」。

2. 唐君毅對死後世界的感格。唐先生要讓人勇於面對自我哲學，不斷地回應天命對人的召呼，來拓寬與深化自我哲學存有的源泉。當人面對生死幽明之際，儒者可以永遠能讓自己處在「明」的心境，因為明所以擁有主體創生一切的源頭，因為明所以能擔負承先啟後化育使命，因為明所以能扭轉人哲學限而安命立命。故「幽」雖是一種人不能目睹的現象，但畢竟只是一種短暫的不明，雖然會使哲學的存在一時困惑，但儒者會以各種延續的行為，來解決死後的不存在現象。如求志以傳其薪、閱讀以入其意、祭祀以會其思、體驗以明其神…等，故儒者終能感通鬼神、超幽明而永恆存在。

> 吾可以吾之超出吾個人之生之真情厚意，以與死者之超出其個人之生之深情厚意，直接相感，此即可實徹通幽明之際。〔註155〕

人的真情厚意是人精神的永限延伸，此延伸的範圍通古今、超生死。這不是人一般的精神活動可以做到，必須是人的精神活動，確實為一超個人的目的理想而有，並對死者的精神祈盼、顧念至誠，然後可以在一剎那間通幽明而知鬼神。因為欲一念之誠，使自我超越而與天道合一，此時得見哲學的無限存在，知生死鬼神也只是哲學存在的短暫現象。

> 生者之受其感動，則為生者之出于明而入于幽，以感受死者之精神，以實見死者之精神，未嘗不洋洋乎如在其上，如在其左右，而存于

〔註155〕《人生之體驗續編》，頁103。

明。〔註 156〕

「死生皆一大明之終始，豈有他哉」。〔註 157〕人對於死者之感通，經由精神之連繫，此連繫出於明而入於幽，是打破時空的限制，死者的精神經由生者而得以延續擴充，是超越生死的存在，而此死者將不是只時下之人而已，即便是古人，我們也可以與其精神會晤，自由自在出入生死而通貫為一，是以《中庸》云：「事死如事生，事亡如事存」〔註 158〕。這如不是虛擬之語，而是實際狀況，死者「死而未嘗不生，亡而未嘗不存」〔註 159〕故哲學在其精神而不在身體也。

對於昔者的懷念誠敬之意，以其肫肫懇懇之真情，這樣的真情必不是表演出來的，不是抽象的觀念突然的浮現，也不是有所作做的虛情，必然是至誠而真實，而有所凝聚專注，以呈用其具體之存在。在唐君毅看來：

> 吾勵人死後不斷滅，而由輪迴以轉他生，皆理所可有。然此所轉之他生，亦不過其精神自體之另一表現。〔註 160〕

如此看來，人有死生幽明不同之路的說法，是錯誤的。唐先生認為淵淵其淵、浩浩其天，秉此心而能見天心，能見天理，天理的顯現仍在死後繼續作用。死後是人精神的另一種展現，就哲學意義而言，那是一種死亡的存在，其精神隨著此心的存養而無限延續。如聖賢忠烈的精神與英靈，與歷史常存，風之所化、流之所澤，鬼神之為德，雖視之不見，聽之不聞，但其精神卻影響人之生活，常在人的左右，人以至誠之心，可與之相遇旦夕也。

唐君毅以儒家「祭祀」的觀念，讓生與死是一脈相承。如云：

> 中國傳統之宗教性之三祭，則因其不重祈求而特重報恩，故此祭中之精神，為一絕對無私之向上超升伸展，以達於祖宗、聖賢、天地、而求與之有一精神上之感通。則此中可不生任何流弊，而其使人心靈之超越性無限性得表現之價值，則與一切宗教同。〔註 161〕

此說明儒家祭祀天地鬼神，並不是祈求回報，而是內心能滌除私念，在無私的虔敬心靈中，人得以自我淨化，而此心靈自展其超越與無限，得上接

〔註 156〕《人生之體驗續編》，頁 105。
〔註 157〕《人生之體驗續編》，頁 111。
〔註 158〕《中庸章句集註．第十九章》，頁 27。
〔註 159〕《人生之體驗續編》，頁 110。
〔註 160〕《人生之體驗續編》，頁 112。
〔註 161〕《中國人文精神之發展》，頁 385～386。

於聖賢天地，而能完全的溝通。此時哲學人格是以生者通向死者的性命連貫，此心因為超脫世俗因果報應的執迷，而提升到道德價值層次，死生連貫而生生不息。儒家是將生與死關聯成一個整體，也將過去、、現在、未來關聯起來。儒家的生，是此生從過去到現在的連續，並且繼續向前開啟。「故生死是斷裂的，死生是連續的存在」。〔註 162〕

儒家認為心性與道德在倫理上是通而為一，個體的道德成長同時是人文秩序的完成，內聖與外工在禮樂教化的環境聯結在一起，強調哲學是現實生活中的人生，在以生死方式成全他人他物中完善自己，能在自我昇華中完善社會與天道。唐君毅重視哲學的存在方式，而不是依靠外在的神，也不是信者得救的方法，他教導人們如何從生死的矛盾衝突中超越出來，體會到遵循天道規律的修養方法，直接從精神上的統一，所以他認為儒家宗教性的表現與一切宗教相同。

人的哲學存在，承擔了個體的生死，也會坦然面對宇宙的生滅，歸回到天地萬物運行的自然法則，當圓滿了哲學存在的人格時，既死之後的世界，也因為我的哲學感格而得以驗徵，這即是儒家哲學的生死學。唐君毅以感通之學，重新回到人性的超越面，不斷地對死後精神之哲學做回應，同時也是古今幽明同道的體現，並以此來實現自我哲學的轉化，提昇到天地同參的至善境界。這樣的哲學形態，承擔起哲學存在應負的責任，並建立哲學精神無限的可能。

〔註 162〕林安梧說：「死亡，是軀體的過去，跟我們的整個生命好像有個斷裂，但是這個斷裂經過人們的儀式化處理，便由這個斷裂性轉為超越性…再由超越性轉成純粹性，再由純粹性轉為人間性。」人在這裡得到了生死的安頓，由於此生死的安頓，讓人之生，也就可以安身立命。林安梧，《儒學轉向：從「新儒家到「後新儒家」的過渡」》，台北，臺灣學生書局，2006 年，頁 271～272。

第五章　結　論

本文《唐君毅之哲學治療學》，是以唐君毅哲學的學問，是最根源意義的基因之探究，也就是一套全方位、多元、上下、內外、整全的治療之學。其目的是探討唐君毅哲學的學問，及其體現的義理做詮釋。以唐君毅對哲學的向上提升的動力，培養人知其所當為、知其所不當為的能力，能引導個人從對哲學的正確了解，激發出正向的潛能，達到個人內心的平和、安定、利他、助人的功能。

唐君毅哲學的學問，具體化是自我主體價值的認肯、人生目標的定立、群己認同的關懷、文化面向的包容、精神層次的開發、尊重每個哲學等方面，故哲學的學問，是多元的，是上下一貫的，是內外一體的，天人合一的，從預防、實踐、成全一系列本末兼固，故以「超越反省」為依據，而自定義為「全方位多元上下內外整全」的治療之學。

一

本論研究心得是面對身心的病痛、人生的病痛、人類的病痛，唐君毅以其親身體驗，提供我們做一哲學治療的思維方面，他的哲學體察從從少年即「志於道」走向真實的人生之路，其一生相關方面的著作頗多，其著作與為人無分無別，從少年者壯老，他的人生之路也同時是哲學的體現。「唐君毅這套哲學哲學當可說是紹述陸王而下的結晶，是可以籠納在所謂『本體詮釋學』（ontohermeneutics）這個名目之下。」〔註1〕其紹述孔子之仁體，承孟子性善、

〔註1〕林安梧，〈邁向儒家型意義治療學之建立——以唐君毅《人生之體驗續編》為

宋明理學、船山儒學等，從形而上學的理路來闡釋其道德哲學，他認為人之所以尊嚴與高貴是因為能盡心知性而知天，故人可以為堯舜，這個意思，當然會意味著實存的內涵——歷史型態下的文化精神。然而，在唐君毅看來，中外聖哲的睿智皆充盈著「道德理性」的價值，無不是滲透著終極的精神而為底蘊，這個底蘊也是充盈於他們感悟的氣度中。

二

以唐君毅的哲學體察為論點，其精神主要建立在自覺與實踐的相依互進之上，一旦充分展開，不僅可以充實人的內在精神生活，建立人之外在行為的規範，而且在人的實踐行為步步推廣中，更可以由民胞物與、天下一家，進而參贊化育，天人合一。另一方面是「盡心、知性而知天」，不斷將之省察「擴而充之」到一切人文世界。成德之事是離不開家國天下的，因為心之德是不能單獨封在個人身上的，德一定要向外感通的，要讓「天德流行」，一定要由客觀化於分殊之事上而曲成之的，不但要客觀化於人文世界，且要擴及於整個的天地萬物。

儒家哲學以人心做為一切文化之根本，所以對於哲學觀的實踐與體證對必須對心有所掌握與瞭解，此心乃涵萬事萬物之情而為仁義忠恕之德性所根之心。「此為德性所根而涵性情之心，亦即為人之德行或德性之原，故又可名為德性心。」〔註2〕人人本具有此「心」，故人存在於世不只屬於理性的某種機能之下，此心作為具體的實踐生活之本源與動力，即表示心的活動一直存在於天地人事物所構成的生活世界上。儒學立教是人所本所根之心，以人超越自身本能欲望的能力為人之性，將人性通貫於天理天道，人所以即有限而即無限的根源價值，亦在此道德價值的創化下呈現，是知此心、性、天通而為一，即心即天理。

儒學的哲學觀之實踐與證成是在世間的，必然是透過吾人心之自覺自悟、自修自養，其所實具之人個內涵以及為人處世顯現之天理天道，儒學從不談之「彼岸」之美好，也不論「無為」之清高，亦不求快速解決各種難題，只是追本溯源，實實在在教導人類心的存養，並從實踐中體證天理天道，此哲學

核心的展開〉，《唐君毅思想國際會議論文集2》，香港：法住出版社，1990年，頁130。

〔註2〕《中國哲學原論、導論篇》，頁74。

觀，乃圓滿人格之表現，亦為人類最高價值的具體化真理。如此人格非天生的才性，乃歷經哲學努力修養所達成之境界。

林安梧稱為「存有的連續」〔註3〕亦符合唐君毅先生所言：

> 我們如果把宇宙當作一通體相關宇宙，則任何對象以通體相關之宇宙為背景，其意義都可說通於一切對象。所以我們嚴格說起來，我們應當可以於一對象中，領略其一切意義，而感受一全宇宙之意味於一對象中。〔註4〕

就唐先生而言，宇宙不是存在的現象，而是整體哲學的全部內容，任何單一哲學都可貫通全部的哲學，人是唯一能詮釋其意義的對象哲學，人的心能體現全宇宙的哲學存在，其心不只是主體，也涵攝客體，它不只是道德的創造與創生，而且還包括存在的意義。心是主體性，但心也是性，也是客體性，其兩邊都包括故可以牽連到實體主義與非實體主義，其之間有一種張力之互相容攝，這是唐先生體會孔孟原義之詮釋，更是儒學強調天人合一的主要義趣。

三

唐君毅哲學哲學治療及其方法，以唐君毅《中國哲學原論》、及其「人生系列」的作品思想為主，開展一套儒家型的哲學體察與治療之方式。並由唐先生之例證，不但可以「自我治療」，還是提供「治療他人」之方式。

唐君毅的哲學治療中，自覺自醫的預防醫療來自於其「自命天命」的儒學詮釋。其以人的哲學觀為核心，由於哲學的自覺，能以哲學通極於天，所以自命得到在天命的應感，自命不斷地在生活情境裡得到新命，猶如新的源泉不斷注入在疾病的哲學中，哲學從而能有新的活力、新的契機、以及新的意義之展開，這是一種「復歸於己」，同時又是「超昇一步」的工夫。並以儒家強調的「憂患意識」名狀以形容古人治未病的觀念，因人乃是道的一種真實，故天人相貫為一在儒學上是重在挺立道德自我，將道德視個人的圓滿存

〔註3〕林安梧：「天人、物我、人己通而為一的關係，我則把它稱為『存有的連續』…我必須先預取我的心靈一存在的對象刎是通而為一的，我的心靈意識活動，並不是與這存在的對象在最初時就分而為二，成為一條線的兩端，而是關聯成一個整體在活動」。《儒學轉向——從「新儒學」到「後新儒學」的過渡》，台北，臺灣學生書局，2006年，頁413。

〔註4〕唐君毅，《哲學論集》，台北：台灣學生書局，2004年，頁99。

在條件，以呈顯天人在身上的面貌，故須時時自覺之以憂患意識，保持天人合一。

治療不只是靠外在的醫治，也要針對傲慢煩惱之習性，故其治療的重點不能只是身體上的，而是要心上調整，心的認知就對性的體認，故性心身一體的兆源，想要對治身體現象的病痛，必須回到哲學的源頭上來對治，故其重視哲學的自覺自療，以及倫理秩序與文化規範上，擴大了治療濟人的實踐內涵。

唐君毅的哲學治療觀，其成用是在於心靈的價值的呈現，不必要求一定要有實際醫療的效性，因為有效不是科學醫療，挖東補西、割除消滅等動作所能達到的境界，那必須是一種性心身統一的工夫修養，方能達成的，故以自我精神以顯示出超越自我的精神，這才是儒家所要的意義治療。

治療是從「自療療人」到「成己成物」一向是哲人積極的修為，也是儒者平治天下的懷抱，此正己、成己就是完成真實的自己，唐君毅名為「道德自我」，這可以說是唐君毅論道德哲學的主要概念。完成真實的自己。即形而上的道德自我，此相對於現實自我而言，是能夠主宰外在具體形象事物，但卻是內在於人類的本然道德意識；它是精神的、自足的，不但具有引導人類有意識地超越現實自我的功能，而且也能夠推及於生活世界所作的種種對應活動，使之切合某種道德理想與價值。

哲學的治療學是一種道德哲學異化的對治。如果一個人自覺自己的哲學可以在道德中安身立命，那麼他就可以在每一個人的道德意義中得到相應的參考。透過這樣的參考，個人的道德哲學才能真正避免虛無化或僵化的危機，真正圓融道德的存在意義。

四

唐君毅哲學治療與現代學術的對話，說明儒家治療觀是一種實存地哲學種體驗的學問，得知因「體」而重新喚起做人的意義。體，作為一種生活現實世界的認知，人除了對古聖先賢經驗印證於生活世界，更應該清楚的瞭解其對世界中的人事物關係以及時空下的歷史意義，儒家的提供了我們哲學治療上，更進一步的意義詮釋。比較西方意義的治療，對面老病死的心態必然也是人哲學的態度，意義會影響一個人的生活狀況，以及其成長方式，甚至也影響其衰老的方式和生病的方式。故對於「心」的掌握，是儒家的工夫修養，也是唐君毅對心之主體的省察與意義的體驗，人依此心，造就了生活的豐厚與哲學的價值，故「自盡其心」的生活哲學，就是儒家最積極的意義治療學。

唐君毅的敘事治療，是理性的倫理學，是理性的思辨來探討普遍的理則，這樣的方法探究下來的儒學，就不會抽離掛空、不知人間疾苦。唐君毅以「人生之路」系列著作，開展出敘事治療的形式，符合了敘事的倫理學類別，從此發揚光大不但可以防止道德「異化」的可能，並且發展出儒學的敘事面向。

唐君毅哲學諮商的建構其實是要建立在道理自我、道德理性、惻惻然之仁的工夫之上，道德非只空虛懸掛於主體的目標，而是在己立己達的思想上，以成為一種可貴的治療學思維，經由終極關懷的實現與實踐，指向於治療的儒學傳統。

唐君毅的生死學，要人好好的活在當下，讓生活成為可能，心是人面對死亡的唯一可能之掌握，只有在生時充實而有光輝，才能得到大而化之，讓死後精神無限的延續。由個人之生之真情厚意，得以與死者之超出其個人之生之深情厚意，直接相感，此即可實徹通幽明之際，入古今之境而超生死之限。死不是人生的消滅，不是一切皆亡，而只是人生之暫終。這個「終」也只是哲學現象的一線的線頭，這一條線雖然代表人，但是它是連繫整個面，面的活動因為人的哲學而以立體方式之呈用，古聖賢無法用言語來稱述它，只能用一籠統概括的字來形容，那就是「道」。唐君毅「生死觀」，認為哲學是流動的真理，不斷生成、不斷超越，死亡只生成、超越的暫時隱沒，哲學一直存在，她有時候以沒有現象的方式存在，她是一個永恆的存在。

五

本論中指出依唐君毅之哲學哲學治療研究，作一歸納、整理與回顧，且對此議題，作一扼要的說明，並進一步由理論基礎、哲學體現、生死超越來說明唐君毅的人格世界，以及理論之思想，最終而能積極的安頓是此哲學就是一永恆的實存，經歷哲學就是做一超越工夫，以道德化成這哲學存在的世界。

病痛的對治也是修行的階次，因此所有儒者應以正面積極的態度面對病痛，治病患即治心，是哲學學問的課題。唐君毅在這方面的工夫具明確，在其「人生之路」系列的作品上，每每呈現其對人生病痛的悲感，他以親身經歷敘事出，他不必求病癒，而能病命共舞，終而超越，達到清明至善的境界。

參考書目

一、古典文獻（依年代先後排序）

1. （漢）趙岐注、（宋）孫奭疏《孟子注疏》，台北：藝文印書館，重刻十三經注疏本。
2. （漢）班固，《漢書卷五十六．董仲舒傳第二十六》，浙江，浙江古籍出版社，2000 年。
3. （魏）何晏等注、（宋）邢昺疏，《論語注疏》，台北：藝文印書館，重刻十三經注疏本。
4. （晉）杜預注、（唐）孔穎達等正義，《春秋左傳正義》，台北：藝文印書館，重刻十三經注疏本。
5. （唐）玄宗明皇帝御注、（宋）邢昺疏，《孝經注疏》，台北：藝文印書館，重刻十三經注疏本。
6. （宋）張載，《張子全書》，台北：臺灣中華，1988 年。
7. （宋）程顥、程頤，《河南程氏遺書》，台北：漢京文化，1983 年。
8. （宋）朱熹，《四書章句集註》，台北：鵝湖出版社，2008 年。
9. （宋）陸象山著，楊國榮導讀，《象山語錄》，上海：上海古籍出版社，2000 年。
10. （宋）黎靖德編，王星賢點校，《朱子語類》全八冊，台北：中華書局，1986 年。
11. （明）呂維祺，《孝經本義》，台北：商務印書館，1965 年。

12. （明）高攀龍，《高子遺書》，《四庫全書本》，台北：臺灣商務印書館，1986 年。
13. （明）黄宗羲，《明儒學案》，收入《黄宗羲全集》，台北：里仁書局，1987 年。
14. （明）王船山，《船山全書》，長沙，嶽麓書社，1988 年。
15. （清）程樹德，《論語集釋》，台北：藝文印書館，1965 年。
16. （清）劉寶楠，《論語正義》，台北：文史哲出版社，1990 年。
17. （民國）吳光等編校，《王陽明全集》，上海：上海古籍出版社，1995 年。
18. （民國）吳光主編，《劉宗周全集》，台北：中央研究院文哲所籌備處，1996 年。
19. （民國）李慶龍彙集，《羅近溪先生語錄彙集》，韓國：新星出版，2006 年。
20. （民國）李世龍注譯，《新譯傳習錄》，台北：三民書局，2009 年。

二、中文專書（依姓氏筆畫排列）

1. 王邦雄等著，《中國哲學史》上下冊，台北：里仁書局，2009 年。
2. 王邦雄、曾昭旭、楊祖漢等著，《論語義理疏解》，台北：鵝湖出版社，2007。
3. 王邦雄、曾昭旭、楊祖漢等著，《孟子義理疏解》，台北：鵝湖出版社，2007。
4. 王邦雄、曾昭旭、楊祖漢等著，《中庸義理疏解》，台北：鵝湖出版社，1983。
5. 王邦雄、曾昭旭、楊祖漢等著，《大學義理疏解》，台北：鵝湖出版社，1991。
6. 王邦雄、陳德和合著，《老莊與人生》，台北，國立空中大學，2009 年。
7. 安平編譯，《朱子《近思錄》新解》，台北：展正出版社，2000 年，頁 229。
8. 牟宗三，《中國哲學十九講》，台北：臺灣學生書局，1990。
9. 牟宗三，《哲學的學問》，台北，三民書局，2004 年。
10. 牟宗三，《圓善論》，台北：臺灣學生書局，1990 年。
11. 牟宗三，《中國哲學的特質》，台北：臺灣學生書局，1990 年。

12. 牟宗三，《從陸象山到劉蕺山》，台北：臺灣學生書局，1990 年。
13. 牟宗三，《心體與性體》第一、二、三冊，台北：臺灣學生書局，2006 年。
14. 牟宗三、唐君毅等著《寂寞的新儒家》，台北：鵝湖出版社，1996 年。
15. 沈清松、李杜、蔡仁厚等著，《中國歷代思想家——馮友蘭、方東美、唐君毅、牟宗三》台北：臺灣商務書局，2004 年。
16. 李杜，《唐君毅先生的哲學》，台北：臺灣學生書局，1982 年。
17. 李杜，《唐君毅傳》，收入於《中國歷代思想家（二十五）——馮友蘭、方東美、唐君毅、牟宗三》，台北，商務出版社，2004 年。
18. 李明輝，《儒學與現代意識》，台北，文津出版社，1991 年。
19. 吳臻，《中國思想史試題精義．專題篇》台北：萬卷樓出版社，1999 年。
20. 吳汝鈞，《當代新儒家的深層反思與對話詮釋》，台北：台灣學生書局，2009 年。
21. 吳有能，《對比的視野——尚代港學哲學論衡》，台北：文史哲出版社，2009 年。
22. 吳怡，《新譯易經繫辭傳解義》，台北：三民書局，2011 年。
23. 余德慧，《生死學十四講》，台北：心靈工坊，2003 年。
24. 林安梧，《儒學轉向：從「新儒家」到「後新儒家」的過渡》，台北，臺灣學生書局，2006 年。
25. 林安梧，《中國宗教與意義治療》，台北：文海基金會，1996 年。
26. 林安梧，《中國近現代思想觀念史論》台北：臺灣學生書局，1995，年。
27. 林鎮國，《辯證的行旅》，台北：立緒文化公司，2002 年。
28. 林鎮國，《空性與現代性》，台北：立緒出版社，1999。
29. 姜義華注譯，黃俊郎校閱，《新譯禮記讀本》上冊，〈學記〉，台北：三民書局，2004 年。
30. 高瑋謙，《王龍溪哲學系統之建構：以「見在良知」說為中心》，台北：臺灣學生書局，2009 年。
31. 徐復觀，《中國思想史論集．先秦篇》，台北：台灣學生書局，1993 年。
32. 唐君毅，《哲學概論》二冊，台北：學生書局，1984 年。
33. 唐君毅，《中國哲學原論．導論篇》，台北：臺灣學生書局，1980 年。
34. 唐君毅，《中國哲學原論．原性篇》，台北：臺灣學生書局，2006 年。

35. 唐君毅，《中國哲學原論．原道篇．卷一》，台北：臺灣學生書局，2004 年。
36. 唐君毅，《中國哲學原論．原道篇．卷二》，台北：臺灣學生書局，2004 年。
37. 唐君毅，《中國哲學原論．原道篇．卷三》，台北：臺灣學生書局，2004 年。
38. 唐君毅，《中國哲學原論．原教篇》，台北：臺灣學生書局，2004 年。
39. 唐君毅，《哲學存在與心靈境界》二冊，台北：臺灣學生書局，2006 年。
40. 唐君毅，《人生之體驗》，台北：臺灣學生書局，2010 年。
41. 唐君毅，《人生之體驗續篇》，台北：臺灣學生書局，2010 年。
42. 唐君毅，《心物與人生》，台北：臺灣學生書局，1984 年。
43. 唐君毅，《病裏乾坤》，台北：臺灣學生書局，1984 年。
44. 唐君毅，《致廷光書》，台北：臺灣學生書局，2006 年。
45. 唐君毅，《文化意識與道德理性》，台北：臺灣學生書局，1984 年。
46. 唐君毅，《中國文化之精神價值》，台北：學生書局，2000 年。
47. 唐君毅，《中國人文精神之發展》，台北：臺灣學生書局，2000 年。
48. 唐君毅，《道德自我之建立》，台北：臺灣學生書局，2006 年。
49. 張淑美，《死亡學與死亡教育》，高雄：復文出版社，1996 年。
50. 袁保新，《孟子三辨之學的歷史省察與現代詮釋》，台北：文津出版社，1992 年。
51. 袁保新，《老子哲學之詮釋與重建》，台北：文津出版社，1997 年。
52. 袁保新，《從海德格、老子、孟子到當代新儒學》，台北：臺灣學生書局，2008 年。
53. 傅偉勳，《從創造的詮釋學到大乘佛學》，台北：東大圖書公司，1990 年。
54. 傅偉勳，《死亡的尊嚴與哲學的尊嚴——從臨終精神醫學到現代生死學》，台北：正中書局，1993 年。
55. 黃壽祺、張善文，《周易譯注》，上海：古籍出版社，1994，年。
56. 黃俊傑，《孟子》，台北：東大圖書公司，1993 年。
57. 黃俊傑，《孟學思想史．卷一》，台北：東大圖書公司，1991 年。
58. 鈕則誠、趙可式、胡文郁《生死學》。台北：空中大學，2008 年。

59. 勞思光：《新編中國哲學史》四冊，台北：三民書局，2006 年。
60. 勞思光，《自由、民主與文化創生》，香港：香港中文大學，2001 年。
61. 曾昭旭，《道德與道德實踐》，台北：漢光文化公司，1983 年。
62. 曾昭旭，《因為愛所以我存在》，台北，健行文化出版社，2011 年。
63. 曾昭旭，《王船山哲學》，台北：里仁出版社，2008 年。
64. 曾昭旭，《在說與不說之間——中國義理學的思維與實踐》，台北：漢光出版社，1992 年。
65. 曾昭旭，儒學三書 1《良心教與人文教——論儒學的宗教面相》，儒學三書 2《存在感與歷史感——論儒學的實踐面相》，儒學三書 3《儒家傳統與現代生活——論儒學的文化面相》，台北：臺灣商務印書館，2003 年。
66. 曾昭旭，《讓孔子教我們愛》，台北：臺灣商務印書館，2008 年。
67. 曾昭旭，《有了自由才有愛：曾昭旭 vs.孟子的跨時空對談》，台北：圓神文化出版社，2006 年。
68. 曾昭旭，《性情與文化》，台北：時報文化公司，1988 年。
69. 曾昭旭，《論語的人格世界》，台北：尚友出版社，1983 年。
70. 楊儒賓，《儒家身體觀》，台北：中央研究院中國文哲研究所籌備處，1996 年。
71. 楊伯峻，《孟子譯注》，台北：河洛出版社，1980 年。
72. 楊伯峻，《論語譯注》，台北：華正書局，1990 年。
73. 蔡仁厚，《孔孟荀哲學》，台北：臺灣學生書局，1988 年。
74. 蔡仁厚，《儒家思想的現代意義》，台北：文津出版社，1999 年。
75. 蔡仁厚，《中國哲學史》上下冊，台北：臺灣學生書局，2009 年。
76. 溫帶維，《正視困擾——哲學輔導的實踐》，香港：三聯書店，2010 年。
77. 廖俊裕，《自我真實存在的歷程——唐君毅《哲學存在與心靈境界》之研究》，台北：花木蘭文化出版社，2003 年。
78. 劉小楓，《沉重的肉身——現代性倫理的敘事緯語》，北京，華夏出版社，2004 年。
79. 陳榮華，《海德格《存有與時間》闡釋》，台北：國立臺灣大學出版中心：2003 年。
80. 霍韜晦主編，《唐君毅國際會議論文集》1～4 集，香港：法住出版社，

1992 年。

81. 霍韜晦主編，唐君毅著，《唐君毅哲學簡編（人文篇）》，香港：法住出版社，1992 年。
82. 鄭志明，《宗教的醫療觀與哲學教育》，台北：大元書局，2004 年。
83. 鄭志明、劉易齋、孫長祥、孫安迪、楊荊生等著，《哲學教育》，台北：國立空中大學，2011 年。
84. 鄭順佳著，郭偉聯譯，《唐君毅與巴特——一個倫理學的比較》，香港：三聯書店，2004 年。
85. 龔鵬程，《近代思想史》，台北：東大出版社，1999 年。
86. 蘇子敬，《唐君毅孟學詮釋之系統研究》，台北：花木蘭出版社，2009 年。

三、西方學者專書（依年代先後排列）

1. 叔本華（Arthur Schopenhauer）著，陳曉南譯，《叔本華論文集》，志文出版社，1983 年。
2. 弗蘭克（Viktor E. Framk）著，游恆山譯，《生存的理由》，台北：遠流出版事業，1991 年。
3. 尼采（Nietzsche，F‧）著，田立年譯，《哲學與真理——尼采 1872～1876 年筆記選》，上海：上海社科院，1997 年。
4. 蒙田（Michel de Montaigne）著，麗珍、王論躍、丁步洲譯《蒙田隨筆全集》，上卷，臺灣商務，1997 年。
5. 凱博文（Arthur Kleinman）著，陳新綠譯，《談病說痛——人類的受苦經驗與痊癒之道》，台北：桂冠出版社，1997 年。
6. 蘇珊‧桑塔格（Susan Sontag），刁筱華譯，《疾病的隱喻》，台北：大田，2000 年。
7. Michael White 和 David Epston 合著，《故事、知識、權力——敘事治療的力量》，台北：心靈工坊出版，2001 年。
8. John M. Heaton 著，蔡偉鼎譯，《維根斯坦與心理分析》，台北：城邦文化，2002 年。
9. Shlomit C.Schuster 著，張紹乾譯，《哲學診治》，台北：五南出版社，2003 年。

10. 丹尼爾、高曼（Daniel Goleman）主編，李孟浩譯，《情緒治療》，台北：立緒文化，2004 年。
11. Lynne Ann DeSpelder, & Albert Lee Strickland 著，黃雅文等譯，《死亡教育》，台北：五南出版社，2006 年。
12. 馬瑞諾夫著，吳四明譯，《柏拉圖靈丹——日常問題的哲學指南》，台北：方智出版社，2009 年。
13. 弗蘭克（Viktor E. Framk）著，趙可式、沈錦惠譯，《活出意義——從集中營說到存在主義》，台北：光啟文化事業，2010 年。
14. 維克多．法蘭可（Viktor E. Framk）著，鄭納無譯，《意義的呼喚》，台北：心靈工坊，2010 年。
15. 艾倫．狄波頓（Alain De Botton）著，林郁馨、葉淑雯譯，《哲學的慰藉》，台北：先覺出版社，2010 年。
16. 托瓦爾特．德特雷福仁（Thorwald Dethlefsen）、呂迪格．達爾可（Rudiger Dahlke）合著，易之新譯，《疾病的希望》，台北：心靈工坊，2011 年。
17. 麥克．懷特（Michael White）著，黃孟嬌譯，《敘事治療的工作地圖》，台北：張老師文化，2011 年。
18. 吉兒．佛瑞德門（Jill Freedman）、金恩．康姆斯（Gene Combs）合著，《敘事治療——解構並重寫哲學的故事》，台北：張老師文化，2011 年。
19. 歐文．亞隆（Irvin D.Yalom）著，易之新譯，《存在心理治療學》上下冊，台北：張老師文化，2011 年。

四、期刊論文（依姓氏筆畫排列）

1. 中央研究院民族學研究所，《人文臨床與治療的基本探問——跨境域之對話與攀引》研習手冊，台北：中央研究院民族學研究所，2001 年 11 月。
2. 王邦雄，〈從「花果飄零」到「靈根自植」〉，收入馮愛群編，《唐君毅先生紀念集》，台北：牧童出版社，1979 年。
3. 王浩威，〈臨終關懷淡薄、哲學尊嚴逸失——死亡學研究書籍在台灣〉，《一場論述的狂歡宴》，台北：九歌，1994 年 8 月
4. 尤淑如，〈作為倫理實踐的哲學諮商〉，台北：輔仁大學天主教學術研究院，哲學與文化第卅七卷，第一期，2010 年，頁 87。

5. 向鴻全，〈唐君毅先生與儒家式「病人誌」研究〉，《第八屆全國中國文學研究所研究生論文研討會論文集》，桃園：國立中央大學，2001 年 12 月。
6. 李明輝，〈儒學如何開出民主與科學——與林毓生先生商榷〉《唐君毅思想國際會議論文集》，香港：法住出版社，1992 年。
7. 李瑞全，〈從儒家之終極關懷論哲學倫理學之方向〉台北：應用倫理研究通訊，第 37 期，2006 年 2 月。
8. 李豐楙〈命與罪——六十年代台灣小說中的宗教意識〉，《台灣文學中的社會——五十年來台灣文學研討會論文集（一）》，台北：行政院文化建設委員會，1996 年 6 月。
9. 杜保瑞，〈一個中國哲學方法論的當代新議題研究—功夫理論與境界哲學作為中國哲學的基本哲學問題之可能性〉，行政院國家科學委員會專題研究計畫成果報告，1998 年，8 月。
10. 林安梧，〈再論「儒家型的意義治療學——以唐君毅先生的《病裏乾坤》為例〉，台北：鵝湖出版社，二十八卷四期，總號 328，頁 7～16。
11. 周志建，〈敘事治療與行動治療之比較〉，《諮商與輔導》第 200 期，2002 年，8 月。
12. 高柏園，〈孟子的修養論與治療學〉，「第三屆哲學實踐論文研討會」，新竹：華梵大學中文系，2004 年，10 月。
13. 高瑋謙，〈羅近溪之「體現哲學」之工夫論特色〉，《揭諦》，第 21 期，嘉義，南華大學，2011 年，7 月。
14. 黃振華，〈試論唐君毅先生有關中華民族之花果飄零與花果飄零與靈根自植之思想〉，收入《唐君毅國際會議論文集 1》，香港，法住出版社，1991 年。
15. 黃俊傑，〈從儒家經典詮釋史觀點論解經者的「歷史性」及其相關問題〉《中國經典詮釋傳統．通論篇》，上海：華東師範大學出版社，2008 年。
16. 黃俊傑，〈當代儒家對孟子學的解釋——以唐君毅、徐復觀、牟宗三為中心〉，收入周博裕主編，《傳統儒學的現代詮釋》，台北：文津出版社，1994 年。
17. 楊祖漢，〈孝悌慈與入聖之道〉，台北：《鵝湖月刊》，第 274 期，1998 年 4 月。

18. 蔡仁厚，〈唐君毅先生論人格世界〉，霍韜晦主編：《唐君毅思想國際會議論文集（2）》，香港：法住出版社，1990 年 12 月。
19. 曾昭旭，〈唐君毅先生與當代新儒學〉，《鵝湖月刊》，台北：鵝湖出版社，第 17 卷第 2 期總號第 194，1991 年 8 月。
20. 曾昭旭，〈六十自述——我的成長經驗〉，收入華梵大學中文系主編：《第一屆「哲學實踐」學術研討會論文集》，台北：萬卷樓圖書公司，2002。
21. 廖俊裕、王雪卿，〈唐君毅判教理論的初步考察〉，《研究與動態》，第 8 期，2003 年 6 月。
22. 廖俊裕、王雪卿，〈唐君毅先生的功夫論——敘事治療的一種形式〉，《鵝湖》，第 413 期，2009 年 11 月。
23. 廖俊裕，〈敘事儒學的開創光大——曾昭旭先生儒學之歷史定位〉，《第一屆「新儒家與新道家」學術研討會—併賀王邦雄、曾昭旭兩位教授七十壽誕》，2011 年 7 月。
24. 廖俊裕，〈儒學的生死學——以晚明儒學為文本〉，《成大中文系學報第四期》，台南：國立成功大學中國文學系——宗教與文化研究室，2004 年 12 月。
25. 黎建球，〈哲學諮商講義〉，《哲學諮商導論》，台北：輔仁大學哲學系，2007 年。
26. 黎建球，〈哲學諮商的三項基本原則〉，《哲學與文化》，第卅七卷，第一期，台北：輔仁大學哲學系，2010 年 1 月。
27. 劉國強，〈儒家人性本善論今釋——紀念當代大儒唐君毅先生逝世十周年〉，台北：《鵝湖月刊》，第 14 卷第 5 期，總號第 161 號，1988 年 11 月。
28. 劉國強，〈唐君毅的哲學方法〉，台北：《鵝湖月刊》，第 20 卷第 1 期總號第 229，1994 年 7 月。
29. 劉清久，〈論自主性與生死〉，「哲學、生死與宗教」國際學術研討會，1998 年，5 月。
30. 潘小慧：〈哲學諮商的意義與價值——以「對話」為核心的探討〉，《哲學與文化》第卅一卷第一期。
31. 陳章錫，〈唐君毅《禮記》詮釋的特色及其價值意義〉，嘉義：南華大學，哲學系《揭諦》，2002，7 月。

32. 陳章錫，〈從王船山「兩端一致論」考察——《小戴禮記》教育觀〉，《揭諦》，嘉義：南華大學哲學系，2003 年 6 月。
33. 陳章錫，〈從禮運篇探索孔子思想〉，《鵝湖月刊》，304 期，2000 年，10 月。
34. 陳佳銘，〈從孔、孟的命論談儒家意義治療學的建構〉，桃園：中央大學，生死學研究，第九期。
35. 魏書娥，〈生／死建構的社會考察〉，《生死學研究》創刊號，嘉義，南華大學，2003 年，12 月。
36. 釋慧開，〈《論語》「季路問事鬼神」章解讀疏證——一個生死學進路的義理探索〉，嘉義：生死學研究所，生死學研究創刊號，2003 年 12 月。
37. 蘇子敬，〈王陽明「拔本塞源論」之詮釋——文明的批判與理想〉，《揭諦》9，嘉義：南華大學哲學系，2005 年 7 月。

五、碩博士論文（依時間近遠排序）

1. 張韶文，《當代儒學的愛情哲學研究》，嘉義：南華大學，生死學研究所，2011 年 6 月 28 日。
2. 曾麗華，《論孟子倫理思想在品格教育中的實踐》，嘉義：南華大學，哲學系碩士論文，2010 年 6 月 28 日。
3. 翁文立，《橫渠思想的當代詮釋——以唐君毅為中心》，嘉義：南華大學，哲學系碩士論文，2009 年 3 月 28 日。
4. 唐文斌，《哲學教育之儒學基礎—以孟子哲學為中心》，嘉義：南華大學，哲學系碩士論文，2009 年 6 月 28 日。
5. 林金宥，《程顥哲學教育思想研究》，嘉義：南華大學，哲學系碩士論文，2009 年 6 月 28 日。
6. 吳妙茜，《程頤哲學教育思想研究》，嘉義：南華大學，哲學系碩士論文，2009 年 6 月 28 日。
7. 林永悅，《周敦頤倫理思想研究》，嘉義：南華大學，哲學系碩士班，2009 年 6 月 28 日。
8. 祝紹昌，《孟子哲學哲學教育研究》，嘉義：南華大學，哲學系碩士班，2007 年。

9. 蔡馨慧，《先秦儒家五倫思想的現代轉變》，嘉義：南華大學，文學研究所，2006 年。
10. 劉毅鳴，《唐君毅的修養工夫論——以「人生之路」為核心》，台北，國立臺灣師範大學，國文學系碩士論文，2004 年。
11. 周世欽，《孔子仁學研究》，新竹：玄奘人文社會學院，中國語文研究所，2001 年。
12. 葉士豪，《論語》「學」之研究》，台北：輔仁大學哲學研究所，2000 年。
13. 黄秋韻，《先秦儒家道德基礎之研究——兼論「惡」的問題》，台北：輔仁大學哲學研究所，2000 年。
14. 王美蘭，《老、孔道德思想之比較及其教育實踐》，花蓮：國立東華大學，教育研究所，2000 年。
15. 唐經欽，《孔孟天論之歷史省察與當代詮釋》，台北：中國文化大學，哲學研究所，2000 年
16. 王菡，《《禮記．樂記》之道德形上學研究》，台北：中國文化大學，哲學研究所，2000 年。
17. 陳淑雲，《孔子仁的思想形成與應用》，台中：靜宜大論文學，中國文學系研究所，2000 年。
18. 李涵芃，《莊子生死慧之研究》，嘉義：南華大學，哲學系碩士班，1997 年。
19. 陳香蘭，《從孔子忠恕之道論馬斯洛之「自我實現」說》，彰化師範大學，國文學系，1998 年。
20. 金基柱，《理想的道德與道德的理想：孟子道德哲學之再構成》，台中：東海大學，哲學系研究所，1998 年。
21. 黄德智，《孔門師生互動之教育意義》，花蓮：國立東華大學，教育研究所，1997 年。
22. 樊克偉，《孔子「成德之教」之研究》，台北：中國文化大學，哲學研究所，1997 年。
23. 馬康莊，《近代儒家思想轉化的結構分析》，台北：國立臺灣大學，社會學研究所，1995 年。
24. 李昌德，《孔子思想中「天人」問題研究》，台北：輔仁大學，哲學研究

所，1995 年。

25. 林玫伶，《孔子美育思想研究》，台北：國立臺灣師範大學，教育研究所，1995 年。

26. 賴誠斌，《沈從文的哲學故事》，台北：輔仁大學，應用心理學研究所，1994 年，6 月。

27. 蕭淑芳，《孔孟荀禮思想研究》，台北：輔仁大學，中國文學研究所，1993 年。

28. 蕭宏恩，《孔子之言「天」之問題——超驗方法與「天」》，台北：輔仁大學，哲學研究所，1993 年。

29. 何保中，《由天人之際論先秦儒家思想的傳承與演變》，台北：國立台灣大學，哲學研究所，1993 年。

30. 陳曉郁，《《論語》之「君子」概念研究》，台北：輔仁大學，哲學研究所，1992 年。

31. 洪龍秋，《詩、禮、樂教釋論——孔子對於哲學實踐在客觀層面開展之規模》，台中：東海大學，哲學研究所，1991 年。

32. 趙倫秀，《先秦儒家尚賢思想的研究》，台北：國立台灣大學，政治研究所，1988 年。

33. 陳懷恩，《藝術與道德——孔子論美與善的關係》，台中：東海大學，哲學研究所，1986 年。

34. 黃麗雲，《孔子學說基本概念與心理健康之關係的研究》，台北：國立臺灣師範大學，輔導研究所，1984 年。